Analecta Gregoriana

Cura Pontificiae Universitatis Gregorianae edita
Vol. 258, Series Facultatis Theologiae: sectio B, n. 86

GIOVANNI BERLINGIERI

IL LIETO ANNUNCIO DELLA NASCITA E DEL CONCEPIMENTO DEL PRECURSORE DI GESÙ (Lc 1,5-23.24-25) NEL QUADRO DELL'OPERA LUCANA:

uno studio tradizionale e redazionale

EDITRICE PONTIFICIA UNIVERSITÀ GREGORIANA
ROMA 1991

IMPRIMI POTEST

Romae die 28 Februarii 1991
R. P. GILLES PELLAND, S.J.
Rector Universitatis

IMPRIMATUR

Dal Vicariato di Roma, 19-3-1991

Pubblicato con il contributo del Centro Nazionale delle Ricerche

ISBN 88-7652-636-6

EDITRICE PONTIFICIA UNIVERSITÀ GREGORIANA
Piazza della Pilotta 35 - 00187 Roma, Italia

«Chi si rimette a questi racconti pieno di fede viene a conoscere in modo eminente la rivelazione di Dio e la sua fede così si illumina».

H. Schürmann

INDICE GENERALE

PREFAZIONE

Il presente volume riproduce — con le dovute modifiche richieste dalla pubblicazione — la tesi per il Dottorato in Teologia Biblica, discussa nel febbraio 1989, presso la Pontificia Università Gregoriana di Roma.

L'opera ha richiesto più di due anni di lavoro, ininterrotto e diuturno, sotto la guida, sempre discreta ma non per questo meno preziosa del Professor Padre Emilio Rasco, che ha fatto anche da moderatore della testi e al quale va, per primo, il mio più sincero ringraziamento. Senza il suo aiuto competente quest'opera non ci sarebbe. Altro ringraziamento va al Professor Padre José Caba, secondo lettore della tesi, per i suggerimenti dati in sede di discussione e di giudizio della tesi.

La pubblicazione, nella prestigiosa collana nella quale esce, non sarebbe stata possibile senza l'aiuto finanziario della mia Diocesi, Cassano Jonio, che unisco in un solo ringraziamento al Vescovo Mons. Andrea Mugione, dell'Istituto di Scienze Religiose della stessa e del Seminario Diocesano, unitamente a quello di numerosi amici, prima fra tutti la famiglia Toscano, in memoria degli indimenticati fratelli Paolo e Francesco, la N. D. Maria Fera de Matera e di altri, sacerdoti e laici, che non desiderano essere citati.

Un caloroso ringraziamento va, infine, a quanti mi sono stati vicini e mi hanno incoraggiato nel corso del lavoro.

Giovanni Berlingieri

Lauropoli, 2 febbraio 1991
Presentazione del Signore

PRESENTAZIONE

L'Autore del presente studio ha onorato molto degnamente il suo patrono san Giovanni Battista con la presente opera. In essa la tematica sviluppata con ricchezza di conoscenze bibliografiche e linguistiche, si integra, sempre con acume analitico e capacità sintetica, con non pochi suggerimenti di ricchezze spirituali.

Anche se i capitoli 1 e 2 di Lc sono stati oggetto di numerose monografie, e fra essi alcuni brani fondamentali, come l'annunciazione (1,26-38, per es. Legrand), o Gesù nel tempio (2,41-52, così Laurentin), questa sezione «battista» è stata quasi del tutto trascurata in studi speciali. G. B. dietro ad una apparente semplicità ha svolto la sua opera procedendo con cerchi sempre più ampi e forse anche in spirale. Se c'è qualche momento di «adagio», nell'insieme, G. B. si muove con agilità, ma sempre poggiando su una documentazione accurata e precisa.

L'A. possiede una bilancia sensibilissima, e tutte le possibilità, sfumature, ecc., vengono soppesate, a parer mio, unendo libertà ed equilibrio: per es., sulle origine delle varie espressioni: ebraismi, settuagintismi, greco d'imitazione, lucanismi. Le questioni basilari di «genere» e «struttura» di Lc 1-2 vengono attentamente riconsiderate e decise. È solo apparentemente banale la classifica di Lc 1,5-25 come «genere» *vangelo,* e qui qualche allusione a recenti discussioni su questo tema fondamentale non avrebbe nuociuto. Sul delicato, sempre presente e sfuggente, problema della «storicità» (particolarmente in questi due capitoli e nei corrispondenti, ma per niente paralleli di Mt. 1-2) è degna di attenzione per la «akribia» metodologica con cui é stata presentata.

Naturalemente, con le svariate proposte teologiche sulla concezione lucana (si ricordi, per es. H. Conzelmann, che proprio su questi due capitoli tace, *pro domo sua!*), B. non poteva non dire la sua, allargando il suo sguardo sull'opera lucana; e qui è stata una felice intuizione allacciare Lc 1-2 con Lc 3-4; ma anche con una visione che abbraccia Lc più Atti.

Siamo anche grati all'A. che verso la fine, ed evitando una terminologia ostica, andando al di là dell'analisi storico-letteraria, con spunti sincronici, ci dà alcuni elementi di ermeneutica lucana.

Lo studioso, che già aveva per la bibliografia abbondanti sussidi (anche per es. nelle opere di Laurentin, R. E. Brown, Muñoz

Iglesias) la troverà qui più completa per il presente tema. E ciò che non sempre succede l'A. l'ha conosciuta ed applicata.

Certo i pregi sono tanti. E se non tutto é nuovo (e perché avrebbe dovuto esserlo?), il costante rigore metodologico è senz'altro un punto forte del presente studio. Ma ad esso si aggiunge che le figure delineate, principalmente quella del Precursore di Gesù, riacquista quella rilevanza che aveva nei vangeli e nella Chiesa antica, e si é poi un pò svanita e sfumata nel corso di alcuni secoli.

Un motivo, questo, in più per augurare a Don Giovanni Berlingieri molti attenti lettori non solo fra gli studiosi, ma anche un sollecito sguardo dei pastori e di quanti oggi vogliono arricchirsi dei tesori dei nostri vangeli.

Emilio Rasco, S.I.

Roma, 2 Febbraio 1991
Pontificia Università Gregoriana

INTRODUZIONE

Ogni nuovo studio dedicato all'esame dei vangeli dell'infanzia — essendo tra le parti più studiate del NT — può correre il rischio di essere un *déjà vu,* cioè non carico di quella novità significativa che ne giustifichi la comparsa. Ma, a ben vedere, anche nell'esame di questa sezione dei vangeli non mancano zone d'ombra o poco esplorate che richiedono approfondimenti.

Il presente studio — lungi dal voler essere esaustivo o definitivo — vuole evidenziare e tentare di colmare una lacuna esistente nell'esame del vangelo dell'infanzia di Luca, più in particolare, la prima scena del suddetto vangelo che ci presenta l'annuncio della nascita e il concepimento di Giovanni Battista (1,5-23.24-25). Infatti, pur essendo abbondantissima la produzione bibliografica su Lc 1-2 e su Giovanni Battista, questa prima pericope del vangelo di Luca ha ricevuto scarsissima considerazione.

Questa situazione deve avere avuto diversi motivi. Può essere stata determinata dalla particolare natura di Lc 1, tutto costruito sul parallelismo Giovanni Battista-Gesù, laddove la nostra pericope si trova ad essere parallela con l'annuncio della nascita di Gesù — una delle pericopi più pregnanti e discusse del NT — che calamita l'attenzione degli studiosi. In conseguenza di ciò, l'annuncio della nascita di Giovanni Battista spesso è trattato solo come un appendice nell'esame del parallelismo degli annunci di Lc 1. A far perdere d'importanza e d'interesse a questa pericope ha, inoltre, contribuito — e non poco — anche H. Conzelmann che, nella ricostruzione della teologia di Luca fatta in *Die Mitte der Zeit,* liquida come estranea alla mente di Luca la presentazione di Giovanni Battista in 1,14-17 — e più in generale la stessa autenticità di Lc 1-2 —, seguito in questo da molti altri autori. Questo ulteriore attentato all'autenticità di Lc 1-2 costituisce la logica conclusione dell'attacco sferrato dalla critica liberale a questi capitoli, già bollati come pie leggende, prive di qualsiasi attendibilità storica.

Così, nostro scopo vuole essere quello di restituire dignità ad un testo che, in quanto parte di un «vangelo», non può essere penalizzato rispetto ad altri. Infatti, Lc 1,5-25 pur rimanendo parte di un dittico non per questo manca di una sua individualità e consistenza; come pure la difficoltà di inserire 1,14-17 nella concezione generale in cui Luca situa Giovanni Battista non ne sancisce l'estraneità dalla teologia lucana, anzi spinge — qualora ci fosse una diversità — a cercarne la ragione. Infine, sembra giunto il tempo di una valutazione storica di questi capitoli meno preconcetta e più rispettosa dei dati reali.

L'ambito dello studio è determinato da Lc 1,5-25, ma non si esaurisce in questo. Infatti, la nostra pericope costituirà il punto di partenza per un suo inserimento nel complesso dell'opera lucana, di modo che, come a cerchi concentrici, si possano rilevare tutte quelle onde che partendo da Lc 1,5-25 si prolungano nel seguito di Lc-At. Così, non solo toglieremo il nostro testo da una sorta di «isolamento», ma ne potremo cogliere in pienezza il valore teologico in sé e nel quadro dell'opera lucana.

Nella trattazione del tema sarà adoperato il metodo storico-critico per enucleare le diverse fasi della formazione del testo e per dare un solido fondamento al senso teologico della pericope, che in ogni caso rimane la meta da raggiungere. Perciò, attenzione al testo nella sua evoluzione storica, ma pure nella sua attuale composizione, quale oggetto privilegiato di indagine, attraverso cui raggiungere il senso dell'evento narrato.

Si inizierà con la trattazione dei problemi inerenti il testo (lingua e fonti) ed il suo autore (autenticità lucana); si passerà, quindi, ad esaminare i problemi della tradizione (genere letterario, *Sitz im Leben* e storicità); si proseguirà con l'esame dei tratti redazionali (struttura di Lc 1-2 e 1,5-25; parallelismo di Lc 1; unità di Lc 1-4 e relazione 1,5-25-Lc-At), cui sarà riservata particolare attenzione perché vuole costituire una delle prove decisive sull'autenticità lucana della pericope; si concluderà con la presentazione della teologia che il brano vuole proporre su Giovanni Battista; senso teologico che non si baserà solo su 1,14-17, ma che terrà conto della pericope tutt'intera e del suo inserimento in Lc-At; anche di Zaccaria ed Elisabetta sarà evidenziato il valore teologico. Ci preme, sempre a proposito del metodo, proporre una sottolineatura, che potrebbe sembrare ovvia, ma che è utile fare lo stesso. C'è sempre il rischio per l'esegeta di considerare la Parola di Dio come semplice oggetto di un'indagine su cui applicare con rigore un metodo esegetico. Questo rischio si acuisce quando si ha a che fare con i vangeli dell'infanzia, convinti che bisogna essere quanto più possibile distaccati per salvaguardare il rigore scientifico, dimenticando così che la Parola di Dio prima che oggetto del nostro studio è fondamento della nostra fede. Perciò, la freddezza dello scienziato dev'essere accompagnata dalla precomprensione di fede, cioè dal convincimento di essere di fronte alla Parola che salva.

Sulla base di quanto esposto, il nostro tentativo vuole dare un contributo sia al metodo che alla teologia. Infatti, ogni pericope deve avere un suo valore ed un suo significato, significato da desumere non solo dalla pericope in sé, ma dall'intera opera in cui è inserita, senza omissioni di alcun genere, che potrebbero inficiare una retta ricostruzione della teologia di un autore su un tema o su un personaggio. Questo, d'altra parte, richiede la capacità di evitare i preconcetti — sia metodologici che di contenuto — per mettere in continuazione il nostro e l'altrui lavoro in discussione alla luce del dato rivelato. Solo così si può rendere un vero servizio alla Chiesa, che richiede per suo nutrimento la Parola viva e non una Parola atrofizzata da preconcetti e limiti da parte di chi indaga.

Da ciò ne dovrebbe risultare una compresione di Lc 1,5-25 e della figura di Giovanni Battista non rivoluzionate, ma di certo più fedeli al testo evangelico nel suo complesso, perché la fedeltà al testo non comporta necessariamente una novità assoluta. Infatti, potrà apparire come tematiche attribuite a Giovanni in altri passi del vangelo già siano adombrate nel nostro testo, in un'anticipazione che rende la prima presentazione di Giovanni Battista già sintetica degli ulteriori sviluppi. Dovrebbe anche emergere il ruolo di Giovanni Battista in ordine alla fede in Gesù Cristo; egli, fin dal concepimento, è il Precursore, colui che deve preparare il popolo ed il singolo ad accogliere in novità di vita il Figlio di Dio. Per concludere, questa riflessione sugli inizi della salvezza non potrà non portare ad una ricomprensione delle fasi della storia della salvezza — per lo più determinate, presso gli studiosi, dai presupposti della visione conzelmaniana — dove Giovanni sarebbe solo l'ultimo dei profeti veterotestamentari a conclusione della vecchia economia, senza alcun rapporto diretto con Gesù ed il suo vangelo.

CAPITOLO I

IL TESTO ED IL SUO AUTORE

I. I PROBLEMI LETTERARI

Il vangelo dell'infanzia di Luca (Lc 1,5-2,52) ha costituito un problema fin dai tempi di Marcione, che sembra — a causa del carattere e dell'atmosfera veterotestamentaria che vi si respira — abbia omesso il materiale dell'infanzia dalla sua ricostruzione del vangelo di Luca[1]. Fino ad arrivare agli iniziatori della critica indipendente dei secoli XVIII e XIX che «iniziano la loro critica alle fonti evangeliche dalle inverosomiglianze (cioè 'leggende') che appaiono nei racconti dell'infanzia»[2].

I problemi che i primi due capitoli di Luca, nel loro insieme, pongono sono di ordine letterario, storico e teologico. Inizieremo il nostro studio dai problemi letterari, perché storicamente sono stati i primi ad essere stati posti nell'esegesi scientifica, ma soprattutto perché sono i primi in cui si imbatte il lettore.

La trattazione inizierà dai problemi della lingua, per poi passare alle fonti e quindi concludersi col problema dell'autore o degli autori.

A. LA LINGUA

Greco di traduzione o di imitazione? In definitiva è questa la scelta davanti alla quale si trova chi investiga sulla lingua di Lc 1-2[3]. Il che equivale a dire: Lc 1-2 riprende un linguaggio che si rifà a traduzioni greche da fonti in lingue semitiche? o imita il linguaggio dei LXX, che poi è anch'essa una traduzione?. Con questa impostazione del problema possono essere evitati due eccessi: quello di considerare Lc 1-2 esclusivamente come frutto delle fonti, o di con-

---

[1] Cfr. BROWN R. E., *La nascita del Messia secondo Matteo e Luca*, Assisi, 1981, 318, nota 18.

[2] ORTENSIO da SPINETOLI, *Introduzione ai vangeli dell'infanzia*, Brescia, 1967, 67, nota 1.

[3] Cfr. FARRIS S. C., *On discerning Semitic Sources in Luke 1-2*, in FRANCE R. T.–VENHAM D. (ed.), *Gospel Perspectives*, II, Sheffield, 1981, 201.

siderarlo opera di un solo redattore, lasciando così al testo quella complessità che gli è connaturale e che non può essere ridotta per la ricerca di soluzioni troppo semplificanti. Anche le opinioni degli autori[4], salvo rare eccezioni, si muovono su questa linea.

B. Le fonti[5]

Quello che colpisce nella problematica delle fonti di Lc 1-2 è la varietà di opinioni, tanto che è possibile individuare un notevole numero di principi ordinatori. Infatti, si potrebbe impostare la problematica a partire dal contenuto (anti-cristiano, pre-cristiano, proto-cristiani, cristiano; se trattano di Giovanni Battista o di Gesù); dalla lingua (ebraico o aramaico, greco); dai modelli ispiratori (AT, letteratura apocalittica o giudaica, letteratura greco-romana); dal *Sitz im Leben* (comunità di discepoli di Giovanni Battista, comunità giudeo-cristiana); dai personaggi che sono all'inizio delle tradizioni (Maria, Zaccaria, Elisabetta); dal numero (unica fonte, duplice fonte, più fonti).

C. L'Autore[6]

1. *Luca o non Luca?*

Questa è la prima domanda a cui bisogna rispondere. La tendenza a negare la paternità lucana di Lc 1-2 è tipica dell'inizio del nostro secolo, specie sotto la spinta della critica liberale. Non mancano, tuttavia, autori che, pur negando l'autenticità di questi capitoli, li attribuiscono ad altri personaggi neotestamentari (Giovanni giovane o Maria).

2. *Traduttore, imitatore o vero autore?*

Una volta che viene riconosciuta l'unità di Lc 1-2 con Lc-At, si apre il più difficile problema di spiegare il motivo per cui l'autore

---

[4] Una buona sintesi delle diverse posizioni è reperibile in Laurentin R., *Traces d'allusions étymologiques en Lc 1-2*, in Bib 37 (1956), 435-456; Oliver H. H., *The lucan Birth Stories and the Purpose of Luke-Acts*, in NTS 10 (1963-64), 205-215.

[5] Per una buona bibliografia sul problema cfr. Graystone G., *Virgin of all Virgins. The Interpretation of Luke 1,34*, Roma, 1968, 50-52; Legrand L., *L'annonce à Marie*, Paris, 1981, 31-36.

[6] Qui non ci interessa trattare dell'unità dell'autore di Lc 1-2-Lc-At — ciò sarà oggetto del cap. III —, ma solo determinare la problematica sull'attribuzione o meno di Lc 1-2 a Luca. Una sintesi degli argomenti su questo è in Mather P. B., *The Search for the Living Text of the Lucan Infancy Narrative*, in Groh D. E.–Jewett R. (ed.), *The Living Text. In Honour of Saunders E. W.*, Lanham, 1985, 132-134.

usi, dopo il sublime greco dei primi quattro versetti, un greco pieno di barbarismi, o cosiddetti «biblicismi».

Le spiegazioni sul carattere tipico della lingua di Lc 1-2 fanno tutte perno sulle qualità del suo autore: il rispetto per le fonti; oppure perché, pur essendo un compilatore di fonti precedenti, non ha potuto fare a meno di lasciarvi l'impronta del suo stile; una traduzione che risente dello stile proprio del traduttore; o ancora, per creare un'atmosfera veterotestamentaria e sacra, l'autore imiterebbe lo stile dei LXX; infine, ricorrere alla vita di Luca (la presunta origine antiochena e l'incontro con comunità giudaiche durante i viaggi in compagnia di Paolo). In ogni caso, sempre più studiosi ammettono che siamo di fronte ad un vero autore.

II. ANALISI LETTERARIA

L'approccio ai problemi letterari che ci accingiamo ad iniziare ha il suo punto qualificante in un'analisi letteraria precisa e puntuale. Ciò non meravigli perché da questa analisi dovranno emergere tutta una serie di elementi che, immediatamente, serviranno alla soluzione dei problemi letterari, ma, nel prosieguo del lavoro, serviranno, altresì, alla determinazione di altri problemi (genere letterario, Sitz im Leben, struttura, rapporto tra le diverse parti dell'opera lucana, teologia). Il tutto sulla base della semplice — ma gravida di conseguenze — constatazione che la lingua rimane il primo e privilegiato accesso al testo, cosicché ogni soluzione che poggiasse su una base che non è il testo sarebbe destinata a fallire. Naturalmente, accanto all'esame della lingua, nei casi che lo richiederanno, soprattutto per determinare fonti ed autore, si ricorrerà anche alla teologia.

Per non appesantire la lettura non esamineremo tutte le espressioni dei singoli versetti — che saranno catalogate nelle conclusioni a fine capitolo —, ma privilegeremo solo i punti più qualificanti, dai quali emerge il modo caratteristico di procedere del nostro autore.

A. ANALISI DEI VERSETTI

v. 5

Ἐγένετο, espressione frequentissima nei LXX, dove traduce la formula narrativa ebraica *wayᵉhî*[7], a prima vista, potrebbe essere

---

[7] Per tradurre *wayᵉhî* i LXX usano più spesso ἐγένετο, oppure ἐγένετο δὲ, ma meno spesso del semplice ἐγένετο.

considerato un ebraismo[8]. Ma, altre osservazioni ci aiuteranno a capire meglio la natura dell'espressione.

Innanzitutto, i LXX non sopprimono ma il καί davanti ad ἐγένετο all'inizio di un libro (cfr. Gs 1,1; Gdc 1,1; 2 Re 1,1; Rut 1,1; Mic 1,1; Giona 1,1; Ez 1,1; 1 Mac 1,1); inoltre, ἐγένετο che, normalmente sarà sempre seguito, dopo una clausola temporale, dal verbo principale, è seguito da un soggetto (ἱερεύς)[9]. Da ciò ne deriva che ἐγένετο, non reggendo nessun verbo, perde il suo senso di «avvenne, accadde», per acquistare quello di «c'era», che è insopprimibile, costituendo l'introduzione narrativa all'episodio. Un uso unico[10], voluto e cercato dal redattore, come è confermato dal fatto che nello stesso brano, le altre due costruzioni con ἐγένετο (vv. 8.23) seguono la struttura consueta, cioè ἐγένετο in connessione con un verbo.

Una prima indicazione da questo già si può trarre: non siamo di fronte ad una traduzione letterale di un originale ebraico che avrebbe richiesto un'altra struttura della frase. L'autore conosce i LXX, ma soprattutto ha una sua autonomia, dal momento che fa un uso personale della traduzione dei LXX. Questo dice che siamo di fronte ad un vero autore, che vuole rimanere fedele ad un certo stile ebraizzante[11].

Nell'AT ἐγένετο ἐν ταῖς ἡμέραις spesso si trova in riferimento a re o ebrei o stranieri (cfr. per es. 1 Cr 4,41; 5,17; Tb 1,2; Os 1,1; Am 1,1; Mic 1,1; Is 6,1; Ger 1,3; ...) per introdurre un libro o un episodio.

Ciò conferma che l'autore segue lo stile biblico, non solo nella formulazione letteraria, bensì anche nel modo di costruire l'intero episodio, dal momento che c'è il richiamo, per ambientarlo, al re regnante.

---

[8] A conferma si può portare l'osservazione che le lingue semitiche tendono sempre ad iniziare la frase con un verbo, tendenza che si palesa proprio nell'uso di ἐγένετο, con valore temporale, ma, di fatto, in greco privo di significato e ininfluente sulla costruzione. Ciò sarà vero per i vv. 8 e 23 che non perdono nulla della loro struttura sintattica e del loro significato se mancassero ἐγένετο δέ (v. 8) e καὶ ἐγένετο (v. 23); cfr. BLASS F.–DEBRUNNER A.–REHKOPF F., *Grammatica del greco del Nuovo Testamento*, Brescia, 1982, § 473[7].

[9] Per queste due osservazioni cfr. DELEBECQUE É., *Études grecques sur l'Évangile de Luc*, Paris, 1976, 161-162.

[10] Nel NT con lo stesso senso solo in Gv 1,6.

[11] La controprova di quanto affermato è nella traduzione dei LXX di 1 Re 1,1 che traduce un'espressione equivalente alla nostra (way^{e}hî 'îš 'eḥād) con ἄνθρωπος ἦν, più conforme al greco. Perciò, non siamo di fronte né ad una traduzione letterale di un originale ebraico, che avrebbe richiesto καὶ ἐγένετο, né ad un settuagintismo, che o rispetta il καὶ ἐγένετο o traduce ἦν.

Ἱερεύς τις ὀνόματι è una costruzione esclusiva dell'opera lucana[12]. Circa una sua eventuale origine ebraica — nei LXX questa costruzione è pressoché sconosciuta — H. Schürmann[13] fa risalire l'e-
spressione a Gdc 13,2[14], laddove nel τις potrebbe far sentire i suoi
effetti lo *'eḥād* del TM. Il contatto letterario tra Gdc 13,2 (TM) e il
nostro testo è da approfondire. Innanzitutto, nel LXX τις traduce
sempre *'îš*; solo in due casi (Gen 26,10; 27,44) traduce *'eḥād,* in un
solo caso *'îš* con τις ἀνὴρ (2 Re 19,23); da ciò appare che τις per
'eḥād non proviene dai LXX. Dovremmo avere, allora, una fonte
ebraica scritta che sarebbe tradotta letteralmente, conservando in
'eḥād tradotto con τις l'originale, ma, d'altra parte, il *wayᵉhî,* che
letteralmente dovrebbe essere καὶ ἐγένετο, sarebbe diventato semplicemente ἐγένετο, e *ûšᵉmô,* che ha più facilmente il suo corrispettivo in καὶ ὄνομα αυτῷ (LXX) sarebbe diventato ὀνόματι, un dativo
di relazione, forma quasi esclusiva del NT e buon greco. Un tale
processo è troppo contorto, ed è difficile sostenerlo. Perciò, un substrato semitico, a livello letterario, per tale espressione è da escludere; più probabile è, invece, un uso caratteristico di Luca.

Un'osservazione letteraria s'impone circa l'interpretazione del-
l'uso della paratassi. Comunemente la paratassi viene considerata il
segno più evidente di un greco di traduzione in Lc 1-2[15]. Questa interpretazione comune e poco riflessa ha bisogno di un aggiustamento[16]. Infatti, lo stile paratattico è caratteristico non solo di Lc 1-2,
ma di tutta l'opera lucana escluse le «sezioni-noi» degli Atti[17]. Inoltre, dev'essere anche ridimensionata l'affermazione che sia una ca-

---

[12] Ciò è confermato da diversi indizi: 1) ricorre solo in Luca (Lc 10,38; 16,20;
At 8,9; 9,33; 10,1; 16,1; 18,24); in due casi (At 5,1; 19,24) il nome proprio anticipa
ὀνόματι; 2) la costruzione della frase: il sostantivo seguito dal τις aggettivale
(0-0-*11*-1-*8* / 3 T. 23) e ὀνόματι seguito dal nome proprio (1-1-7-0-*18* T. 27). Le
statistiche sono date secondo quest'ordine: Mt-Mc-Lc-Gv-At / Paolo-Eb-Lettere
cattoliche-Ap.

[13] Cfr. *Il vangelo di Luca*, I, Brescia, 1983, 113.

[14] Gdc 13,2 (LXX): καὶ ἐγένετο ἀνὴρ ἐκ Σαραα ἐκ τῆς φυλῆς τοῦ Δαν
καὶ ὄνομα αὐτῷ Μανωε
(TM): *wayᵉhî 'îš 'eḥād ... ûšᵉmô ...*

[15] FARRIS S. C., *On discerning* 204.209, a conclusione delle sue analisi afferma
che la frequenza del καί che coordina due frasi indipendenti in rapporto alla frequenza del δέ è sintomo di una traduzione dal semitico, laddove il greco originale
ha meno di 2 καί copulativi per ogni δέ.

[16] Tale aggiustamento ci è offerto da TURNER N., *The Style of Luke-Acts*, in
MOULTON J. H.–HOWARD W. F., *A Grammar of the New Testament*, IV, Edinburgh,
1976, 50-51.

[17] Mentre nelle diverse parti di materiale che formano l'opera lucana la pro-
porzione tra proposizioni principali e subordinate è di 1/0,3-0,5, nelle «sezioni-noi»
abbiamo 1/1.

ratteristica incontrovertibilmente semitica, in quanto questa è presente anche nel greco post-classico non letterario[18]. Infine, c'è da notare che l'uso della paratassi non avviene all'interno di un periodare classico, ma si tratta sempre «de petites idées simples qui se juxtaposent naïvement sans qu'on ait besoin de faire violence à la langue»[19]. Siamo così di fronte ad uno stile uniforme e non ad un pasticcio linguistico.

v. 6

Gli autori che propendono per il caratterre semitico del brano hanno in 6b il loro punto di forza. Infatti, l'AT offre numerosi paralleli per la distinzione tra «*commandments* and *statutes*» (cfr. Gen 26,5; Lev 26,3; Dt 4,40; 10,13;...), e per la frase idiomatica «*to walk in a commandment* or *in a law*», tipicamente ebraica (cfr. Lev 26,3; 1 Re 3,3; 8,61; Ger 7,23;...)[20]. Inoltre, l'espressione può essere considerata un *hapax*, come è confermato anche dal fatto che ἐντολή e δικαίωμα non sono mai uniti nel resto del NT. Infine, κύριος, nel vangelo dell'infanzia 24x su 26x si riferisce a *YHWH*, e come τοῦ θεοῦ richiama il Dio dell'AT.

La critica più serrata allo stile semitico della frase è venuta da P. Benoit, secondo cui ci troveremmo di fronte ad un «pastiche qui n'est d'ailleurs pas entièrement réussi car le LXX associent plutôt πορεύεσται a ὁδῷ/ὁδοῖς et ἐντολάς/διχαιώματα à ποιεῖν ou φυλάσσειν»[21]. A questo si può aggiungere che quando ἐντολαί e δικαιώματα ricorrono uniti (Dt 4,40; 6,1.2; 7,11; 10,13; Num 36,13; 3 Re 2,3), tranne, due casi, hanno sempre come verbo reggente φυλάσσειν. Inoltre, ταῖς ἐντολαῖς καὶ δικαιώμασιν può essere considerata un'endiade[22] e non una reminiscenza semitica, tanto più che

---

[18] Così il raffronto statistico in alcuni papiri, dove il rapporto è 1/1,4 (cfr. *ibid.*, 51).

[19] ANTONIADIS S., *L'Évangile de Luc; esquisse de grammaire et de style*, Paris, 1930, 425.

[20] WINTER P., *On the Margin of Luke I, II*, in ST 12 (1958), 103. Lo stesso autore cita anche numerosi passi manoscritti di Qumran che si avvicinano alla nostra espressione (*Fram. Sadoq.* 20,6-7; *1QS* 8,1-2; *1QH* 4,30; *1QM* 14,7). È caratteristico dell'AT anche l'uso di più termini per indicare la legge di Dio (cfr. NOLLI G., *Evangelo secondo Luca*, Città del Vaticano, 1983, 7).

[21] *L'enfance de Jean-Baptiste selon Lc 1*, in NTS 3 (1956-57), 172; cita come prova Dt 30,16 e 3 Re 3,14.

[22] Sia per il pensiero sottostante che più che insinuare una distinzione tra prescrizioni particolari (ἐντολαί) e leggi generali (δικαιώματα), «vuole esprimere ubbidienza integrale e complessiva verso la volontà di Dio rivelata nella legge» (STOCK K., *Le prime pericopi della storia dell'infanzia in Lc 1-2*, [ad uso degli studenti del P.I.B.], Roma, 1986, 13); sia per la costruzione grammaticale, laddove, benché i due sostantivi siano di genere diverso sono costruiti con un solo articolo, sono retti

nei casi in cui nei LXX, i due termini ricorrono uniti c'è sempre il doppio articolo. Ancora «le grec ἐν vient d'une traduction trop littérale des LXX»[23]. Infine, ἄμεμπτοι così com'è in fine di frase non potrebbe essere ritradotto in ebraico senza una circonlocuzione[24], mentre nel NT ritroviamo la stessa costruzione[25].

v. 7

Il punto cruciale del versetto, sul quale ci si fonda per dimostrare l'esistenza di una fonte semitica tradotta, contro una supposta imitazione dei LXX, alla base della nostra pericope, è προβεβηκότες ἐν ταῖς ἡμέραις. Infatti, i LXX traducono l'espressione ebraica *bā'îm bayyāmîm* con il ptc. pf. di προβαίνω e (τῶν) ἡμερῶν (Gen 18,11; 24,1; Gs 13,12) oppure (ταῖς) ἡμέραις (Gs 23,1.2; 3 Re 1,1), ma, in tutti i casi, manca sempre ἐν richiesto dalla preposizione *bᵉ*. Ciò premesso, appare chiaro che ἐν ταῖς ἡμέραις di Luca sia una traduzione letterale dell'ebraico, come verrebbe confermato dal fatto che la stessa espressione ricorre solo in Lc 1-2 (cfr. pure 1,18; 2,36) e che un buon greco avrebbe richiesto ἐν o τῇ ἡλικίᾳ, termine che altrove è usato da Luca (cfr. 2,52; 12,25; 19,3)[26].

Le osservazioni più pertinenti e più accettabili[27] che si possono fare al riguardo sono queste: Luca non usa mai (ταῖς) ἡμέραις senza ἐν (eccetto Lc 1,75)[28]; ἐν pare usato al posto del dat. di relazione[29]. Stando così le cose, potremmo trovarci di fronte allo stile tipico di Luca piuttosto che ad una ripresa letterale dell'ebraico.

Prima di concludere l'esame di questa prima parte del brano — ambientazione e presentazione dei genitori di Giovanni — pare utile esaminare brevemente i modelli veterotestamentari tenuti presenti.

---

da una sola preposizione, sono qualificati da un solo aggettivo e sono specificati da un genitivo (cfr. *ibid.*, 14). Lucana è la tendenza a non ripetere l'articolo quando due sostantivi, anche se di genere diverso, sono uniti mediante καί (Mc 12,33(?); Lc 1,6; 14,23; At 19,21; Col 2,12) (cfr. BDR § 276,1).

[23] LAGRANGE M.-J., *Évangile selon saint Luc*, Paris, 1921, 11.

[24] Cfr. RESCH A., *Das Kindheitsevangelium nach Lukas und Matthäus. Unter Herbeiziehung der ausserkanonischen Paralleltexte quellenkritisch untersucht*, Leipzig, 1897, 203.

[25] Cfr. Fil 3,6: κατὰ δικαιοσύνην τὴν ἐν νόμῳ γενόμενος.

[26] Cfr. SAHLIN H., *Der Messias und das Gottesvolk. Studien zur protolukanischen Theologie*, Uppsala, 1945, 72; WINTER P., *Some Observations on the Language in the Birth and Infancy Story of the Third Gospel*, in NTS 1 (1954-55), 114.

[27] TURNER N., *The Relation of Luke 1 and 2 to Hebraic Sources and to the Rest of Luke-Acts*, in NTS 2 (1955-56), 101, offre due altre spiegazioni dello stile della frase come settuagintismo: la traduzione di *bô'* con προβαίνω e di *yāmîm* con ἡμέραι. Ma sono facilmente demolite da WINTER P., *On Luke and lukan Sources*, in ZNW 47 (1956), 222.

[28] Cfr. BENOIT P., *L'enfance* 173.

[29] Cfr. BDR § 197,3; cfr. pure Lc 2,36; 2 Cor 7,22.

I testi che per strutturazione più si avvicinano al v. 5 sono Gdc
13,2 e 1 Sam 1,1, dove troviamo l'introduzione narrativa (καὶ
ἐγένετο; ἦν), l'indicazione generica sul marito (ἀνήρ; ἄνθρωπος),
l'indicazione geografica (ἐκ Σαραα; ἐξ ὄρους Εφραιμ), il gruppo di
appartenenza (ἐκ τῆς φυλῆς τοῦ Δαν; non è detto esplicitamente in
1 Sam 1, ma si tratta di un discendente della tribù di Efraim),
l'indicazione del nome (καὶ ὄνομα αὐτῷ Μανωη; ... Ελκανα), la
presentazione della moglie solo con l'indicazione del nome (ὄνομα
τῇ μιᾷ Αννα; manca in Gdc 13,2).

Il v. 6 presenta le qualità morali della coppia in una forma di
parallelismo sinonimico molto vicina a Gb 1,1[30]. Il nostro versetto,
infatti, descrive i genitori di Giovanni Battista che

A. ἦσαν δὲ δίκαιοι ἀμφότεροι ἐναντίον τοῦ θεοῦ
A'. πορευόμενοι ἐν πάσαις ταῖς ἐντολαῖς ... ἄμεμπτοι

Gb 1,1 introduce la vicenda di Giobbe con

A. και ἦν ... ἀληθινός, ἄμεμπτος, δίκαιος, θεοσεβής
A'. ἀπεχόμενος ἀπὸ παντὸς πονηροῦ πράγματος

Oltre la forma del parallelismo, notiamo ch A' inizia con un ptc.
pres., indicante uno stato, e alcuni, richiami verbali (ἄμεμπτος,
δίκαιος)[31]. Il testo seguito per Gb 1,1 è quello più lungo dei LXX
che rende meglio il parallelismo.

Il v. 7 si concentra su due altre caratteristiche della coppia: la
moglie è sterile ed entrambi sono vecchi, da cui la mancanza di figli.
L'unica altra coppia veterotestamentaria che possiede questi requisiti
è quella di Abramo e Sara. La formulazione della frase sulla sterilità
di Elisabetta riprende alla lettera Gen 11,30 (καὶ ἦν Σαραα στεῖρα),
mentre la frase sulla vecchiaia riprende Gen 18,11 (... πρεσβύτεροι
προβεβηκότες ἡμερῶν). Gen 11,30 è ripreso secondo i LXX, mentre
la ripresa di Gen 18,11 pare più vicina al TM. Ma ci sono da ricordare altri testi: 1 Sam 1,2 e Gdc 13,2. Nessuno dei due testi parla di vecchiaia; quanto alla sterilità, in 1 Sam 1 è sottintesa, dato che Anna
non ha figli — sarà detto esplicitamente al v. 5 —, mentre in Gdc 13 è
detto esplicitamente (καὶ ἡ γυνὴ αὐτοῦ στεῖρα)[32].

---

[30] Cfr. STOCK K., Le prime pericopi 14.

[31] C'è anche una somiglianza più generale con Lc 1,5-6, che non può essere
portata oltre una dovuta sottolineatura, perché Gb 1,1 presenta solo un personaggio e non una coppia, a cui di certo non mancano figli. Comunque, abbiamo una
introduzione narrativa (ἦν), una presentazione generica (ἄνθρωπός τις), l'indicazione geografica (ἐν χώρᾳ τῇ Αυσίτιδι), l'indicazione del nome (ᾧ ὄνομα Ἰωβ).

[32] Cfr. pure per una presentazione introduttiva sulle qualità morali Gen 6,9
(Noè); Dan 13,1-3 (genitori di Susanna).

Oltre questi testi comunemente rintracciati da tutti, c'è da ricordare la presentazione della Sunammita, che riceve un figlio da Elia, in 4 Re 4,14: υἱὸς οὐκ ἔστιν αὐτῇ, καὶ ὁ ἀνὴρ αὐτῆς πρεσβύτης.

La presentazione dei genitori di Giovanni Battista richiama quella dei genitori di altri grandi personaggi biblici (Isacco, Sansone, Samuele). Il modello veterotestamentario non è mai ripreso servilmente, ma rielaborato autonomamente; mentre sembra essere preferita la versione dei LXX, o quanto meno ad essa ci si ispira per la formulazione.

vv. 8-9

Ἐγένετο δὲ o καὶ ἐγένετο — corrispondenti all'ebraico *wayᵉhî*... *wᵉ* — in Luca si trova costruito in tre modi: 1) ἐγένετο καὶ ἦλθεν; 2) ἐγένετο ἦλθεν; 3) ἐγένετο ἐλθεῖν[33]. La nostra espressione — come il v. 23 — appartiene al gruppo «2» e fa parte di una costruzione di ἐγένετο tipica di Luca[34]. Cerchiamo, ora, di interpretare i dati raccolti. Tra gli autori c'è l'unanimità nel considerare la nostra espressione come un semitismo, mentre c'è discordanza se intenderlo come settuagintismo o proveniente da fonti semitiche.

A favore del settuagintismo c'è il fatto che questa costruzione, ben attestata nei LXX (145x), è la più usata nel vangelo di Luca (22x). Inoltre, essa non ha paralleli nel greco della κοινή e fuori degli autori biblici — specie Pentateuco e Profeti — ricorre raramente[35].

Tra coloro che fanno risalire la costruzione ad una fonte ebraica, Most W. G. ci parla di «two types of Hebrew sources: some in new Hebrew (in cui il *w* apodotico è quasi sparito: n.d.r.), some in conservative old type speech (che ha di caratteristico il *w* apodotico: n.d.r.)»[36], però in entrambe le fonti era presente il *wayᵉhî*. Secondo

---

[33] 1) Lc 1-2: 0; Lc: 11; At: 1(?); LXX: 269 (di cui 169 in Gdc-2 Re); 2) Lc 1-2: 8; Lc: 14; At: 0; Mt: 5; Mc: 2; LXX: 145; 3) Lc 1-2: 0; Lc: 5; At: 16; Mc: 1; LXX: 1 (statistiche riportate in MACHEN J. G., *The Origin of the first two chapters of Luke*, in PTR 10 (1912), 215).

[34] Questa costruzione di ἐγένετο si compone di tre elementi: 1) ἐγένετο preceduto da καί o seguito da δέ, che costituisce la proposizione principale; 2) un'espressione temporale, nominale o verbale (si possono trovare ἐν τῷ + inf., μετά + nome del giorno; μετά + indicazione di giorno; genitivo assoluto; ὡς + ind. aor.); 3) seconda proposizione principale giustapposta alla prima, perché il verbo ἐγένετο è impersonale, mentre questo verbo è usato personalmente. Tale costruzione è comune nei LXX (cfr. Gen 8,13; 14,1; Es 2,11; 4,24; ...) e nel vangelo di Luca (cfr. 1,8.23.41.59; 2,1.6.15.46; (8,40); 9,18.33.37; ...) (cfr. DELEBECQUE É., *Études* 126ss).

[35] Cfr. TURNER N., *The Style* 46-47.

[36] *Did St. Luke imitate the Septuagint?*, in JStNT 15 (1982) 38. L'argomentazione di base proposta dall'autore è contestabile in generale perché si basa su due

questo presupposto l'assenza del καί sarebbe dovuta al rispetto di
Luca per le sue fonti e non ai LXX. Di segno completamente oppo-
sto è P. Winter, secondo cui l'autore del terzo vangelo non solo sostituisce gradualmente καὶ ἐγένετο con ἐγένετο δὲ, ma ἐγένετο acquista all'interno della proposizione una posizione particolare. Infatti, invece di indicare il tempo, la durata o la successione e di essere unito alla proposizione principale con καί, diventa il centro della
frase; la costruzione di ἐγένετο seguita dal verbo finito tende a
scomparire, tanto che in At è sostituita dall'inf. + acc. Tutto ciò dimostrerebbe che «the Evangelist» desidera «to express himself in a
manner more Hellenistic than Semitic» [37]. Proprio queste ultime osservazioni offrono l'argomento decisivo per dire che la nostra costruzione si ispira all'imitazione dei LXX. Infatti, non ci sarebbe
motivo di mantenere un ἐγένετο δὲ, ininfluente sul senso e sulla costruzione, se non per ricreare un'atmosfera linguistica veterotestamentaria, tant'è che negli Atti, ma già a partire dal vangelo, la costruzione tende ad essere grecizzata. Perciò, «la formule, prise par
les Septante à l'hébreu, est prise par Luc aux Septante» [38].

Per l'espressione εἰς τὸν ναὸν τοῦ κυρίου notiamo che non
ricorrerà più né l'articolo prima di ναός, né la specificazione τοῦ
κυρίου, sia con ναός che con ἱερόν. Siamo di fronte a due elementi
lucani. Di per sé, l'articolo che fa individuare il sostantivo che lo
porta come specifico e determinato è superfluo per ναός, in quanto
nel giudaismo c'è un solo Tempio [39]. Tale sottolineatura potrebbe
essere stata fatta perché è la prima indicazione topografica che Luca
dà in dettaglio, perciò, sarebbe come dire: «nel Tempio che è a
Gerusalemme». Quindi, dopo questa ulteriore determinazione, l'aggiunta τοῦ κυρίου — nel senso che ha nel vangelo dell'infanzia:
Yahweh — è da ascrivere ad un autore, se non proprio non ebreo,
che almeno si rivolge a non ebrei. Con più probabilità si può dire
che l'aggiunta dell'articolo a ναός, almeno in questo caso, rivela la
mente teologica di Luca, in cui grande rilevanza ha Gerusalemme
come luogo teologico, tanto che Luca, in questo modo, spinge ad

---

postulati: l'esistenza di un ebraico neoclassico e che in questo fosse pressoché assen-
te il w apodotico, mentre certamente presente il wayᵉhî. Cfr. pure SCHWEIZER E., Eine hebraisierende Sonderquelle des Lukas?, in TZ 6 (1950), 163.

[37] On Luke 233.

[38] DELEBECQUE É., Études 127.

[39] La sottolineatura con l'articolo risulta ancora più superflua perché ναός indica il santuario vero e proprio — costituito dal Santo e dal Santo dei Santi (cfr. Lc
1,21.22; 23,45; At 17,24; 19,24) — in quanto distinto dallo ἱερόν che indica il tempio in generale, compreso il suo recinto e tutta la spianata (Lc 2,27.37.46; 4,9;
18,10; 19,45.47; 20,1; 21,5.37.38; 22,52.53; 24,53).

averla immediatamente davanti come luogo in cui comincia l'adempimento della salvezza messianica.

v. 10

Questo versetto si presta bene per constatare il modo di comporre di Luca, che si muove tra il riferimento costante alla tradizione veterotestamentaria e il richiamo alle sue radici culturali ellenistiche. Tale considerazione ci è offerta dalla comparazione con Dan 9,21 e Giuseppe Flavio. L'influsso di quest'ultimo sul nostro testo, se non si può ammettere letterariamente, almeno come *background* è evidente:

Dan 9,21 (LXX:A): καὶ ἔτι λαλοῦντός μου *ἐν τῇ προσευχῇ μου* καὶ ἰδοὺ ὁ ἀνήρ, ὃν εἶδον ἐν τῷ ὕπνῳ μου τὴν ἀρχήν, *Γαβριηλ,* τάχει φερόμενος προσήγγισέ μοι *ἐν ὥρᾳ θυσίας ἑσπερινῆς.*

Ant. 13,10,3: αὐτὸς ἐν τῷ ναῷ *θυμιῶν* μόνος ὢν ἀρχιερεύς ἀκούσειε φωνῆς (...) καὶ τοῦτο προελθὼν ἐκ τοῦ ναοῦ *παντὶ τῷ πλήθει* φανερὸν ἐποίησεν[40].

Il testo veterotestamentario che qui, chiaramente, ha influenzato la narrazione è Dan 9,21, anche se Lc 1,10 non esplicita che siamo al sacrificio vespertino. Ulteriore conferma verrà dai versetti successivi.

v. 12

Il testo veterotestamentario più vicino a καὶ φόβος ἐπέπεσεν ἐπ'αὐτόν è Dan 10,7b (LXX:G) (καὶ φόβος ... ἐπέπεσεν ... ἐπ'αὐτούς) perché in tutti gli altri testi in cui φόβος è legato a ἐπιπίπτω è sempre dopo il verbo[41].

Il testo dei LXX (G) di Dan 10,7a riprende letteralmente l'ebraico[42] ed inoltre l'azione descritta in 10,7b (καὶ φόβος ... ἐπέπεσεν) non riguarda Daniele, ma i suoi compagni. La presenza di ἰδών, in Luca, può spiegarsi come una migliore grecizzazione di Dan 10,7a (TM), che utilizza il ptc. attributo (cfr. anche At 16,34).

---

[40] Si tratta di Giovanni Ircano che di sera, mentre sta bruciando l'incenso, riceve la notizia della vittoria dei figli; quindi, uscito dal Tempio, la comunica al popolo. Non è necessario sottolineare le somiglianze con il nostro testo.

[41] Cfr. Es 15,16; Gs 2,9; Gdt 2,28; 14,3; 15,2; Gb 33,15; Sal 104(105),38; 1 Mac 7,18. Ci sarebbe anche Gen 15,12, ma ἐπιπίπτω regge il dat. (TM: *nōpelet 'ālāw*).

[42] Dan 10,7a (TM): *werā'îtî 'ānî* ...
       (LXX): καὶ εἶδον ἐγὼ ...

Ciò conferma sia una manipolazione di una eventuale fonte, da parte di un conoscitore del greco, sia la volontà di rimanervi fedele.

Una sottolineatura per un elemento di composizione lucana presente in questo versetto: il procedimento di rendere più vigorosa un'espressione giustapponendo dei sinonimi o frasi di senso contrario (καὶ ἐταράχθη Ζαχαρίας ... καὶ φόβος ἐπέπεσεν ...)[43].

Quasi tutti gli autori riconoscono nel versetto l'influsso di modelli veterotestamentari, in particolare, quello che riguarda il timore e la paura come conseguenza dell'incontro con il divino[44].

Sull'individuazione, poi, di un testo preciso, quello più indicato è Dan 10,7 (LXX:G), anche se non mancano segnalazioni di altri testi[45].

v. 13

L'espressione μή con l'impt. di φοβέομαι è caratteristica di Luca[46].

Per valutare l'origine dell'espressione dev'essere presa in considerazione anche la particella che introduce il motivo dell'esclusione del timore. Sembra da escludere che si tratti di un settuagintismo, infatti nel VT, come traduzione di *kî*, διότι ricorre solo due volte (Ez 2,6; 3,9). Può aiutare il fatto che, l'unico altro caso in cui in Luca è usato διότι per introdurre l'esclusione del timore, riporta una citazione di Ger 1,8 (At 18,10), laddove nei LXX il testo del profeta ha ὅτι. Ci sarebbe allora da supporre che nel nostro testo e in At 18,10 il διότι sia dovuto a Luca stesso. Ma per una migliore visione veniamo al confronto con Dan 10,12 (LXX)[47]:

Dan 10,12 (LXX:G)	*Lc 1,13*
καὶ εἶπεν πρός με ...	εἶπεν δε πρὸς αὐτὸν ὁ ἄγγελος
Μὴ φοβοῦ, Δανιηλ, *ὅτι ...*	Μὴ φοβοῦ, Ζαχαρία, *διότι*
εἰσηκούσθη *τὸ ῥῆμά σου,*	εἰσηκούσθη *ἡ δέησίς σου*
καὶ ...	καὶ ...

---

[43] Cfr. v. 13: ἔσται χαρά σοι καὶ ἀγαλλίασις; v. 20: ἔσῃ σιωπῶν καὶ μὴ δυνάμενος λαλῆσαι; 6,23; 7,31; 10,42; 15,31; 21,28; 24,29.37 (cfr. ANTONIADIS S., *L'Évangile* 424-425).

[44] Cfr. Gen 17,3; Es 3,6b; Gdc 6,22-24; 13,20-22; Tb 12,16; Gdt 15,1; ... Elemento sottolineato anche da Luca (1,29s.65s; 2,9s; 4,36; 5,8ss; ...).

[45] Per es.: Es 15,16; Tb 12,16; Gdt 15,1; Sap 5,2; Dan 8,17.

[46] 7-1-*5*-1-2 / 1-1-2-1 T. 21.

[47] Il confronto è fatto con i LXX(G) perché sia il TM che Dan 10,12 (LXX: θ'), che è più vicino a questo, hanno il plurale *nišmeʿû deḇārekā* (ἠκούσθησαν οἱ λόγοι σου).

Notiamo, innanzitutto, le convergenze dei testi: εἶπεν seguito da πρός + acc.; μὴ φοβοῦ + nome proprio; il καὶ che introduce la proposizione seguente. Esaminiamo, quindi, le differenze: al καὶ εἶπεν di Daniele, corrisponde εἶπεν δὲ di Luca; l'introduzione del motivo a non temere è ὅτι in Daniele e διότι in Luca; in Daniele viene ascoltata τὸ ῥῆμα, in Luca ἡ δέησις; infine, in Luca abbiamo l'aggiunta di ὁ ἄγγελος. Cerchiamo di dare, ora, un'interpretazione di queste divergenze letterarie. Il καὶ εἶπεν di Daniele, che risente dell'ebraico, diventato εἶπεν δὲ, si può spiegare con l'intenzione di Luca di rendere l'espressione conforme al suo stile. Per l'ὅτι di Daniele diventato διότι in Luca, innanzitutto, c'è da notare che questa differenza non comporta nessun cambiamento di senso; inoltre, in base alle osservazioni già fatte, si può supporre che Luca, come in At 18,10, voglia sottolineare la presenza di un riferimento letterale ad un testo veterotestamentario. Le due ultime divergenze si possono considerare due esplicitazioni; la prima, per rendere chiaro che è lo stesso angelo, di cui si parla nei vv. 11.12, ad intervenire; la seconda, puntualizza che la generica «parola» (ῥῆμα) di Daniele è per Zaccaria una «supplica» (δέησις)[48]. Però, la presenza di δέησις si potrebbe anche spiegare come un settuagintismo, dato che l'espressione nei LXX è tipica (33x).

Il testo veterotestamentario ripreso quasi[49] alla lettera nella seconda parte del versetto (Ἐλισαβέτ γεννήσει υἱόν σοι... καὶ καλέσεις τὸ ὄνομα αὐτοῦ Ἰωάννην) è Gen 17,19: Σαρρα ἡ γυνή σου τέξεταί σοι υἱόν, καὶ καλέσεις τὸ ὄνομα αὐτοῦ Ἰσαακ (cfr. pure Gen 16,11).

L'etimologia del nome Ἰωάννην è pacifica. Yᵉhôḥānān deriva dalla radice ḥnn, il cui senso primitivo è «piegarsi». Quando si riferisce a Dio indica il sentimento di bontà e di compassione che si manifesta con un favore. Nel nostro caso, però, è da decidere il senso. Sarà «Dio (è) misericordia» se il nome simbolizza la missione a cui Dio destina il bambino; sarà «dono di Dio», se è la risposta alla richiesta di un figlio da parte di Zaccaria. Nel secondo uso non si esclude anche il senso di «Dio è misericordia», solo si sottolinea che la misericordia di Dio non si manifesta immediatamente nella missione che il bimbo avrà di preparare l'arrivo del tempo messianico, come tempo di misericordia di Dio, ma più prossimamente indica la risposta gratificante alla richiesta di Zaccaria.

Per fare ciò è necessario chiarire anche l'oggetto della preghiera: si tratta dell'esaudimento di una preghiera che Zaccaria fa a no-

---

[48] Questo cambiamento dovrà essere valorizzato al meglio allorquando si dovrà chiarire l'oggetto di questa preghiera.

[49] Quasi, perché Luca cambia il verbo da τέξεται in γεννήσει,

me di tutto il popolo, in quanto sacerdote nell'esercizio delle sue funzioni, dell'arrivo del tempo messianico, che si aprirà con la nascita di Giovanni Battista? o primariamente, solo del favore concesso ad un vecchio di avere un figlio, anche se poi questo figlio avrà una missione che riguarderà tutto Israele?[50]. Iniziamo col ricordare che Luca, cambiando il testo dei LXX di Dan 10,12 usa δέησις. Ora, il verbo δέομαι da cui δέησις deriva significa anzitutto «essere mancante, privo», quindi δέησις deve indicare la richiesta per qualcosa che manca. Secondo quanto è stato detto nella presentazione (vv. 5-7) a Zaccaria manca un figlio. Inoltre, negli altri testi in cui Luca usa δέησις (2,37; 5,33) si tratta sempre della preghiera intesa come pratica personale[51], tant'è che al v. 10 per la preghiera liturgica del popolo si usa προσεύχομαι. Δέησις, perciò, indica una preghiera personale, non ufficiale, cioè la richiesta di un figlio. Quindi, pare si possa concludere che Zaccaria chieda un figlio e che «Giovanni» debba intendersi come «dono della misericordia di Dio». Infatti, se così non fosse, non si capirebbe perché al v. 14 sia sottolineato che la nascita del bambino porterà gioia «a te (Zaccaria)...».

Quanto alla decisione, se in εἰσηκούσθη ἡ δέησίς σου» sia presente un'allusione esplicita all'etimologia del nome «Giovanni»[52], per escluderla basterà richiamare che siamo di fronte ad una citazione presa dai LXX.

Il riferimento a modelli veterotestamentari, nel versetto, è molto esteso. Innanzitutto, l'esclusione del timore è uno dei tratti caratteristici delle apparizioni veterotestamentarie[53]. Il versetto riprende, anche, il modello degli annunci di nascita[54], oltre che continuare il riferimento alla visione di Dan 10.

v. 15

Il versetto è oggetto di molte discussioni e di opinioni contrastanti. Alcuni vi vedono la prova di una fonte giovannita, o per dedurne la sua origine non cristiana e quindi per concludere che i racconti dell'infanzia di Gesù e di Giovanni Battista in origine erano separati. Nel primo caso, la prova sarebbe data dal fatto che lo Spi-

---

[50] Questo è insinuato nell'imposizione del nome da parte di Dio, che in questo modo lo riserva a sé, per le sue esigenze (oltre a Gen 16,11 e 17,19; cfr. anche Is 7,14 e 49,1).

[51] In entrambi i testi la preghiera è in parallelo con il digiuno, una delle più tipiche pratiche della religiosità personale degli ebrei.

[52] A favore soprattutto WINTER P., *Some Observations* 120-121 e LAURENTIN R., *Traces* 441.

[53] Cfr. Gen 15,1; Gdc 6,23; Dan 10,12.19; ...

[54] Cfr. BROWN R. E., *La nascita* 199.

rito Santo, nel vangelo di Luca, è sempre associato con Gesù e mai con il Battista (cfr. Lc 3,16; At 19,2-3)[55]. Nella seconda ipotesi, la prova sarebbe costituita dall'attribuzione sia a Giovanni Battista (1,15) che a Gesù (1,32) dell'aggettivo μέγας[56]. Altri autori, al contrario, in base alle caratteristiche di lingua, di stile e di teologia, mostrano l'unitarietà delle due annunciazioni e il loro perfetto inserimento nel complesso della teologia lucana[57].

Contro coloro che, partendo da μέγας ἐνώπιον κυρίου, vorrebbero ricavare il carattere non lucano del versetto, vedendovi una dichiarazione sulla divinità del Battista, parallela o addirittura opposta a quella di Gesù, si possono fare alcune osservazioni. Innanzitutto, un confronto serrato tra Lc 1,15 e 1,32, come ha dimostrato R. Laurentin[58], rivela sfumature tali che cambiano il senso delle frasi e che, perciò, non possono essere considerate sinonime. A questo si può aggiungere che l'affermazione su Giovanni Battista è perfettamente conforme con l'uso di Luca. Infatti, μέγας è usato da Luca anche per altri personaggi[59], senza che ciò comporti una assimilazione di questi con Cristo. Anche Lc 7,28 (= Mt 11,11), da cui il nostro testo dovrebbe dipendere, ci porta alla stessa conclusione cui arriva Laurentin confrontando Lc 1,15 e 1,32a: la grandezza di Giovanni Battista è espressa mediante un comparativo di maggioranza (μείζων ἐν γεννητοῖς γυναικῶν) che ne limita la grandezza al campo umano.

Circa le fonti, non sembra eccessivo, come fa R. E. Brown, affermare che l'idea di «davanti al Signore» sia ispirata da Mal 3,1 (LXX)[60], in quanto non si può escludere a priori che Lc 7,28 concluda, in qualche modo, il riferimento a Mal 3,1[61], anche se altri testi veterotestamentari potrebbero aver ispirato Luca[62]. Contro

---

[55] Opinione riportata in ibid., 364.
[56] Cfr. GAECHTER P., Maria im Erdenleben. Neutestamentliche Marie-studien, Innsbruck-Wien-München, ⁴1954, 11.60.
[57] Cfr. BENOIT P., L'enfance 181 e nota 7.
[58] Cfr. Structure et theologie de Luc I-II, Paris, ⁵1964, 36;
Lc 1,15: ἔσται γὰρ μέγας ἐνώπιον κυρίου
1,32: οὗτος ἔσται μέγας
[59] In At 5,36(D) per Teuda; in At 8,9 per Simon Mago.
[60] Cfr. La nascita 345.
[61] Infatti, poiché la grandezza di Giovanni in 1,15 sembra definita in base a quello che sarà il suo compito (Precursore del Messia), Lc 7,28 definendo Giovanni come il «più grande tra i nati di donna» non fa altro che sancire la grandezza del Battista in base alla missione che egli ha realizzato e di cui Mal 3,1 è la migliore sintesi. Questo porta anche a concludere che la grandezza di Giovanni è richiamata sulla base della tradizione evangelica e non su quella di idee circolanti tra i suoi discepoli.
[62] Cfr. 1 Sam 1,9.15; 1Re 17,1; 18,15; 1 Sam 2,21 se diamo a ἔσται μέγας il senso di ἐμεγαλύνθη (con lo stesso senso anche in Test. Lev. 17,2: cfr. FITZMYER J. A., The Gospel according to Luke, I, New York, 1981, 325).

questa interpretazione ci sarebbe il dato che in Lc 7,27-28 Giovanni
Battista è chiaramente il Precursore del Messia, mentre in 1,15 è
precursore di Yahweh. Ma, la presunta discrasia potrà avere una soluzione quando interpreteremo ἐνώπιον αὐτοῦ al v. 17.

Per καὶ οἶνον καὶ σίκερα οὐ μὴ πίῃ è indiscutibile la dipendenza da alcuni testi che si riferiscono tutti alla stessa istituzione: il nazireato (Lev 10,9; Num 6,3; Dt 29,5; Gdc 13,4.7.14; 1 Sam 1,11).
Ma, l'espressione strettamente parallela alla nostra la troviamo solo
in Gdc 13,4 (LXX). Nonostante questo, rimane il problema del riferimento esplicito al nazireato. Infatti, l'obiezione fondamentale è
basata sulla mancanza delle proibizioni del taglio dei capelli e del
contatto con i cadaveri. A risolvere questo problema sembra adatta
l'osservazione di S. Muñoz Iglesias, secondo cui «literariamente, ba-
sta una o dos de las tres abstenciones mencionadas para indicar la
condición de nazareo. Y así, en ninguni de los casos aludidos se hal-
lan las tres»[63]. Infatti, in Gdc 13,4-5 troviamo bevande e capelli; in
Gdc 13,7-14: solo le bevande; in Gdc 16,17 e 1 Sam 1,11: solo i capelli; allo stesso modo, nel NT, troviamo in Lc 1,15 solo le bevande
e in At 18,18; 21,23-26: solo il non taglio dei capelli. Altra conferma
per il nazireato viene dal fatto che, continuando il riferimento al
modello di annunci veterotestamentari, Luca voglia descrivere Giovanni Battista come un nazireo. L'indicazione contraria potrebbe
poggiare sul fatto che nella tradizione sinottica la figura di Giovanni
Battista è sempre unita ad un regime alimentare rigoroso (cfr. Lc
7,33 = Mt 11,18; Mc 1,6 = Mt 3,4), che nulla ha a che vedere col
nazireato, richiamando piuttosto il modo di vivere d'Israele nel deserto (cfr. Dt 29,5). Non mi pare, però, che le due posizioni siano
antitetiche o inconciliabili. Infatti, il nazireato di Giovanni Battista
potrebbe anticipare in termini di annunci di nascita veterotestamentari quella che sarà la vita ascetica del Battista, laddove i due motivi
diventano complementari: da una parte, il nazireato indica la speciale consacrazione di Giovanni al Signore e dall'altra, l'ascetismo
alimentare e il riferimento alla vita del deserto costituiscono anch'essi la caratterizzazione della missione del Battista.

Sulla base della semplice analisi letteraria non si può concludere che la connessione Spirito Santo-Giovanni presente in καὶ
πνεύματος ἁγίου πλησθήσεται sia indice dell'origine non cristiana
del passo[64]. Infatti, il rapporto «spirito»-«pieno» è già noto nell'AT
(cfr. Es 28,3; 31,3; Dt 35,31;...), ma soprattutto, anche altri per-

---

[63] *El Evangelio de la infancia in S. Lucas y las infancias de los héroes bíblicos*,
in EstB 16 (1957), 347.
[64] Ci limitiamo agli argomenti letterari. Gli argomenti teologici saranno esaminati al momento di analizzare la teologia del brano.

sonaggi di Lc 1-2 sono pieni di Spirito Santo (1,67: Zaccaria; 1,41: Elisabetta), o in rapporto con questo (2,25-26: Simeone); ciò significa che Luca connette questo periodo con lo Spirito [65]. A conferma si può dire che la costruzione antitetica di 1,15b e 15c non solo fa parte della concezione lucana (cfr. At 2,15-17), ma anche della tradizione paolina (cfr. Ef 5,18) [66].

Quanto alle fonti di questo versetto, l'idea di una speciale consacrazione fin dal seno materno già presente nell'AT [67], ritorna nel NT [68] ed in particolare nella tradizione evangelica (cfr. Lc 7,28a), di cui il nostro testo sarebbe un prolungamento [69].

v. 16

Discusso è il grado di dipendenza di καὶ πολλοὺς τῶν υἱῶν Ἰσραὴλ ἐπιστρέψει ἐπὶ κύριον... da Mal 2,6.

Per R. Laurentin [70] ci sarebbero gli estremi per supporre che, in questo caso, l'autore non segua i LXX, ma citi il TM. Mentre, per la maggior parte degli autori, c'è una semplice allusione a Mal 2,6.

Lc 1,16   : καὶ πολλοὺς τῶν υἱῶν Ἰσραὴλ ἐπιστρέψει ἐπὶ κύριον
Mal 2,6 (LXX) : καὶ πολλοὺς ———————— ἐπέστρεψεν ἀπὸ ἀδικίας
»   » (TM) : *wᵉrabbîm* ———————— *hēšîb mēʾāwōn*

In base al greco, gli elementi comuni, a prima vista, sono καὶ πολλοὺς e il verbo ἐπιστρέφω. Elementi discordanti sono l'aggiunta di τῶν υἱῶν Ἰσραὴλ, la diversa costruzione di ἐπιστρέφω — da cui dipende anche il diverso senso: attivo o passivo — e i diversi sostantivi che ἐπιστρέφω regge. R. Laurentin ritiene che si possa istituire una più stretta dipendenza tra i due testi in base ad un originale ebraico anche di Lc 1,16 [71]. A questa tesi si possono opporre alcune osservazioni. Innanzitutto, Laurentin limita il confronto solo ad un'espressione («egli ricondurrà molti»); ma, se si continua il raffronto, risulta che i LXX traducono fedelmente il TM, mentre se vogliamo ritradurre in ebraico Lc 1,16 il rapporto salta, in quanto ἐπί

---

[65] Cfr. Fitzmyer J. A., *The Gospel* I 319.
[66] In At 2,15-17, escludendo che gli apostoli siano ubriachi, ne deriva che il loro parlare in lingue sia effetto dello Spirito che li ha riempiti.
Cfr. Ef 5,18: καὶ μὴ μεθύσκεσθε οἴνῳ [...]
          ἀλλὰ πληροῦσθε ἐν πνεύματι
[67] Cfr. Gdc 13,5-7; 16,17 (Sansone); Is 49,1 (il servo di Yahweh); Ger 1,5 (Geremia).
[68] Cfr. Gal 1,15 (Paolo).
[69] Cfr. Schürmann H., *Luca* I 121, nota 53.
[70] Cfr. *Structure* 57.
[71] Cfr. *loc. cit.*

non può essere reso con *mîn* e ἀδικίας (TM: *'āwōn*) non ha nulla a
che vedere con κύριος ὁ θεὸς αὐτῶν. Anzi, si può dire che il verbo
šûb all'Hi., cui sembrerebbero riferirsi i testi greci ha un senso differente: in Mal 2,6 il «ritorno» deve intendersi come «allontanamen-
to» dal peccato, mentre in Lc 1,16 come «avvicinamento» al Signore. Questa osservazione è confortata da una prova letteraria e da
una teologica. Infatti, abbiamo altri due casi (Dt 4,30 (A); 30,2) in
cui ἐπί traduce *'ad* ed è seguito da κύριος ὁ θεὸς; inoltre, il verbo *šûb*
all'Hi. si addice meglio all'azione del profeta che «riavvicina» il popolo al Signore, anche se il «riavvicinamento» al Signore richiede
l'«allontanarsi» dal male.

In base agli elementi raccolti, una dipendenza letteraria da
Mal 2,6 è da escludere, come pure è da escludere un'eventuale stesura del versetto in ebraico. Al contrario, rimane confermato il carattere veterotestamentario del versetto[72], che per il linguaggio
imita i LXX.

v. 17

Il problema dei testi veterotestamentari che poterono servire a
Luca per comporre questo versetto ha due aspetti. In un primo momento bisogna stabilire i testi in quanto tali, quindi, si deve passare
alla determinazione della lingua dei testi individuati.

Tentiamo un approccio al problema sulla base della pura
filologia. Prendiamo in esame lo stico 1,17c (cfr. Schema I). I
plurali πατέρων e τέκνα sono più vicini all'ebraico *'ābôt* e *bānîm* di
Mal 3,24, che ai singolari di Mal 3,23 (LXX). Inoltre, ἐπιστρέψαι
ed ἐπί di Luca sembrano più vicini al TM(*w^ehēšîb* e *'al*) che ai
LXX (ἀποκαταστῆσει e πρός). Da questa prima osservazione
risulta che 4 termini su 5 sembrano seguire il TM contro i LXX[73].
Ma, a queste prime osservazioni è necessario farne seguire altre.
Innanzitutto, Lc 1,17c ha καρδίας (plurale), che non ha riscontro
nel TM (*lēb*) nè nei LXX (καρδίαν), che hanno un singolare.
Ἐπιστρέψαι di Lc 1,17c, che è differente dal testo di Malachia dei
LXX, si può spiegare ricorrendo a Sir 48,10. Il ricorso a Siracide,
in questo caso, potrebbe sembrare fuori luogo e non dovuto,
essendoci già nel TM una spiegazione plausibile, ma tale ricorso è

---

[72] Ciò è confermato dall'osservazione che κύριον τὸν θεὸν «in Mt e Mc si trova solo in citazioni veterotestamentarie: Mt 4,7.10 = Lc 4,12.18 = Dt 6,16.13; Mt
22,37 = Mc 12,30 = Lc 10,27 = Dt 6,15; Mc 12,29 = Dt 6,4. Lc 20,23 richiama
Es 3,6. Rimangono i passi: Lc 1,16.32.68 che confermano l'atmosfera veterotestamentaria di questo capitolo» (STOCK K., *Le prime pericopi* 51).

[73] Cfr. BENOIT P., *L'enfance* 173.

motivato in base all'utilizzazione che Sir 48,10 fa di Malachia (TM)[74]. Così Sir 48,10 sarebbe il tramite tra Malachia e Luca.

Possiamo passare, ora, ad esaminare la seconda parte dello stico e la costruzione dell'intero versetto. Abbiamo in Mal 3,23 (LXX) e Sir 48,10 una strutturazione del versetto che ritroviamo in Lc 1,17 c.d. In tutt'e tre i casi il perfetto parallelismo antitetico del TM è rotto[75] e viene introdotto un parallelismo che spiega in modo diverso, nei tre diversi testi, lo scopo della riconciliazione tra padri e figli. Sempre su questa linea, si deve aggiungere che l'abbreviazione della citazione può lasciare il posto ad un commento[76].

É difficile, a questo punto, rendere conto del motivo per il quale Luca commenti la citazione di Malachia facendo riferimento a temi sapienziali. La spiegazione, letterariamente, può essere ricercata nella presenza in Mal 3,24 (LXX) di δικαιώματα, confermando, così, che ad influenzare Luca sia stato Mal dei LXX[77]. Però, del resto, anche in 3,22 (TM) è presente l'accenno alla Legge, per cui è plausibile anche pensare che Luca abbia fatto riferimento al TM, nel contesto della mentalità post-esilica in cui la sapienza era sinonimo di Legge[78]. Per concludere, c'è da esaminare Lc 1,17e. A tal proposito, si può dire che Luca trova l'ispirazione per associare κατασκευάζω e ἑτοιμάζω in un'esegesi ormai consolidata nella tradizione evangelica che applicava a Giovanni Battista Mal 3,1 e Is 40,3[79]. Ma c'è da fare, a tal proposito, un'importante osservazione, che conferma la mano di Luca sull'affermazione. Infatti, contrariamente a Mc 1,2 che, facendo la prima presentazione del Battista, cita sia Mal 3,1 che Is 40,3, Luca, nel passo parallelo (Lc 3,4), conserva solo la citazione di Isaia, perché la prima presentazione del Battista avviene nel nostro testo, che così conserva il riferimento sia ad Is 40,3 che a Mal 3,1, se non nella traduzione dei LXX, almeno in un altro testo greco[80].

---

[74] Per spiegare il ricorso a Siracide, che pure ha i singolari, è necessario supporre nella tradizione uno sviluppo tale per cui Luca e Siracide attuale fanno riferimento ad un Siracide base, capace di spiegare divergenze e concordanze (cfr. TURNER N., *The Relation* 101; vedi pure BENOIT P., op. cit., 181, nota 1).

[75] Cfr. BENOIT P., op. cit., 173.

[76] Cfr. LAGRANGE M.-J., *Évangile* 18.

[77] Cfr. SCHÜRMANN H., *Luca* I 122, nota 58.

[78] Cfr. BROWN R. E., *La nascita* 368, nota 48; vedi anche 4 Mac 1,18 dove φρόνησις è associato a σοφία. Nel NT cfr. Ef 1,18: ἐν πάσῃ σοφίᾳ καὶ φρονήσει (in RESCH A., *Das Kindheitsevangelium* 267).

[79] Cfr. Lc 3,4 e par. che cita Is 40,3 e Lc 7,27 e par. che cita Mal 3,1. BENOIT P., *L'enfance* 181, nota 4, fa osservare che Lc 7,27; Mt 11,10; Mc 1,2 hanno, citando Malachia, κατασκευάσει contro il testo attualmente conosciuto dei LXX che ha ἐπιβλέψεται.

[80] A tal proposito, c'è da notare il verbo κατασκευάζω in Lc 7,27 che cita, senza dubbio, Mal 3,1 e perciò in κατεσκευασμένον ci dev'essere un richiamo a Malachia.

Sempre da questo doppio riferimento viene anche un ulteriore argomento per escludere una fonte ebraica. Infatti, l'ebraico sia di Mal 3,1 che di Is 40,3 ha il verbo *pnh* al Qi. Perciò, un originale ebraico non avrebbe potuto distinguere tra il testo di Malachia e quello di Isaia.

Infine, un ultimo accenno ad un elemento, non propriamente letterario, ma che è illuminante per la tradizione del testo. L'espressione ἐνώπιον αὐτοῦ a chi si riferisce? al «Signore Dio loro» del v. 16, o al «Signore» Gesù dei vv. 1,43 e 2,11? In altre parole, Giovanni è descritto solo come precursore di Yahweh, o, già, come precursore di Gesù Messia? La risposta a questa domanda diventa rilevante anche per determinare l'origine delle fonti: cristiana o battista?

Grammaticalmente, è indubbio che αὐτοῦ si riferisca al «Signore Dio loro» del versetto precedente; indubbio è pure che Giovanni sia stato il precursore di Gesù[81]. Ci troviamo, così, di fronte ad una ambiguità — o, meglio, polivalenza — che rivela le diverse tappe della tradizione, se non di Lc 1-2 nel suo insieme, almeno della presentazione della missione del Battista e della particolare posizione di Gesù, che ha la sua motivazione, da una parte, nella tradizione che Luca riceve e che vuol rispettare, e, dall'altra, nella sua opera libera di scrittore e teologo. In base a questa premessa, le tappe che si possono ipotizzare sono queste: 1) per Zaccaria, che riceve il messaggio dell'angelo e non sa ancora della nascita di Gesù, Giovanni Battista è il precursore di Yahweh, sulla scia della profezia di Malachia; 2) anche un eventuale documento sull'infanzia di Giovanni Battista avrà identificato ἐνώπιον αὐτοῦ con Yahweh; 3) l'inserimento di questo documento nel vangelo dell'infanzia di Luca — anche sulla scorta della tradizione evangelica, unitamente alla struttura a dittico — lascia intendere che il «Signore» è Gesù[82]. «Si può dunque concludere che in Lc 1,17 il Signore (Dio) del livello del fatto è diventato il Signore (Gesù) a livello di Luca»[83].

Quali, dunque, le fonti che Luca ha utilizzato nei vv. 15-17 per descrivere la futura missione di Giovanni Battista? Il punto di partenza è senza dubbio Mal 3. Anche se non si può escludere del tutto

---

[81] Tale è l'indicazione che si ricava da Lc 3,4 che, citando Mal 3,1, omette «nostro Dio» e lo sostituisce con αὐτοῦ. Stessa indicazione proviene sia dalla costruzione parallela delle due infanzie in Lc 1-2, sia dalla tradizione evangelica (cfr. Lc 7,27b e par.) dove πρόσωπόν μου di Mal 3,1 (LXX) è diventato ἔμπροσθέν σου (= Gesù).

[82] Cfr. LAURENTIN R., *Structure* 41, nota 6.

[83] ZEDDA S., *Un aspetto della cristologia di Luca: il titolo «Kyrios» in Lc 1-2 e nel resto del III Vangelo*, in *Rassegna di teologia* 13 (1972), 309.

che Luca possa essere partito dal TM, tuttavia, il fatto che la citazione è abbreviata per aggiungervi un'esplicitazione, colloca l'utilizzazione del passo ad uno stadio successivo al TM, quello che, appunto, iniziando da Mal 3 (LXX) e proseguendo in Sir 48,10, cerca di rendere più comprensibile la pacificazione che il ritornante Elia porterà. É, invece, dalla tradizione prelucana che Luca riceve la spinta a descrivere il Battista, in quella che è la prima presentazione nel suo vangelo, sulla base di Mal 3,1 e Is 40,3. Resta da stabilire se tale descrizione risalga unicamente alla tradizione evangelica, o se vi sia da supporre anche l'attività di un gruppo non cristiano, per esempio di discepoli di Giovanni Battista. In realtà, la presentazione della figura di Giovanni Battista nei vv. 15-17, in ogni suo elemento, anticipa quanto già elaborato dalla tradizione evangelica. Così, la grandezza relativa è già presente in Lc 7,28a = Mt 11,11a; l'ascetismo alimentare è un'eco di Lc 7,33 = Mt 11,18; l'investitura con lo Spirito Santo, per la missione profetica, sarà presente in Lc 3,1-2; «l'idea che il compito profetico di Giovanni Battista sia quello di operare un'influenza su Israele (si veda anche 1,68.80) appare nelle parole attribuitegli durante il ministero in Gv 1,31»[84]; la sua relazione con Elia, in base a Mal 3,23, è chiara nella tradizione evangelica (Mt 17,11 = Mc 9,12); tradizionale è pure la presentazione di Giovanni Battista sulla base di Mal 3,1 e Is 40,3. Gli unici elementi che potrebbero far pensare ad una fonte non cristiana sono il riferimento alla «forza» di Elia, cioè i miracoli, che non ritroviamo nella presentazione successiva del Battista[85], e il fatto che Giovanni Battista è presentato come precursore di Yahweh e non di Gesù[86].

Tutto questo materiale tradizionale è ripresentato avendo presente il modello degli annunci veterotestamentari della nascita di grandi personaggi (soprattutto Gdc 13) e forse anche lo schema di vocazione.

Perciò, per la descrizione della figura di Giovanni Battista, nei vv. 15-17, non è necessaria supporre l'esistenza di alcuna fonte, nè non cristiana per concezione, nè ebraica per lingua. Mentre, è apparsa con chiarezza l'opera di Luca, sia a livello letterario che teologico.

---

[84] BROWN R. E., *La nascita* 365.
[85] Cfr. FITZMYER J. A., *The Gospel* I 319-320.
[86] Però, BROWN R. R., op. cit., 346-347, giustamente fa osservare che Luca forse si serve semplicemente di un linguaggio veterotestamentario ispirato a Malachia che si riserva di rendere chiaro in seguito, quando si rivelerà che Gesù è «Signore» (Lc 1,43; 2,11).

v. 18

É difficile individuare il modello veterotestamentario a cui Luca si rifà per l'obiezione κατὰ τί γνώσομαι τοῦτο; Infatti, non sembra riprendere il modello dell'annunciazione biblica di nascita miracolosa, perché la richiesta di un segno confermativo non appare mai in questo schema[87]. D'altra parte, Luca, riportando l'annotazione sull'età della moglie, ricalca Gen 17,17, ritornando al modello dell'annuncio della nascita di Isacco. Questa particolarità mostra la libertà dell'autore dal modello ispiratore veterotestamentario.

Determinare la legittimità della richiesta del segno è importante per stabilire se l'affermazione viene da un ambiente cristiano o giudaico. Innanzitutto, bisogna vedere se la richiesta di un segno sia legittima o meno e se, di conseguenza, manifesti una mancanza di fede. Dall'AT non risulta che chi richieda un segno, per ciò stesso, sia un incredulo (cfr. Gen 17,17; 18,2; Es 3,11.13; 4,1; Gdc 6,15; ...), quando non è lo stesso Dio a dare un segno non richiesto (cfr. 1 Sam 10,2-16; Is 7,10; 38,4). Perciò, l'AT non pare insinuare che la richiesta di un segno includa una mancanza di fede in Dio[88]. Il NT corre sulla stessa linea, infatti, quando Gesù si rifiuta di concedere dei segni, lo fa perché la richiesta, con chiarezza, è rivolta non a consolidare la fede, ma solo a soddisfare il gusto per lo straordinario (cfr. Mc 8,11 e par.; Lc 11,16; ...). É bene ricordare, a tal proposito, che è Gesù stesso nel discorso di Nazaret a citare i segni che comprovano l'arrivo dell'era messianica (Lc 4,18; cfr. sulla stessa linea, la risposta di Gesù all'ambasceria del Battista: Lc 7,22).

Veniamo, ora, al nostro testo. Certa è l'ambientazione veterotestamentaria della richiesta di un segno in seguito ad una promessa. Si tratta di stabilire se nella richiesta di Zaccaria ci sia o meno una mancanza di fede. Due elementi suggeriscono una risposta positiva: dal v. 20 appare che il mutismo punisce l'incredulità (οὐκ ἐπίστευσας); il parallelo con l'obiezione e accettazione di Maria (1,34.38). Ma, altri tre elementi suggeriscono una risposta negativa.

---

[87] Unica eccezione è Gen 17,17, ma più che una richiesta di segno è solo un'obiezione. Questo tratto, invece, è caratteristico di un altro schema: la vocazione (cfr. Es 3,11.13; 4,1.10.13; Gdc 6,15; ecc.). Questo può aprire alla prospettiva che già dal v. 15s Luca stia seguendo lo schema di vocazione, che alla chiamata fa seguire la descrizione della missione (cfr. Es 3,12; Gdc 6,14; Is 6,9-10; Ger 1,10), quindi seguono obiezione e segno confermativo. Anche se c'è la grave obiezione che mentre la descrizione della missione riguarda il bambino, obiezione e segno riguardano il padre.

[88] L'unico testo dell'AT in cui col segno è connessa una mancanza di fede è Is 7,10ss, ma, proprio in questo caso, la mancanza di fede non è attestata dalla richiesta del segno, bensì dal non voler richiedere un segno.

Se si leggono bene i vv. 19-20, appare chiaro che il mutismo non punisce una mancanza di fede nella potenza di Dio, quanto piuttosto, il dubbio sulla missione e sulle parole dell'angelo; la domanda di Zaccaria riprende Gen 15,8, in un contesto che sottolinea la fede di Abramo (15,6); la presentazione di Zaccaria come pio israelita (Lc 1,6)[89]. Proprio a causa di queste opposte indicazioni non si può continuare a considerare il mutismo in senso del tutto negativo. Anche perché — atteso che nella nostra pericope c'è il riferimento esplicito a Dan 9-10 — il mutismo poteva essere, originariamente, solo la conseguenza della visione (cfr. Lc 1,22), mentre, nel contesto attuale di Lc 1-2, viene ad assumere un senso negativo[90]. Ma, una spiegazione migliore — nel senso che si basa solo sul testo attuale di Lc 1-2, senza fare ipotesi non dimostrabili sull'origine della tradizione — può essere data, lasciando al mutismo di Zaccaria la sua connotazione negativa, ma annettendovi anche un senso positivo: è una punizione che diventa segno delle promesse divine[91]. Questa interpretazione si colloca bene nell'insieme della redazione di Lc 1: il mutismo è un segno e, come tale, terminerà al compiersi della promessa (1,63). Lasciamo dunque a questo segno una ricchezza maggiore, che non la semplice punizione.

Questa soluzione esclude che questa concezione possa essere nata in un ambiente non cristiano. Siamo in un ambiente in cui la «critica (alla richiesta di segni: n.d.r.) che è nota da parole del Signore (cfr. Mc 8,11s; Mt 12,38ss; Lc 17,28s; cfr. anche 1 Cor 1,22) [...] potrebbe ben essere giudeocristiana»[92].

v. 19

Caratteristico della lingua di Luca è l'uso di εὐαγγελίζομαι[93].

Sul piano teologico, non è condivisibile la tesi di coloro che considerano l'uso di εὐαγγελίζομαι, nel nostro testo e in genere in Lc 1-2, non nel senso tecnico e forte che avrà nel resto del NT, cioè «portare la buona novella della salvezza»[94]. A questa tesi si possono opporre argomenti letterari e di teologia. La seconda volta che il verbo compare, in Lc 2,10, è in bocca all'angelo che annuncia la na-

---

[89] Cfr. HENDRICKX H., *The Infancy Narratives*, Manila, 1975, 68.

[90] Cfr. *ibid.*, 68-69. Ciò indicherebbe anche che il brano è nato in ambiente battista, dove il padre di Giovanni Battista non poteva essere tacciato d'incredulità.

[91] Cfr. LAGRANGE M.-J., *Évangile* 19.

[92] SCHÜRMANN H., *Luca* I 125, nota 71.

[93] 1-0-*10*-0-*15* / 21-2-3-2 T. 54.

[94] Cfr. tra gli altri MACHEN J.C., *The Origin* 228; CONZELMANN H., *Die Mitte der Zeit. Studien zur Theologie des Lukas*, Tübingen, 1954, 194; FITZMYER J.A., *The Gospel* I 173ss.328; ecc.

scita di Gesù ai pastori. Questo comporta che la storia del Battista, come quella di Gesù, fa già parte dei tempi nuovi. Il termine ritorna in 4,18 — citazione di Is 61,1, redazionale di Luca — unito al verbo ἀποστέλλω, sulla bocca di Gesù, nella sinagoga di Nazaret, alla sua prima uscita ufficiale. Sia le somiglianze tra i tre testi — nel secondo c'è un angelo, nel terzo c'è la stessa sequenza di verbi —, che la differenza — in 2,10 e 4,18 si parla di Gesù — depongono per considerare il verbo (1,19) in senso forte.Infine, un'ultima osservazione che conferma l'inserimento di Lc 1-2 all'interno della redazione lucana: i primi quattro testi in cui compare εὐαγγελίζομαι nel vangelo di Luca, sono costruiti in perfetto parallelismo:

A. 1,19 : un angelo *annuncia* la nascita del B a t t i s t a
B. 2,10 : un angelo *annuncia* la nascita di G e s ù
A'. 3,18 : attività del B a t t i s t a è *evangelizzare* il popolo
B'. 4,18 : G e s ù è mandato per *evangelizzare* i poveri

Veniamo ad esaminare, adesso, i testi veterotestamentari tenuti presenti da Luca (cfr. Schema II).

Prima di iniziare il confronto letterario esaminiamo i contesti. In Dan 9,20 ad essere «davanti al Signore» è Daniele ed è sempre lui a dire di Gabriele (v. 21) che «è venuto e ha parlato con me» (v. 22). In Dan 10,11 non è specificato chi parla a Daniele: è un angelo. In Tb 12 c'è l'autopresentazione di «Raffaele, uno dei sette angeli che stanno davanti alla gloria di Dio» (v. 15), «inviato per guarire» Tobia e Sara (v. 14).

Passiamo all'analisi delle parole. Il nostro testo presenta i seguenti elementi: 1) autopresentazione: ἐγώ εἰμι; 2) indicazione del posto che occupa: ὁ παρεστηκὼς ἐνώπιον τοῦ θεοῦ; 3) inviato: ἀπεστάλην; 4) missione: λαλῆσαι... καὶ εὐαγγελίσασθαι. In base a questi dati, il testo più vicino al nostro è Tb 12, 14-15 (LXX:S), in cui troviamo: 1) ἐγώ εἰμι; 2. εἷς τῶ ἑπτὰ ἀγγέλων οἳ παρεστήκασιν ἐνώπιον τῆς δόξης κυρίου; 3) ἀπέσταλκέν με; 4) ἰάσασθαι. Ma, bisogna dare conto anche delle differenze: in Luca abbiamo Γαβριήλ, in Tobia Ραφαήλ; la missione, in Luca, è «annunciare», in Tobia, «guarire» [95].

Tenendo conto di queste osservazioni [96], si può ipotizzare come modello letterario per l'autopresentazione dell'angelo Tb 12,14-15

---

[95] Differenze minori: in Tobia il verbo ἀποστέλλω è all'attivo; Raffaele sta «davanti alla gloria di Dio»; l'autopresentazione di Raffaele segue la missione.

[96] Cfr. anche Tb 12,16-17: dopo l'autopresentazione di Raffaele, Tobia e Sara ἐταράχθησαν ... ὅτι ἐφοβήθησαν (cfr. Lc 1,12: ἐταράχθη ... καὶ φόβος ἐπέπεσεν), quindi l'angelo li tranquillizza dicendo: «Μὴ φοβεῖσθη ... ὅτι ... » (cfr. Lc 1,13: Μὴ φοβοῦ ... διότι ...).

(LXX), ma il nome Gabriele, la sua missione, come l'ambientazione della scena della visione durante il sacrificio vespertino ribadiscono la volontà di Luca di voler rimanere nell'ambito della visione di Daniele. Semmai c'è da notare che ci si sposta da Dan 9 a Dan 10,11. In ogni caso, viene confermato che il testo veterotestamentario non è mai ripreso servilmente dal nostro autore, ma adattato con libertà.

Trattiamo, ora, il rapporto con i modelli veterotestamentari. I modelli in questione sono quelli dell'annuncio della nascita degli eroi veterotestamentari e Dan 9-10.

Gran parte degli autori propendono per Daniele, laddove la scelta viene motivata dalla presenza del mutismo di Zaccaria, che, da una parte, esce dagli schemi di annuncio, e, dall'altra, ha un riferimento letterale, infatti, ἔση σιωπῶν è molto vicino a ἐσιώπησα di Dan 10,15 (LXX:G). Ma, questi stessi autori riconoscono che i contesti di Luca e Daniele sono diversi: in Daniele il mutismo è una conseguenza dell'incontro con il divino, mentre in Luca è un «segno»; benchè si debba riconoscere che in entrambi i casi sia presente un intervento divino. Se risultasse vera questa tesi, Luca che finora ha seguito, più o meno fedelmente, il modello di annunci veterotestamentari di nascita, ad un tratto lo abbandonerebbe o, al massimo, lo conserverebbe solo nell'elemento «segno», che è presente in tutti gli annunci. Ma, a tal proposito, è utile tenere in considerazione il contesto e l'espressione del «segno» in Gen 18,14. Ci troviamo nell'annuncio della nascita di Isacco. Di fronte all'obiezione di Abramo e Sara circa la loro età, che si esprime con il ridere ironico di Sara (cfr. Gen 18,11 (LXX) e Lc 1,18), troviamo in 18,14 (è il κύριος che parla): μὴ ἀδυνατεῖ παρὰ τῷ θεῷ ῥῆμα, εἰς τὸν καιρὸν... ἀναστρέψω... καὶ ἔσται τῇ Σαρρα υἱός. Confrontando Lc 1,20 e Gen 18,14 si possono fare le seguenti osservazioni: il segno è espresso al futuro (cfr. ἔση σιωπῶν e ἔσται τῇ... υἱός); c'è il riferimento all'impotenza (in Genesi in riferimento al «dubbio» di Abramo e Sara); c'è un momento stabilito per l'adempimento (cfr. εἰς τὸν καιρὸν sia in Genesi che in Luca).

A conclusione di queste osservazioni, si può dire che i riferimenti a Gen 18,14 e a Dan 10,15 sono presenti e non si esauriscono in uno solo dei due. Luca completa lo schema di annuncio veterotestamentario, ma, ciò non gli impedisce di continuare il riferimento a Daniele.

A questo punto bisogna porre il problema della storicità del mutismo di Zaccaria. Questo «segno» fa parte della storia o è solo un elemento letterario?

Proponiamo, a titolo di ipotesi, una risoluzione del problema. In base al modello veterotestamentario di annuncio, per Zaccaria il segno poteva essere la nascita stessa del bambino. Ora, se viene inse-

rito un elemento di «punizione», che rompe la tradizione veterotestamentaria sulla richiesta del «segno» negli annunci di nascita —
che Luca, d'altra parte, riprende nell'«obiezione» di Maria — ciò
non può essere dovuto solo alla volontà di sottolineare, ancora una
volta, il contatto con Dan 9-10. Infatti, anche se mancasse il mutismo, il riferimento a Daniele non verrebbe ad essere intaccato. Mentre, la storicità del fatto viene confermata dal riferimento a Gen
18,14, laddove Dio mostra che a lui nulla è impossibile, proprio ren-
dendo impossibile la parola a Zaccaria. Se si vuole, pur rimanendo
nello schema di annuncio veterotestamentario, Luca con questa variazione (il segno-punizione) vuol mostrare un «progresso» rispetto
all'AT nel modo di agire di Dio, che si rifletterà in maniera positiva
nei prossimi interventi che egli compirà, in un crescendo che andrà
dalla nascita del Battista da due vecchi — ma, in modo naturale —,
alla concezione verginale e tutta miracolosa del «Figlio di Dio» stesso. Così, viene ad essere «riabilitato» anche il mutismo di Zaccaria
che, da sola punizione per poca fede, passa ad assumere un ruolo
positivo: manifestare che a Dio, davvero, nulla è impossibile. Quest'ultima osservazione evidenzia che la «libertà» di Luca nei confronti dei modelli non è arbitraria, ma si basa sul nuovo modo di
agire di Dio, che inaugura i tempi nuovi.

v. 20

Ἔσῃ σιωπῶν καὶ μὴ δυνάμενος λαλῆσαι è un modo di esprimersi dell'ebraico che per rafforzare l'affermazione la ripete al negativo (cfr. Gdc 13,2.3; 2 Re 4,27; Is 38,1; 54,1)[97]. In base a questo dato si dovrebbe concludere che abbiamo davanti un autore che pensa
e scrive secondo lo stile ebraico. Ma, prima di una tale conclusione,
c'è da esaminare l'osservazione di P. Benoit (*L'enfance* 171) che cita
due testi di Luca in cui troviamo le stesse costruzioni (cfr. Schema
III). In base a questi testi (Lc 13,11; At 13,11), non solo possiamo
affermare che Luca conosca ed usi questo procedimento, ma mantiene anche, nelle differenti affermazioni, la stessa costruzione sintattica. Perciò, non è necessario supporre un autore diverso da Luca
— e per stile e per mentalità —, per i tre testi, essendo usciti dalla
stessa mano.

v. 21

La seconda parte del versetto fa difficoltà per la costruzione di
θαυμάζω che Luca, nel senso di «meravigliarsi» costruisce con ἐπί
(cfr. 2,33; 4,22; 9,43; 20,26). Il disagio è stato avvertito anche nella

---

[97] Cfr. BENOIT P., *L'enfance* 171.

tradizione manoscritta, D legge ἐπί al posto di ἐν, vedendo cosí in χρονίζω la causa della meraviglia[98]. Questa interpretazione è comprensibile perché la meraviglia è dovuta al ritardo. Ma, allora, come giustificare questa costruzione anomala? M.-J. Lagrange[99] pensa ad un'espressione sottostante, confortando la sua tesi con due testi Sir 11,21 e Is 61,6. Questi due testi sono inaccettabili perché se è vero che θαυμάζω è costruito con ἐν, è anche vero che manca il senso temporale, avendo ἐν senso causale; proprio quello che Luca non vuole sottolineare, altrimenti avrebbe usato ἐπί, come fa di solito. Per conservare il valore temporale di ἐν τῷ χρονίζειν, si può supporre che Luca intenda stabilire una relazione temporale tra quello che è successo nel Tempio e il popolo rimasto all'esterno. Perciò, il senso dovrebbe essere: *mentre* Zaccaria ritardava nel Tempio (a causa della visione), la folla andava sempre più agitandosi[100].

Quest'ultima osservazione conferma il carattere lucano del versetto, anche a livello di costruzione del brano, poiché venendo ripreso il secondo protagonista della scena, il popolo — che è stato escluso dall'apparizione e dal messaggio dell'angelo —, viene ricostituita l'unità della scena a livello di contemporaneità.

v. 22

Per determinare il sottofondo presente in ὀπτασία bisogna tener conto che la seconda parte del versetto, oltre ad avere una formulazione semitica, è costituita da vocaboli abbastanza rari[101]. Così decidere se ὀπτασία risenta di Dan 10,7 dei LXX (θ) o del TM (*mar'āh*) — che giustificherebbe sia ὀπτασία di θ che ὅρασις di G — non è possibile, in quanto gli elementi non lo consentono. Però, in base alle peculiarità linguistiche della seconda parte del versetto — soprattutto al fatto che διανεύω ricorre 2x nei LXX (Sal 35(34), 19; Sir 27,22) — si può pensare ad una traduzione greca di un testo ebraico. Mentre, la presenza di una fonte prelucana trova conferma in ὀπτασία che ricorre in testi che si riferiscono a fatti «reali» e abbastanza antichi[102].

---

[98] Cfr. anche la Vulgata che traduce «*quod* tardaret».

[99] Cfr. *Évangile* 22.

[100] Cfr. *Yoma* 5,1 che raccomanda al sacerdote di non prolungare la preghiera per non preoccupare il popolo in attesa.

[101] Cfr. ὀπτασία: 0-0-*2*-0-*1* / 1 T. 4; διανεύω: *hapax*; διαμένω: 0-0-*2*-0-*0* / 1-1-1 T. 5; κωφός: 7-3-*4*-0-*0* T. 14.

[102] Lc 24,43 si riferisce alla visione degli angeli al sepolcro da parte delle donne; At 26,19 parla dell'incontro di Paolo con Cristo sulla via di Damasco; 2 Cor 12,1 fa riferimento alle esperienze mistiche di Paolo.

vv. 24-25

L'espressione ἀφελεῖν ὄνειδός μου è più vicina all'ebraico che al greco di Gen 30,23[103], come dimostra la mancanza dell'articolo e il riferimento del possessivo μοῦ a Dio, anche se il contesto è diverso[104].

Per l'interpretazione del nascondimento di Elisabetta, lasciando da parte le interpretazioni «psicologiche»[105] — che non sono documentabili — l'esegesi segue due filoni interpretativi. Secondo la maggior parte degli autori questo elemento avrebbe lo scopo di preparare la scena seguente, in cui Maria sa della gravidanza di Elisabetta dall'angelo[106]; altri preferiscono una interpretazione più teologica, vedendo in questo elemento l'affermazione del primato dell'azione di Dio, a cui solo spetta rivelare i tempi e i modi dello sviluppo della storia della salvezza[107].

Il problema dell'interpretazione del nascondimento di Elisabetta è intimamente legato al problema dell'utilizzazione delle fonti nell'attuale composizione[108].

Cominciamo con l'esame della connessione tra il v. 23 e i vv. 24-25 che costituiscono la fine del nostro episodio. Il fatto che καὶ ἐγένετο ὡς richiami un inizio di narrazione potrebbe essere il segno che, in uno stadio precedente della tradizione, segnasse l'inizio di una nuova narrazione che continuava in 1,57ss con il racconto della nascita di Giovanni Battista. Così si confermerebbe che l'annuncio a Maria è stato inserito in seguito — mentre viene esclusa l'omissione dell'annuncio a Elisabetta — e che originariamente Lc 1 era dedicato solo a Giovanni Battista.

Contro questa interpretazione si può mostrare l'unità dei vv. 23-25, nonché il loro perfetto inserimento in Lc 1,5-25. Infatti, con il v. 24, al ritorno di Zaccaria, comincia il «compimento» della

---

[103] Gen 30,23   (TM): *'āsap 'ĕlōhîm 'et-ḥerpātî*
            (LXX): ἀφελεῖν ὁ θεός τὸ ὄνειδος
[104] Rachele lo dice dopo il parto.
[105] Cfr. per es.: STÖGER A., *Vangelo secondo Luca*, I, Roma, 1982, 37, secondo cui Elisabetta si nasconde per un motivo religioso: «una vita che racchiude un mistero simile esige raccoglimento».
[106] Cfr. per es.: LOISY A., *L'évangile selon Luc*, Paris, 1921, 35; SCHÜRMANN H., *Luca* I 127, nota 82; BROWN R. E., *La nascita* 375; ERNST J., *Il vangelo secondo Luca*, I, Brescia, 1985, 87; ecc.
[107] Cfr. per es.: RENGSTORF K. H., *Il vangelo secondo Luca*, Brescia, 1980, 46; FITZMYER J. A., *The Gospel* I 329.
[108] I fautori di una fonte giovannita sostengono che ai vv. 24-25 in origine seguivano i vv. 57ss, che contengono la nascita di Giovanni Battista; oppure che Luca o abbia omesso un annuncio rivolto ad Elisabetta o lo abbia sostituito con quello a Maria.

promessa, secondo lo schema teologico che troviamo in 1 Sam 1,19-20 (cfr. schema IV); se vi si aggiunge il riferimento a Dio, i vv. 23-25 sono perfettamente strutturati in base al modello di 1 Sam 1,19-20. Questo significa che l'annuncio della nascita di Giovanni, secondo lo schema veterotestamentario, deve includere anche il riferimento al suo compimento e solo così è completo.

Si tratta, ora, di stabilire la funzione del v. 24 all'interno di Lc 1-2. Se per il nascondimento di Elisabetta si sceglie solo l'interpretazione psicologica o teologica potrebbe rimanere il dubbio che Luca, per motivi teologici, abbia «ricostruito» questi versetti, è vero, facendo riferimento ad un modello veterotestamentario — e perciò a lui anteriore —, ma potrebbe anche averlo inventato lui e, quindi, ritornerebbe l'ipotesi di un'omissione (annuncio ad Elisabetta) o di un'aggiunta (annuncio a Maria). La motivazione teologica, che dev'essere tenuta presente, ha bisogno di essere affiancata da una motivazione di ordine letterario: il nascondimento di Elisabetta serve ad introdurre la scena successiva. Infatti, questa comincia con la indicazione di tempo «nel sesto mese» (v. 26), è chiaro, in riferimento ai «cinque mesi» del v. 24 che letterariamente tiene unite le due scene e conferma la motivazione del nascondimento: solo a Dio spetta rivelare i suoi interventi salvifici.

Nasce, però, a questo punto, il problema della storicità delle indicazioni di tempo[109] che scandiscono Lc 1-2 (1,25.26.36.56). A favore della storicità si può fare riferimento, innanzitutto, al modo di comporre di Luca, che usa μήν sempre in senso reale; il che fa supporre che anche i numeri siano reali. Inoltre, non c'è nessun motivo per cui debba parlare del nascondimento di Elisabetta, tanto più che quest'uso sembra sconosciuto in Israele. Perché, allora, Luca per un fatto vero dovrebbe dare un'indicazione di tempo inventata? La verità è che un elemento letterario non implica, *ipso facto,* che sia stato inventato dall'autore.

Da queste osservazioni si giunge alla conclusione che non ci sono argomenti decisivi per affermare né che a Lc 1,5-25 non seguisse 1,57 ss. né che a 1,5-25 seguisse 1,26ss. Il solo dato certo è che l'attuale composizione risente della mano di Luca. L'analisi letteraria non ci permette di andare oltre.

---

[109] Scartiamo l'interpretazione di LAURENTIN R., *Structure* 49, nota 1, che fu già di E. Burrows — secondo cui il calcolo in giorni dei mesi indicati in Lc 1-2 darebbe come somma 490, proprio come il prodotto delle 70 settimane di anni di Daniele — sia perché è troppo complessa e perciò difficilmente deducibile, sia perché implicherebbe un uso simbolico dei numeri, cosa che in Luca non c'è mai, sia perché il riferimento a Daniele è assicurato da altri elementi.

Però, qualche ulteriore conclusione si può ancora trarre sulla storia della tradizione dei vv. 23-25. La presenza in questi versetti di difficoltà stilistiche[110] depongono, da una parte, a favore della presenza di una fonte — a cui può, per esempio, farsi risalire il nascondimento che altrimenti resterebbe inspiegabile — e, dall'altra, confermano che non c'è stata nessuna manipolazione per rendere i legami sintattici più fluidi. Questa supposizione è confermata dall'abilità compositiva di Luca che, volendolo, avrebbe potuto e saputo fare molto meglio. Perciò, la fedeltà di Luca alle sue fonti non avalla nessuna omissione o interpolazione; anzi, le stesse difficoltà dei vv. 23-25 confermano che non ha tralasciato nessun elemento anche se la successione e lo stile ne sono risultati appesantiti.

Prima di concludere, un accenno agli altri testi veterotestamentari riecheggiati nei nostri versetti (cfr. Schema V). Rispetto ai due testi di Genesi citati (30,23; 21,6) — confermato che ci troviamo nello stesso contesto: una madre ringrazia per una maternità miracolosa — c'è da rilevare una differenza di fondo: il ringraziamento non avviene al momento del concepimento, come per Elisabetta, ma dopo la nascita dei figli. Questo conferma che già nell'eventuale fonte utilizzata da Luca il racconto della nascita non era necessario per chiudere lo schema promessa-compimento. Il solo concepimento bastava a richiamare la realizzazione piena della promessa.

In conclusione, nei vv. 24-25, rispetto alla parte iniziale e centrale del brano, si fa sentire con più forza l'influsso del semitico o di una fonte che a questo si richiama. Quanto alla lingua di questa fonte, si può escludere una traduzione di Luca[111], rimanendo, però, la possibilità di una traduzione greca fatta in ambiente ellenistico[112]. Questo, però, non impedisce a Luca di ben inserire questi versetti nell'insieme della pericope ed in Lc 1-2.

III. CONCLUSIONI

Prima di iniziare lo sviluppo delle conclusioni è necessaria una precisazione. La individuazione dei tre oggetti della nostra ricerca sarà fatta in maniera settoriale, cercando, cioè, di distinguere, per ragioni di metodo, gli elementi di lingua, tradizione, storia e teologia che portano ad individuare, ora l'uno, ora l'altro degli oggetti del

---

[110] Cfr. nota 130.

[111] Infatti, nei 2 versetti abbiamo ben 2 *hapax legomena* (περιέκρυβεν e ὄνειδος) e una citazione letterale del TM, mentre per il resto del brano l'AT è stato citato secondo i LXX e sempre con qualche intervento redazionale rilevabile.

[112] Cfr. περιέκρυβεν, forma ellenistica sconosciuta ai LXX.

nostro studio. É chiaro che, di fatto, però, i diversi elementi non costituiscono degli scompartimenti stagno, ma devono essere integrati in funzione del quadro complessivo. Così, la ricerca delle fonti non può esaurirsi nel solo esame della lingua, con le sue caratteristiche, ma, terrà conto anche della teologia e della composizione; come, d'altra parte, l'individuazione dell'autore non può prescindere dalla lingua usata e dal modo di comporre e concepire il rapporto con la tradizione.

A. La lingua

La determinazione della lingua comprenderà l'analisi dei tratti stilistici tipici di Luca scrittore (*lucanismi*), differenziandoli da quelli che si richiamano all'imitazione dei LXX o del semitico. Quindi, saranno considerati i settuagintismi[113] e i semitismi in senso stretto. Un rilievo particolare sarà dato all'esame di termini ed espressioni che si trovano solo in Lc 1-2 e Atti. Infine, determinante sarà l'esame delle citazioni veterotestaméntarie.

1. *Lucanismi*

Iniziamo dai tratti stilistici tipici di Luca e che, in qualche modo, non risentono dell'influsso del linguaggio biblico.

Ἐγένετο (v. 5), anche se non si può dire un vero lucanismo; Ἰουδαίας (v. 5); ἱερεύς τις ὀνόματι (v. 5); ἦσαν δὲ δίκαιοι (v. 6); καὶ οὐκ ἦν αὐτοῖς τέκνον (v. 7); καθότι (v. 7); κατὰ τὸ ἔθος (v. 9); ἔλαχε τοῦ θυμιᾶσαι εἰσελθὼν εἰς τὸν ναὸν τοῦ κυρίου (v. 9); πᾶν τὸ πλῆθος... τοῦ λαοῦ (v. 10); εἶπεν δὲ πρὸς (vv. 13.18); διότι (v. 13); καὶ πολλοὶ ἐπὶ τῇ γενέσει αὐτοῦ χαρήσονται (v. 14b); πνεύματος ἁγίου πλησθήσεται (v. 15); ἔτι ἐκ (v. 15); ἐπιστρέψει ἐπὶ (v. 16); καὶ αὐτός, non enfatico (vv. 17.20); πνεύματι καὶ δυνάμει (v. 17); ἀπεστάλην λαλῆσαι (v. 19); εὐαγγελίσασθαι, in senso tecnico (v. 19); οἵτινες (v. 20); πληρωθήσονται εἰς τὸν καιρὸν (v. 20); ἦν ὁ λαὸς προσδοκῶν (v. 21); μετὰ δὲ ταύτας τὰς ἡμέρας (v. 24); l'uso della paratassi.

Accanto a questi lucanismi in senso stretto, si devono ricordare quelle espressioni che, pur richiamando lo stile biblico, fanno, ormai, parte dello stile di Luca.

---

[113] È necessario distinguere tra i settuagintismi che sono entrati nello stile di Luca — perché questi si possono spiegare sia come imitazione che traduzione — e i settuagintismi che non appartengono allo stile di Luca — perché si possono spiegare solo come indice di una fonte greca.

Innanzitutto, ci sono i *lucanismi che si ispirano ai LXX*.

Ἐν ταῖς ἡμέραις (v. 5); ἀμφότεροι (v. 6); ἐναντίον τοῦ θεοῦ (v. 6); ἐγένετο δὲ ἐν τῷ ἱερατεύειν ... ἔλαχε (vv. 8-9.23); ὤφθη (v. 11); ἄγγελος κυρίου (v. 11); ἑστὼς ἐκ δεξιῶν (v. 11); ἐταράχθη ... ἰδών (v. 12); ἐνώπιον (vv. 15.17.19); κοιλία, nel senso di «seno» (v. 15); τῶν υἱῶν Ἰσραὴλ (v. 16); λαλῆσαι πρὸς (v. 19); καὶ ἰδοὺ (v. 20); ἐν τῷ χρονίζειν (v. 21); ἐπέγνωσαν ὅτι (v. 22); συνέλαβεν, nel senso di «concepire» (v. 24); λέγουσα ὅτι (v. 24-25); οὕτως (v. 25).

Tra i *lucanismi che si ispirano al semitico* ricordiamo: la costruzione perifrastica (vv. 7.10.21.22); la locuzione ἀποκριθεὶς ... εἶπεν (v. 19); la formulazione dei vv. 12 e 20, dove l'affermazione è resa più vigorosa mediante la giustapposizione di due espressioni.

Da sottolineare il fatto che nei vv. 17-19, se si escludono l'introduzione (καὶ αὐτός; πνεύματι καὶ δυνάμει) e la finale (καὶ ἀποκριθεὶς ὁ ἄγγελος εἶπεν; ἀπεστάλην λαλῆσαι; εὐαγγελίσασθαι), i lucanismi sono del tutto assenti. Un'analoga assenza è da rilevare nei vv. 24-25.

2. *Settuagintismi ed ebraismi*

Dei *settuagintismi* segnaliamo:

ἐξ ἐφημερίας (v. 5); ἐκ τῶν θυγατέρων (v. 5); καὶ τὸ ὄνομα αὐτῆς (v. 5); πορευόμενοι ἐν (v. 6); κύριος, nel senso di Yahweh (vv. 6.9.11.15.17.25); ἦν ... στεῖρα (v. 7); προβεβηκότες ... ἦσαν (v. 7); τοῦ θυμιάματος (v. 10); θυσιαστηρίου τοῦ θυμιάματος (v. 11); καὶ καλέσεις τὸ ὄνομα αὐτοῦ (v. 13); κύριον τὸν θεὸν αὐτῶν (v. 16); παρεστηκὼς ἐνώπιον (v. 19); λειτουργία (v. 23); il genitivo del pronome personale.

Abbastanza pochi gli *ebraismi*:

καὶ ἔσται χαρά σοι καὶ ἀγαλλίασις (v. 14): la costruzione è semitica, ma i termini sono lucani; ἐν πνεύματι ... (vv. 15.17); ἐπιστρέψαι ... ἑτοιμάσαι (v. 17); προβεβηκότες ἐν ταῖς ἡμέραις (vv. 7.18); λαλῆσαι ... καὶ εὐαγγελίσασθαι (v. 19); διανεύων (v. 22); ἐπλήσθησαν αἱ ἡμέραι (v. 23); agli ebraismi appartengono anche i nomi propri.

Segnaliamo, infine, gli *hapax legomena*:

ἱερατεύειν (v. 8); σίκερα (v. 15); περιέκρυβεν (v. 24); ὄνειδος (v. 25).

I semitismi[114] presenti nel brano colpiscono sia per il numero che per la distribuzione, infatti, non c'è versetto che ne sia privo.

Ma i più significativi si trovano nei primi versetti, che ci offrono la presentazione dei genitori di Giovanni Battista di lignaggio sacerdotale (vv. 5.8); nell'autopresentazione dell'angelo (cfr. v. 19); nel v. 23.

3. Le citazione dell'AT

Ci limitiamo, in questo punto, soltanto a segnalare che tutti i riferimenti all'AT, eccetto ὀπτασία (v. 22) e il v. 25b, che riprende Gen 30,23, si richiamano ai LXX.

4. Rapporto letterario Lc 1,5-25-At

Di particolare rilevanza ai fini dell'individuazione della lingua di Lc 1,5-25 è l'osservazione che stabilisce, a partire dal nostro brano, un rapporto di continuità stilistica tra Lc 1-2 e At.

Anche se non rimane confermata l'affermazione di alcuni autori, secondo cui Lc 1-2 sarebbe stato scritto — o almeno inserito e adattato — dopo la stesura di Lc-At, pare, invece, confermato che Lc 1-2 e At si debbano allo stesso autore. Si segnalano: πορεύομαι, in senso morale (cfr. v. 6 e At 9,31); ἔναντι (cfr. v. 8 e At 7,10; 8,21); ἔλαχε, nel senso di «ottenere in sorte» (cfr. v. 9 e At 1,17); la connessione tempio-(tempo)-preghiera (cfr. vv. 9-10 e At 10,2; 22,17) ἄγγελος κυρίου (cfr. v. 11 e Lc 2,9; At 5,19; 8,26; 10,3; 12,7.23); ἑστὼς ἐκ δεξιῶν (cfr. v. 11 e At 7,55.56); un ptc. dopo ταράσσω (cfr. v. 12 e At 15,24; 17,8); ἰδών, ptc. attributo (cfr. v. 12a e At 16,34); la stessa costruzione del v. 12b (cfr. At 19,17); διότι (cfr. v. 13 e At 18,10); il v. 13 e At 10,3-6 (all'ora nona appare a Cornelio un angelo che, dopo averlo rassicurato, gli comunica l'esaudimento delle sue preghiere); πνεύματος ἁγίου πλησθήσεται cfr. v. 15 e Lc 1,41.67; At 2,4; 4,8; ...); (ἔτι) ἐκ κοιλίας μητρὸς αὐτοῦ (cfr. v. 15 e At 3,2; 14,8); la relazione bevande inebrianti-Spirito Santo (cfr. v. 15 e At 2,4.13); τῶν υἱῶν Ἰσραὴλ (cfr. v. 16 e At 7,23.37; 9,15; 10,36); ἐπιστρέψει ἐπί ..., in unione a πολλοί convertiti (cfr. v. 16 e At 4,4; 9,42; 17,12; 18,8); καὶ αὐτός, non enfatico (cfr. v. 17 e Lc 1,22b; 2,50; At 22,20); ἀπειθής (cfr. v. 17 e At 26,19); λαλέω πρός (cfr. v. 19 e Lc 1,55; 2,15.20; At 4,1; 8,26; 11,14.20; ...); la concentrazione di verbi composti con δια- (cfr. v. 22 e Lc 1,29; At 2,12-13; 10,17.19); ἐπεῖδεν (cfr. v. 25 e At 4,29).

---

[114] Ci riferiamo anche ai settuagintisimi che rivelano il loro substrato semitico.

É davvero sorprendente notare la quantità di termini ed espressioni che avvicinano Lc 1,5-25 ad At. Questa osservazione è della massima importanza per la determinazione della lingua e dell'autore, in quanto tutte le espressioni riguardano lo stile, perché le stesse cose potevano essere dette in altri modi.

5. Osservazioni varie

Le espressioni successive riguardano altri due tratti di stile.

1) *espressioni che si oppongono ad un substrato semitico*: ἀμέμπτοι, in fine di frase (v. 6); πορευόμενοι ἐν πάσαις ταῖς ἐντολαῖς καὶ δικαιώμασιν (v. 6); προβεβηκότες ... ἦσαν (v. 7)[115]; ἰδών, in fine di frase (v. 12a)[116]; πολλοί (v. 14)[117].

2) *espressioni contrarie allo stile di Luca*: παρεστηκὼς (v. 19)[118]; ἐπλήσθησαν αἱ ἡμέραι (v. 23)[119].

6. Conclusione

Sul problema della lingua, *a priori,* si danno tre soluzioni: siamo di fronte ad una traduzione in greco di un originale semitico; l'autore usa fonti semitiche, da lui o altri tradotte; l'autore imita lo stile semitico, in particolare dei LXX. L'esame delle caratteristiche letterarie della lingua del nostro brano ci ha offerto delle indicazioni contrastanti: ai lucanismi, che sono numerosi, si giustappongono i semitismi, che non sono da meno. Perciò, gli stessi dati inducono al superamento delle soluzioni estreme e semplificanti: tutto è opera di

---

[115] La costruzione perifrastica che sostituisce l'impf. è tipicamente lucana (nel vangelo 30x, in At 24x: statistica riportata in ZERWICK M., *Graecitas biblica Novi Testamenti exemplis illustratur*, Romae, ⁵1966, 124 § 361) e non dovuta all'influsso delle sue fonti aramaizzanti, specie Marco, dato che nei luoghi paralleli Luca la evita quando è presente in Marco, mentre la usa in altri casi, in comune o discordando da Marco (cfr. *l. cit.*). Inoltre, Luca la usa intenzionalmente per sottolineare la continuità di un'azione, tanto più che l'aramaico non la distingue dall'impf.

[116] Nell'aramaico ἰδών sarebbe richiesto all'inizio della frase e seguito dal verbo principale.

[117] Per la mancanza dell'articolo e sulla base del v. 16 e di 2,10 non può avere il senso di πάντες, conformemente all'ebraico *rabbîm* (cfr. SCHÜRMANN H., *Luca* I 119).

[118] Solo qui e in Lc 9,27 si trova la forma asincopata del ptc. pf. di ἵστημι e dei suoi composti, a cui Luca preferisce la forma sincopata (cfr. Lc 1,11; 5,12; 18,13; At 4,14; 7,55; ...) (cfr. PLUMMER A., *Gospel According to St. Luke*, Edinburgh, ⁵1922, 17).

[119] Solo in Lc 1-2 è usata questa espressione (cfr. ancora 2,6.22), mentre, normalmente, Luca usa πληρόω (cfr. Lc 21,24; At 7,13.30; 9,23; 24,27).

un vero autore, oppure, tutto proviene da un documento originale ebraico tradotto in greco.

La nostra pericope è caratterizzata da quelli che, per adesso, abbiamo chiamato genericamente «semitismi», ma che in molti casi sono dei settuagintismi, cioè, espressioni greche che richiamano una costruzione ebraica, tipiche della traduzione del TM fatta dai LXX. Questa prima osservazione fa escludere che possiamo essere di fronte ad una traduzione, anche se con accentuati caratteri lucani[120], perché si dovrebbe ammettere che il nostro autore traduce il semitico imitando un greco di traduzione, quale appunto quello dei LXX; ma, ancor più, perché troviamo delle espressioni non più ritraducibili in ebraico ed espressioni contrarie alla traduzione dei LXX. Tutto questo è molto strano: o Luca — o chi per lui — traduce, e perciò deve tradurre sempre allo stesso modo, o il greco di traduzione non risolve il problema. Quindi è preferibile la soluzione del greco di imitazione. L'imitazione del greco dei LXX offre due vantaggi: spiega il carattere arcaico del brano e non oscura l'opera dell'autore, che imitando coscientemente può, quando lo ritiene opportuno, o non imitare, o dare ad un'espressione un senso ed una colorazione diversa da quella dei LXX[121]. La validità di questa soluzione trova sostegno nei riferimenti biblici che sono quasi tutti (tranne uno) in riferimento al testo dei LXX. Inoltre, F. Horton riconosce che la sola analisi morfologica è insufficiente a chiarire il problema dei «biblicismi», per cui ricorre all'influenza dei LXX sul greco del I sec. parlato nella diaspora. Un'influenza che avrebbe creato, insieme al linguaggio sinagogale, una nuova lingua parlata: il greco giudaico[122].

---

[120] Cfr. MINEAR P.S., *Luke's Use of the Birth Stories*, in KECK L.E.–MARTYN J.L. (ed.), *Studies in Luke-Acts. Essays presented in Honour of Schubert P.*, Nashville-New York, 1966, 113-115, che rileva 55 parole o locuzioni che compaiono in Lc 1-2 e in Lc-At più spesso che nel resto del NT. Inoltre, di 66 parole preferite da Luca, 46 compaiono nel racconto dell'infanzia.

[121] Oltre quanto segnalato nell'analisi letteraria vedi anche ἐγένετο ἐν τῷ + inf. (cfr. vv. 9.21) che, anche se può richiamarsi alla traduzione dei LXX di *wayᵉhî bᵉ*, nella sua colorazione è prettamente lucana, in quanto Luca distingue l'uso dell'inf. aor. — per indicare un'azione puntuale nel passato (cfr. 3,21; 9,34.36; 11,37; ...) —, dall'inf. pres. — che indica il perdurare dell'azione (cfr. 1,8.21; 2,6.27.43; 5,1.12; ...) (cfr. LAGRANGE M.-J., *Evangile* C). L'uso della perifrastica al posto dell'impf. con l'idea di durata (cfr. v. 10). Ἄγγελος κυρίου (v. 11), che nei LXX indica o Yahweh o un suo inviato, in Luca indica sempre un inviato di Dio. Infine, καὶ αὐτός (v. 17) che è un settuagintismo quanto alla lettera — traduce *hû'* —, quanto al senso gli si oppone, perché vuole mettere in evidenza un personaggio senza enfatizzarlo.

[122] Cfr. *Reflections in the Semitisms of Luke-Acts*, in TALBERT C.H. (ed.), *Perspectives on Luke-Acts*, Danville, 1978, 18-23.

Questa impostazione spezza il circolo chiuso che ogni ebraismo
è un settuagintismo o una traduzione. Anche se l'esistenza di una tale lingua è indimostrabile, resta, comunque, valida la suggestione:
per risolvere il problema della lingua bisogna allargare il campo
d'indagine e dare nuove prospettive.

Come ipotesi di soluzione si possono segnalare i seguenti punti.
Innanzitutto, bisogna considerare il testo in sè, compresi i suoi
estremi letterari, che di fatto sono stati accettati dal redattore del
nostro brano. Così, il problema diventa: l'autore di Lc 1,5-25 che indicazioni ci offre circa il suo modo di comporre? Ma, proprio su
questo punto l'analisi ha fornito un importante elemento. Il nostro
autore si muove cercando un equilibrio tra due estremi: la fedeltà alla tradizione che lo precede, ma pure la libertà di esprimersi nel modo più confacente al suo stile. Perciò, proprio le difficoltà di stile sono la prova di un tentativo, peraltro ben riuscito, di creare qualcosa
.di nuovo, sia nello stile che nel contenuto, sulla base di materiale
tradizionale. Infatti, nonostante molti settuagintismi facciano parte
dello stile di Luca, egli non perde occasione per inserirvi qualche
elemento che renda quella formula ancora più lucana. Un altro elemento da tenere in conto, per la soluzione del nostro problema, è il
cambiamento di uditorio. Si potrebbe quasi dire che il materiale tradizionale abbia bisogno dei lucanismi per essere reso intellegibile ad
un nuovo uditorio.

Questa linea di interpretazione sembra rispettare tutte le caratteristiche del testo: lucanismi, settuagintismi, ebraismi. Il punto nodale
è costituito dall'abilità compositiva e dal rispetto dell'autore per le
fonti, che riesce a creare una scena dai caratteri spiccatamente veter-
testamentari, ma perfettamente intellegibile ad orecchie greche.

In conclusione si può dire che la lingua di Lc 1,5-25 è un'imitazione, molto personalizzata, del greco dei LXX. Particolarità che
trova le sue ragioni nel redattore che, ricostruendo l'episodio sulla
base di modelli veterotestamentari, non può fare a meno di ricalcare
lo stile biblico, come non può fare a meno di lasciarvi la sua impronta. Un'imitazione voluta e cercata per poter rendere chiaro che
la storia — che ora ha inizio con questa narrazione — è sulla scia
della grande storia del popolo eletto, ascoltata e letta dall'AT.

B. LE FONTI

Come fonte principale del nostro brano bisogna riconoscere il
VT, sia a livello di modelli che di formulazione letteraria. Non è da
sottovalutare, però, l'influsso della tradizione evangelica, soprattutto nella presentazione di Giovanni Battista (cfr. vv. 15-17).

1. Modelli veterotestamentari[123]

I modelli veterotestamentari seguiti nel nostro brano sono essenzialmente due: gli annunci di nascita di alcuni grandi personaggi biblici — per l'ambientazione e l'annuncio della nascita in quanto tale — e le visioni di Dan 9-10 — per l'apparizione di Gabriele a Zaccaria. Ma, sarà necessario anche un accenno al modello di vocazione.

Per il primo modello, i quadri sintetici offerti da diversi autori[124], sono sufficientemente eloquenti. In questo modello si riconoscono cinque momenti: 1) apparizione angelica; 2) turbamento; 3) annuncio divino; 4) obiezione; 5) segno. A questi cinque momenti, però deve esserne aggiunto un sesto: la realizzazione della promessa, cioè il concepimento o il parto (cfr. Gen 16,15; 21,1-2; Gdc 13,24; 1 Sam 1,20) che ha il suo corrispettivo in Lc 1,24.

Ci sono, poi, da segnalare alcuni elementi che, pur uscendo dallo schema, si richiamano ugualmente all'ambito della nascita di grandi personaggi dell'AT.

La presentazione dei genitori (cfr. Lc 1,5 e Gdc 13,2; 1 Sam 1, 1); *la condizione di «sterilità» dei futuri genitori* (cfr. Lc 1,7 e Gen 11,30; Gdc 13,2; 1 Sam 1,5: mogli sterili; Gen 18,11: età avanzata di entrambi); *la preghiera esaudita durante una preghiera nel Tempio* (cfr. 1,8-9.13 e 1 Sam 1,3.7); *il ringraziamento* (cfr. Lc 1,25 e 1 Sam 1,27); *la sequenza ritorno-concepimento* (cfr. Lc 1,24-25 e 1 Sam 1,19-20).

Infine, si deve anche notare il riferimento ad elementi che non entrano nello schema di annunci di nascita del VT. In particolare, le caratteristiche morali dei genitori (cfr. v. 6 e Gb 1,1) e le parole del ringraziamento (cfr. v. 25 e Gen 30,23).

Molti sono gli elementi che richiamano le visioni di Dan 9-10.

Si tratta di una «visione» (ὀπτασία) (cfr. Lc 1,22 e Dan 9,1; (6x); *l'apparizione avviene all'ora del sacrificio* (cfr. Lc 1,10-11 e Dan 9,20-21); *la «paura» in seguito all'apparizione* (cfr. Lc 1,12 e Dan 10,12); *l'invito a «non temere»* (cfr. Lc 1,13 e Dan 10,12); *l'esaudimento della preghiera* (cfr. Lc 1,13 e Dan 10,12); *l'autopresentazione dell'angelo* (cfr. Lc 1,19 e Dan 9,20-21; 7,16); *la missione dell'angelo* (cfr. Lc 1,19 e Dan 10,11); *il mutismo dei protagonisti* (cfr. Lc 1,20.22 e Dan 10,15). Ma, a questo punto, non può essere omesso anche un richiamo a Tb 12,14-17. Vi ritroviamo, infatti, la «paura»

---

[123] La parte che segue non vuole essere una dichiarazione sul genere letterario, ma solo una raccolta di dati che per comodità viene fatta sotto particolari titoli.
[124] Cfr. Muñoz Iglesias S., *El Evangelio* 335; Brown R. E., *La nascita* 199; Fitzmyer J. A., *The Gospel* I 319.

in seguito all'apparizione (cfr. Lc 1,12 e Tb 12,16); l'invito a «non temere» (cfr. Lc 1,13 e Tb 12,17) e l'autopresentazione dell'angelo (cfr. Lc 1,19 e Tb 12,14-15).

Non si può chiudere la trattazione dei modelli veterotestamentari senza un riferimento allo schema di vocazione. Questo schema sembra richiamato soprattutto nei vv. 13-20, ma un confronto serrato con Gdc 6,11-24 mostrerà che anche altri elementi vi si richiamano.

Notiamo, infatti, tra Gdc 6,11-24 e Lc 1,5-25 cinque elementi in comune, perché il terzo elemento in Giudici — il saluto dell'angelo — manca in Luca [125].

1) La presentazione dei personaggi (cfr. Gdc 6,11 e Lc 1,5.8-9) ha gli stessi elementi: nome, origine, attività (battere il grano; servizio liturgico).

2) L'apparizione dell'angelo ha riferimenti anche letterali (cfr. Gdc 6,12 e Lc 1,11.19): appare (cfr. ὤφθη) un angelo del Signore (cfr. ἄγγελος κυρίου) che si colloca in una certa posizione (sotto una quercia; alla destra dell'altare); si tratta di un «inviato» (cfr. ἦλθεν, ἀπεστάλην); c'è un collegamento con il fuoco (cfr. Gdc 6,21 e l'altare dei profumi su cui brucia il fuoco, anche se non è detto esplicitamente); l'angelo porta un messaggio (cfr. Gdc 6,13 ss. e Lc 1,13 ss.).

3) Il messaggio riguarda un'azione da compiere (cfr. Gdc 6,14: liberare Israele; Lc 1,15: far ritornare al Signore i figli d'Israele).

4) L'obiezione è differente, perché, mentre in Giudici riguarda la missione (cfr. 6,15), in Luca riguarda la nascita del figlio (cfr. 1,18).

5) In entrambi i casi si conclude con un segno (cfr. Gdc 6,17 ss. e Lc 1,20). La difficoltà maggiore per sostenere la ripresa di questo schema è il fatto che in Gdc 6 l'episodio ha un solo protagonista, mentre in Luca, l'interlocutore dell'angelo è il padre, ma la missione riguarda il figlio, di cui gli viene annunciata la nascita.

2. *Testi veterotestamentari*

I testi veterotestamentari ripresi letteralmente sono: Dan 10,7b nel v. 12b; Dan 10,12 nel v. 13a; Gen 17,19 (tranne τέξεται) nel v. 13b; Gdc 13,4 nel v. 15b; Mal 3,1.18.22.23.24; Sir 48,10 e Is 40,3 nel v. 17; Gen 15,8 nel v. 18; Tb 12,14-15, quanto all'espressione, e Dan 9-10, quanto all'ambientazione, nel v. 19; Gen 30,23 nel v. 25.

---

[125] Lo stesso schema può essere rintracciato in Lc 1,26-38.

Tutti questi testi, tranne Gen 30,23, si richiamano al testo dei LXX o simile, e in alcuni casi, contro il TM. Questa osservazione è determinante non solo in vista della lingua, ma soprattutto per l'interpretazione. Infatti, se le citazioni si richiamano al testo dei LXX bisognerà interpretarle alla sua luce e non in base al testo ebraico [126].

3. Tradizione neotestamentaria

L'analisi letteraria ha fatto trasparire chiaramente che nei vv. 15-17 può esservi sottostante la tradizione evangelica sulle qualità morali e sulla missione di Giovanni Battista. Questa considerazione è confermata quando rapportiamo la presentazione di Giovanni Battista nei nostri versetti con quella che troviamo nel vangelo di Giovanni. Infatti, notiamo «lo stesso ordine di fatti in cui prima compare Giovanni Battista che raddrizza le vie del Signore e poi Gesù che va al Tempio» [127]; la missione di Giovanni Battista che deve preparare ad accogliere il Signore (cfr. Gv 1,7-8). Si possono notare anche contatti letterari: Gv 1,7: οὗτος ἦλθεν e Lc 1,17: αὐτὸς προελεύσεται [128].

A livello di vocabolario, è pure interessante notare come nel nostro brano ricorrano termini tipici in Luca e Paolo nel NT: φρόνησις (cfr. v. 17 e Ef 1,8); πρεσβύτης (cfr. v. 18; At 12,3 e 2 Ts 2,10); ἀνθ'ὧν (cfr. v. 20 e Flm 9; Tito 2,2); ὀπτασία (cfr. v. 17; At 26,19 e 2 Cor 12,1); sono rintracciabili anche alcune espressioni simili (cfr. Lc 1,6 e Fil 3,6; Lc 1,15 e Ef 5,18; Lc 1,17 e Ef 1,8) [129].

4. Conclusione

I richiami ai modelli e ai testi veterotestamentari rivelano la grande familiarità che l'autore doveva avere con l'AT, in una traduzione greca, probabilmente i LXX.

Questa osservazione ci permette di fare due affermazioni. In primo luogo, che l'ambiente in cui il brano si è formato doveva essere di tipo giudaico, ma, che essendo, di fatto, usata una Bibbia greca, la formulazione letteraria deve aver avuto la sua origine in greco. Così, il carattere arcaico di molte espressioni si può spiegare

---

[126] Cfr. Mc Hugh J., *La mère de Jésus dans le Nouveau Testament*, Paris, 1977, 51.

[127] Brown R. E., *La nascita* 605, nota 5.

[128] Cfr. Plummer A., *Gospel* lviii-lix.

[129] Un più ampio rapporto tra Paolo e Luca 1-2 è reperibile in Laurentin R., *I vangeli dell'infanzia di Cristo. La verità del Natale al di là dei miti. Esegesi e semiotica, storicità e teologia*, Cinesello Balsamo, 1985, 59-64.

proprio in base alla familiarità che l'autore doveva avere con il testo
dei LXX, o simile. Inoltre, le citazioni dell'AT sono concentrate nella parte centrale del brano, soprattutto nei vv. 15.17.19 — che è anche la parte più teologica —, dato che nei vv. 15-17 c'è la presentazione di Giovanni Battista come precursore del κύριος. Anche questo conferma che ci troviamo in una comunità di tipo giudaica, che
era l'unica a poter fare un'operazione del genere, cioè, presentare il
Battista sulla scia della tradizione veterotestamentaria sul «battistrada» del Signore. Però, l'opinione che identifica questa comunità giudaica solo in un gruppo di discepoli di Giovanni Battista viene superata allorquando l'analisi ha dimostrato che sia i testi dell'AT, che
le idee espresse su Giovanni sono già presenti nella tradizione neotestamentaria. Perciò, non è necessario supporre un documento pre o
anticristiano di discepoli di Giovanni Battista sul loro maestro, che
sarebbe stato cristianizzato da Luca, nel momento in cui lo inserisce
in Lc 1-2.

Questa impostazione ridimensiona il problema delle fonti visto
unicamente come ricerca di brani, più o meno estesi, anteriori alla
nostra pericope. Infatti, quasi tutto quello che la pericope contiene
ha già una fonte non specificabile in questo o quel precedente, ma
che si richiama alla grande tradizione veterotestamentaria e neotestamentaria. Atteso che nel nostro brano nessun elemento può vivere fuori dall'insieme, ciò fa supporre che la nostra pericope, nella
sua stesura finale, dev'essere opera di un solo autore, senza per questo voler negare che una presentazione dell'annuncio della nascita di
Giovanni, su modelli veterotestamentari, potesse essere già stata iniziata nella comunità primitiva, come conferma il fatto che la missione di Giovanni Battista nella tradizione sinottica era presentata sulla base dell'AT. Solo si esclude che dal nostro testo si possa dedurre
una fonte scritta precedente l'attuale redazione. La prova di quanto
affermato è data nel momento in cui, pur riconoscendo nella parte
finale della pericope (vv. 22b.24-25) la possibilità di una fonte scritta[130], non per questo essa risulta inserita meno bene nell'insieme.
Infatti, rileggendo il brano non può non colpire la perfetta armonia
della sua costruzione ed il fine gusto dell'autore nel mantenere il
giusto equilibrio tra tanti elementi e testi desunti da modelli del VT
e stile personale. Inoltre, proprio il fatto che il redattore non elimini
o cerchi di attenuare elementi letterari che non corrispondono al suo

---

[130] Ciò sulla base dell'osservazione che il v. 22b potrebbe essere una traduzione greca di fonte ebraica; la stranezza di καὶ ἐγένετο ὡς ... come conclusione di pericope; il carattere contrario allo stile di Luca di ἐπλήσθησαν αἱ ἡμέραι; la presenza di 2 *hapax legomena* sui 4 presenti nel brano; l'unico testo dell'AT citato secondo il TM.

stile prova, da una parte, il suo rispetto per le fonti e, dall'altra, esclude l'utilizzazione di altre fonti dello stesso tipo. In una parola, se fonti più semitizzanti c'erano l'autore le avrebbe lasciate; se non ne rimane traccia significa che non ne ha avuto a disposizione altre.

In conclusione, si può dire con P. Benoit che non c'è

«aucun motif, ni dans la langue, ni dans sa composition littéraire [...] de l'attribuir (Lc 1: n.d.r.) à un document issu des cercles Johannites; j'estime que Luc-même l'a composè à l'aide de traditions orales, de modèles bibliques ...»[131].

Problema diverso sarà, invece, l'individuazione del motivo per cui Luca scelga proprio certi testi.

C. L'AUTORE

Quest'ultimo problema ha i suoi dati risolutori, oltre che negli elementi di lingua e di stile, anche nella individuazione di tecniche compositive presenti in Lc-At e nell'inserimento o meno della teologia di questo brano nelle linee teologiche di Luca.

1. Chi è l'autore di Lc-At?

Non sembri fuori posto questa domanda che, logicamente, dovrebbe essere posta alla fine della trattazione. Ma, i dati che il NT e la tradizione dei primi secoli ci danno sull'autore di Lc-At possono risultare utili anche per illuminare il problema della lingua e delle fonti.

La tradizione patristica[132] vede in Luca, compagno di Paolo, l'autore di Lc-At. I dati del NT confermano che «un certo» Luca fu compagno di Paolo[133].

Più controversa è, invece, la testimonianza del *Prologo Antimarcionita* (IV sec.), secondo cui Luca era un «siriano originario di Antiochia (ἔστιν ὁ Λουκᾶς Ἀντιοχεὺς Σύρος). In verità, anche su questo elemento ci sarebbe una conferma in At 11,28, ma da alcuni è contestata, a causa di una difficoltà testuale[134].

Pare confermata da Paolo (cfr. Col 4,14) e dalla critica interna (cfr. Lc 1,38; 5,18.31; 7,10; 8,44; 21,34; At 5,5.10; 9,40, per la termi-

---

[131] *L'enfance* 194.

[132] Cfr. Ireneo, *Adv. Haer.*, 3,1,1; *Prologo antimarcionita*; *Canone Muratoriano*; Clemente Alessandrino, *Strom.*, 1,21, 45.

[133] Cfr. Col 4,14; Flm 24; 2 Tm 4,11.

[134] Secondo At 11,28 Luca sarebbe presente ad Antiochia quando si organizza la colletta per la comunità di Gerusalemme, colpita da carestia.

nologia medica; Lc 4,35; 13,11; At 3,7; 8,18, per la descrizione delle malattie) la testimonianza della tradizione patristica sul fatto che Luca fosse medico[135].

Quali deduzioni trarre da queste osservazioni? Anche se i dati non consentono di identificare con certezza se il Luca, ricordato come compagno di Paolo, corrisponda al Luca, presunto autore di Lc-At, pur tuttavia, alcune precisazioni possono essere fatte. L'autore se fu compagno di Paolo, nei suoi viaggi missionari è venuto a contatto soprattutto con comunità giudeo-ellenistiche, che nelle loro assemblee di preghiera, di certo, usavano un testo dell'AT in greco. Ciò potrebbe spiegare perché l'AT, quando non ci sono fonti scritte, sia citato secondo i LXX, o in un testo a questo simile. Così, la probabile professione di «Luca», che lo metteva a contatto con i classici della medicina e della cultura ellenistica in genere, può rendere conto del buon greco presente nel brano[136].

Ma, «Luca» dove prende le fonti che ha potuto utilizzare? Questi accompagnando Paolo nei suoi viaggi, avrà avuto modo di contattare la comunità palestinese, in seno alla quale il nostro racconto, sia per i modelli veterotestamentari ripresi, che per gli usi, tipicamente semitici[137], si poteva tramandare. Una precisazione ulteriore delle fonti è pressoché impossibile, in quanto «Luca», con la sua abilità compositiva, ha cancellato — nel linguaggio non nella sostanza — quasi ogni traccia di fonte da lui usata.

Eventuali notizie che «Luca» ci offre su personaggi o usi non più ripresi altrove si possono spiegare o in base alle fonti, o alle sue ricerche personali (cfr. Lc 1,1-4).

In base a queste poche, ma preziose notizie, il problema della lingua si arricchisce di ulteriori elementi di valutazione. Anche se non ammettiamo l'origine antiochena del nostro autore, il fatto che sia stato compagno di viaggio di Paolo sarebbe sufficiente per rendere ragione di alcune caratteristiche linguistiche e tradizionali, a prima vista, inspiegabili. La difficoltà maggiore incontrata, nell'esame della lingua, è stata la coesistenza nello stesso brano, anzi, nello stesso periodo, di lucanismi e semitismi. Scartata l'ipotesi di un gre-

---

[135] Cfr. *Prologo antimarcionita*; Eusebio, *Hist. Eccl.*, 3,4,6.

[136] Per tutte valga l'espressione θυμιᾶσαι εἰσελθών, che è un'eccezione del greco classico, perché essendo il predicato nominale vicino ad un inf. ed essendo il soggetto uguale a quello del verbo principale, al posto dell'acc., che sarebbe normale, troviamo il nom.

[137] Oltre quanto reperibile nell'analisi letteraria vedi le numerose notizie sul sacerdozio giudaico (cfr. vv. 5.8-11.21-22); l'obbligo per i sacerdoti, specie nel tardo giudaismo, di sposare una discendente della tribù sacerdotale (cfr. v. 5) (cfr. RENGSTORF K. H., *Il vangelo* 42); la destra usata per indicare un posto legato ad un buon auspicio (cfr. v. 11); la considerazione negativa della sterilità (cfr. v. 25).

co di traduzione, che in ogni caso non renderebbe ragione del buon greco usato, si è scelta la soluzione di una familiarità con il greco dei LXX, che colloca l'autore in un ambiente greco-giudaico. Questa linea di soluzione sembra avvalorata proprio da quanto ci dice il NT e la tradizione patristica. Ulteriore conferma l'abbiamo anche dal modo in cui l'autore si colloca nei confronti della tradizione: fedele nella sostanza alle fonti, ma libero nella composizione; conferma tanto più vera, in quanto dalla tradizione aveva ricevuto poche notizie (per es.: nomi e discendenza sacerdotale dei genitori; la nascita miracolosa di un figlio) il tutto interpretato ed espresso con schemi veterotestamentari[138].

Tutto questo ci porta ad ipotizzare che il nostro autore — che continueremo a chiamare Luca — è, probabilmente, un cristiano di buona cultura greca — anche se non si ammette che sia un medico —, sensibile alla tradizione veterotestamentaria e rispettoso delle fonti, che vuole, attraverso il suo vangelo, far pervenire l'annuncio di Cristo al mondo ellenico.

Resta da esaminare un ultimo aspetto del problema: Lc 1-2 è da attribuire allo stesso autore di Lc-At?[139]. Una risposta affermativa, in tal senso, già l'abbiamo avuta dall'esame della lingua. Ma gli argomenti più costringenti, in questo senso, vengono, oltre che dall'affinità letteraria, già sottolineata, tra Lc 1,5-25 e Atti, soprattutto dagli argomenti successivi: esame delle tecniche compositive e della teologia.

2. Le tecniche compositive di Luca

Per valutare correttamente le tecniche compositive presenti nel nostro testo non è superfluo ricordare che l'autore si muove all'interno di una suggestione fondamentale: il riferimento alla tradizione rivisitata letterariamente sulla base delle sue radici ellenistiche. A dimostrare questo, a livello compositivo, basti ricordare i

---

[138] La libertà di composizione dell'autore si manifesta nel fatto che accanto alla predilezione per l'AT, che gli deriva dall'ambiente giudaico e dalle fonti, manifesta dei tratti tipici della cultura greca. Innanzitutto, il grande spazio che dà agli interventi del popolo; in 1,58.66; 2,18 ha il ruolo del coro della tragedia greca, esprimendo le idee e i sentimenti dei personaggi principali, ma anche in 1,10-22 la presenza del popolo, all'inizio e alla fine della visione (v. 10: in preghiera; vv. 21-22: in trepida attesa), rende altamente drammatica la scena. Quindi, anche l'uso di tecniche care agli autori greci, quale l'iperbato, cioè l'inserimento di una parola all'interno di una frase che la richiederebbe dopo (cfr. v. 10: καὶ πᾶν τὸ πλῆθος ἦν τοῦ λαοῦ προσευχόμενον) (cfr. ANTONIADIS S., L'Évangile 419.426).

[139] Una sintesi degli argomenti contro l'unità di Lc 1-2-Lc-At è riportata in MATHER P. B., The Search 132-134.

casi in cui Luca, pur mantenendo una costruzione semitica, la carica di una sfumatura nuova dovuta all'ellenismo: cfr. ἐγένετο (v. 5); προβεβηκότες... ἦσαν (v. 7); ἐγένετο δὲ ἐν τῷ ἱερατεύειν (v. 8); o l'uso di costruzioni più semitizzanti e perfettamente greche, emblematico a tal riguardo è l'uso della paratassi per tutto il brano, anche se il v. 20 è costruito, più classicamente, mediante tre subordinate consecutive; o nelle citazioni dei testi biblici (nel v. 12a ritroviamo una migliore grecizzazione rispetto al testo di Dan 10,7a (LXX), mentre nel v. 12b è mantenuta la stessa espressione di Dan 10,7b (LXX) perché in aderenza al suo stile). Tutto questo conferma che ci troviamo di fronte ad un vero autore e non ad un semplice raccoglitore di fonti o traduttore.

Caratteristica dello stile di Luca è la «Zweiheitgesetz»[140], notiamo, perciò, la *tautologia* (πνεύματι καὶ δυνάμει: v. 17); due verbi con la stessa preposizione (διανεύων e διέμενεν: v. 22); costruzioni di frasi rafforzate con il parallelismo (ἔση σιωπῶν καὶ μὴ δυνάμενος λαλῆσαι: v. 20); sezioni parallele (per es.: due annunci); il parallelismo di due personaggi o testi (cfr. Giovanni Battista-Gesù; la disposizione parallelistica dei primi quattro testi in cui ricorre εὐαγγελίζομαι[141]).

La quantità di relazioni tra Lc 1-2 e Lc-At conferma uno stesso autore, mentre eventuali discrepanze di stile tra Lc 3-24 e Lc 1-2, sono facilmente attribuibili ad un certo progresso nello stile, data una certa distanza di tempo tra la composizione delle due parti. Cerchiamo la controprova di quanto fin'ora affermato nella teologia.

3. La teologia[142]

Questo argomento, unito agli altri, diventa decisivo per la determinazione dell'autore[143]. Infatti, uno degli argomenti per negare il carattere lucano del brano è dato dal presupposto che in Lc 1-2 siano presenti alcuni elementi di teologia contrari all'orientamento teologico di Luca[144].

---

[140] Cfr. MORGENTHALER R., *Die lukanische Geschichtsschreibung als Zeugnis. Gestalt und Gehalt der Kunst des Lukas*, I, Zürich, 1948, 18-98.

[141] Cfr. inoltre tutti gli altri elementi ricordati nel rapporto letterario Lc 1,5-25-At.

[142] Ci limitiamo ai tratti teologici emersi durante le analisi precedenti. Ulteriori conferme potranno venire quando sarà studiata in dettaglio la teologia del brano.

[143] Ulteriori conferme, in verità, verranno anche dall'analisi della struttura di Lc 1-2, del vangelo e dell'intera opera lucana (cfr. cap. III), e dalla teologia del brano (cfr. cap. IV).

[144] Cfr. soprattutto CONZELMANN H., *Die Mitte* 10ss: il Battista è legato alla Giudea, mentre Luca evita questo legame; Lc 1-2 costruito sul parallelismo Gio-

La presenza di eventuali elementi contrari alla teologia di Luca può essere usata a favore del carattere lucano del brano. Infatti, ciò che contrario alle proprie idee è mantenuto, è indice del suo carattere arcaico e del rispetto dell'autore per la tradizione. Una particolarità ancora ampiamente emersa nell'analisi letteraria.

Ricordiamo solo due tratti della teologia del brano, a conferma di quanto affermato. La polivalenza di ἐνώπιον αὐτοῦ che lascia trasparire le diverse tappe della tradizione e della teologia sottostante; la presentazione di Giovanni Battista (cfr. vv. 14-17) in cui non c'è «nessun motivo in *termini di contenuto* o in *termini di teologia*» per affermare che siamo di fronte ad un tratto di teologia pre-cristiana «dal momento che qualsiasi cosa ivi detta riecheggia ciò che Luca dirà di Giovanni Battista in 3,1-12 e 7,18-35 o è in armonia con esso»[145].

Riprendendo in rapida sintesi le conclusioni, a cui fino ad ora siamo giunti, si può affermare che la lingua del brano, pur tra alcuni dubbi, è un greco caratteristico di Luca che si ispira ai LXX e con influenze ellenistiche. L'autore, lo stesso che ha composto Lc-At, si è servito di tradizioni non più identificabili con certezza nella loro forma originaria. Tradizioni che si ispirano a modelli veterotestamentari e alla tradizione evangelica, e sono provenienti da ambienti giudeo-cristiani[146]. Il tutto è stato riformulato in maniera originale, ma rispettosa di quanto già presente nella tradizione, da Luca, che lo ha inserito in maniera unitaria nella sua opera.

---

vanni-Gesù, che li fa incontrare fin dal principio (cfr. Visitazione), mentre per Luca Giovanni Battista è solo un profeta, legato al tempo d'Israele e i due non si incontreranno mai.

[145] BROWN R. E., *La nascita* 371.

[146] Potrebbero essere sia circoli di discepoli di Giovanni Battista, ma perfettamente integrati nel gruppo dei cristiani; sia gli ambienti dei familiari di Gesù.

CAPITOLO II

LA TRADIZIONE

Strettamente legata — e in qualche modo dipendente — all'analisi letteraria è l'esame del genere letterario, laddove i numerosi riferimenti al VT riscontrati in Lc 1,5-25 necessitano di una riconsiderazione da cui emerga se l'uso dell'AT da parte di Luca, certamente voluto, sottenda anche un'imitazione di generi veterotestamentari o se, più in generale, un modo di pensare biblico; cioè, se Luca imita solo dei modi di dire del VT o se si richiama ad un modo di considerare la Scrittura, da cui deriva anche un modo di esprimersi. Una volta individuati il metodo e la concezione letteraria a cui l'autore si ispira sarà naturale determinare l'ambiente che ha dato origine al nostro brano.

Preferiamo, piuttosto che dedicarvi un'apposita trattazione — che pure meriterebbe —, trattare della storicità a questo punto, per far emergere, anche metodologicamente, lo stretto rapporto esistente tra genere letterario e storicità. Rapporto che, pur essendo un dato acquisito, non manca di scuscitare — soprattutto quando si tratta di determinare i singoli particolari — diverse prese di posizione tra gli esegeti.

I. IL GENERE LETTERARIO

Questa prima parte del capitolo, dedicata all'esame del genere letterario di Lc 1-2, in generale, e di Lc 1,5-25, in particolare, vuole affrontare il tema, tentandone una trattazione che si sviluppi concentricamente. Cioè a dire, innanzitutto, individuare e dare una definizione del genere, ma soprattutto del metodo sottostante a Lc 1-2. Verificarne, quindi, la esistenza in Lc 1,5-25, mediante il confronto con l'AT — con i suoi modi di scrivere e di pensare — e con opere di ispirazione biblica vicine all'infanzia lucana, per farne emergere, qualora ci fosse, un modo costante di rapportarsi con la Scrittura, nonchè, nel caso, sottolinearne le differenze. Solo a questo punto si proporranno delle conclusioni sul genere di Lc 1,5-25. Culmine della trattazione sarà l'esplicitazione della teologia soggiacente all'uso di un certo genere o di un certo modo di accostarsi alla Scrittura.

A. Genere letterario di Lc 1-2[1]

Posto che non è nostra intenzione trattare in maniera esaustiva del problema del genere letterario in Lc 1-2, ci limiteremo a fare delle osservazioni che siano utili a definire e a collocare il metodo ivi usato. Perciò, la trattazione tenderà ad individuare, innanzitutto, l'inserimento di Lc 1-2 in una *tradizione* più vasta, quindi, solo in un secondo momento, si passerà a determinare i *modelli biblici* che hanno ispirato Lc 1-2.

1. Una definizione di «genere letterario»

Questa ci sembra la prima precisazione da fare, onde evitare delle ambiguità comuni nell'analisi del genere letterario di Lc 1-2, cioè di ridurre il problema del genere a quello delle fonti; di definire il genere in funzione della storicità; di staccare Lc 1-2 dal genere «vangelo»; di identificare «genere» con stile; di confondere «genere» con teologia; di dimenticare la relazione con la tradizione; di non rispettare a sufficienza la redazione. Proprio per evitare questi problemi cerchiamo di dare una definizione di «genere letterario», da cui far scaturire una trattazione il più possibile organica e rispettosa dei livelli di ricerca.

Partiamo dalla definizione di «genere letterario» proposta da L. Alonso Schökel: «Tria constituunt genus: argumentum peculiare, structura (seu forma interna) peculiaris, rationes stilisticae quodammodo peculiares»[2]. Questa definizione ci permette di fare una prima osservazione; il genere si lascia definire da tre elementi: contenuto, struttura e procedimenti stilistici. Queste caratteristiche definiscono l'opera in sé, cioè staccata da qualsiasi riferimento ad altre opere.

Però, un'opera letteraria è sempre inserita in un tempo ed in una comunità, perciò è opportuno ricordare anche ciò che Wright A. G. considera come «genere», cioè le caratteristiche letterarie comuni a più opere che siano inserite in una *tradizione comune*[3]. Questa sottolineatura fa uscire il «genere» da una sorta di «isolamento», che lo voleva identificato solo per le caratteristiche letterarie.

---

[1] Una rassegna delle diverse posizioni è reperibile in George A., *Le genre littéraire de l'Évangile de l'enfance, Luc I-II. Étude d'ensemble*, Lyon, 1967-68, 3; Graystone G., *Virgin 68*, nota 70; Brown R. E., *Mary in the New Testament*, New York, 1978, 112-115; Legrand L., *L'annonce* 18-24.92-97; Laurentin R., *I vangeli* 127s; Muñoz Iglesias S., *Los Evangelios de la Infancia*, II: *Los anuncios angélicos previos en el Evangelio lucano de la Infancia*, Madrid, 1986, 291-294.

[2] *Genera litteraria*, in VD 38 (1960), 13.

[3] Cfr. *The Literary Genre of Midrash*, in CBQ 28 (1966), 110-112.

Così, seguendo queste indicazioni, vogliamo prima trattare della storia e della comunità che ha portato Lc 1-2 ad esprimersi in un certo modo, per passare, quindi, alle osservazioni più strettamente letterarie.

2. Lc 1-2 è un «midrash»?

La letteratura sviluppatasi su questo tema è vastissima. Ma, quello che rende più difficile la risposta è la mancanza di un'indicazione univoca sul senso da dare al termine *midrash*. Infatti, nel corso degli anni è stato usato per indicare o un «corpo letterario», o un metodo esegetico, o un procedimento letterario. Perciò, ancora più radicalmente, si pone il problema di definire il *midrash* come un genere letterario. Ma, procediamo con ordine.

Credo che spetti a Wright A. G. il merito, al di là dei limiti della sua ricerca, di aver posto il problema del *midrash* come genere letterario[4], nel momento in cui si identificava la classificazione letteraria con un modo di interpretare[5]. Ed è a partire da questa distinzione che si deve sviluppare una riconsiderazione del *midrash*. Sorvolando volutamente il dibattito nato tra gli esegeti, passiamo ad indicare gli elementi che ne sono scaturiti e che permettono una migliore caratterizzazione del *midrash*.

Innanzitutto, si deve distinguere tra *Midrash,* inteso come corpo letterario e *midrash,* inteso come fenomeno letterario[6]. Noi ci interesseremo del secondo. Come fenomeno letterario il *midrash* non può essere limitato solo all'esame dei *Midrashim*[7], ma, dev'essere inserito all'interno della vita della comunità presso cui si sviluppa e deve tener conto delle motivazioni che spingono a fare una certa operazione letteraria. Questo punto di partenza permette di individuare un *atteggiamento interiore,* distinto da un'*attività tecnica*; anche se il primo si esprime tramite la seconda e viceversa.

---

[4] «The word midrash at present is an equivocal term and is being used to describe a mass of disparate material. Indeed, if some of the definitions are correct, large amounts, if not the whole of the Bible would have to be called midrash» (*ibid.*, 108).

[5] Cfr. *l. cit.*

[6] Possiamo sulla scia di Díez-Macho A., *Deraš y exégesis del Nuevo Testamento*, in *Sefarad* 35 (1975), 37, nota 1; id., *La historicidad de los Evangelios de la Infancia. El entorno de Jesús*, Valencia, 1977, 7, nota 1, usare per il primo la *m* Maiuscola (*Midrash*), mentre per il secondo la *m* minuscola (*midrash*).

[7] È l'obiezione mossa giustamente all'opera di Wright specie da Le Déaut R., *A propos d'une definition du midrash*, in Bib 50 (1969), 395-413, nel momento in cui il primo pretende di dare delle conclusioni sul *midrash* a partire dall'analisi di testi tardivi, anche se raccolgono una tradizione precedente.

Il popolo d'Israele vive *per* la Parola di Dio e *di* Parola di Dio. Tanto che la vita d'Israele non può essere disgiunta dal riferimento costante a questa Parola. Proprio perché Parola che proviene da Dio ha una valenza che supera i limiti dello spazio e del tempo, diventando punto di riferimento per l'interpretazione di ogni evento storico e per la soluzione di ogni problema, sia personale che comunitario. Ciò continuerà ad essere vero anche quando la Parola si cristallizzerà in Scrittura. Quindi, l'ebreo, proprio perché la Parola di Dio, pur essendo stabile ed immutabile, è perennemente valida, sviluppa nei suoi confronti un atteggiamento di ricerca e di ascolto, che gli permette di fare incontrare la sua vita con la Parola di Dio[8]. D'altra parte, quando la Parola di Dio è diventata — da un certo momento in poi — Scrittura, nasce la necessità di interpretarla per renderla comprensibile nella lettera e nel senso profondo, cioè, nella sua validità perenne. Perciò, si sviluppano una serie di tecniche letterarie che aiutano a capire la lettera e lo spirito del testo biblico. A questo punto si innesta il cuore del problema. Quando si parla di *midrash* ci riferiamo all'atteggiamento nei confronti della Parola di Dio?[9] oppure ad un genere con determinante caratteristiche letterarie?[10]. Da ciò ne deriva che qualora si risponda positivamente alla prima domanda, il *midrash* non può essere considerato un genere letterario, ma determinante diventa solo il riferimento all'atteggiamento interiore.

Occorre, a questo punto, fare un ulteriore passo per definire il ruolo del testo biblico nella elaborazione del *midrash*. É universalmente riconosciuto che il *midrash* si sviluppa *da* e *per* la Scrittura, cioè a dire, la sua elaborazione parte dalla Parola di Dio ed ha la sua ragion d'essere solo in rapporto alla Scrittura. Anche se questo non

---

[8] Sembra questa la migliore interpretazione dell'etimologia di *midrāš*, laddove la radice *drš* è «a medio camino entre buscar y encontrar. La acción del verbo se dirige siempre hacia un objecto que esta presente o que se considera como presente» (Muñoz Iglesias S., *Midráš y Evangelio de la Infancia*, in EstE 47 (1972), 339, nota 27).

[9] Cfr. Bloch R., *Écriture et tradition dans le Judaïsme. Aperçus sur l'origine du midrash*, in *Cahier Sioniens* 8 (1954), 15.21; Laurentin R., *Structure* 93; *id.*, *I vangeli* 65-66; Le Déaut R., *A propos* 405, parla di «attitude»; Grelot P., *La Bible, Parole de Dieu*, Paris, 1965, 183, parla di «operation éxégetique»; Díez-Macho A., *El Targum. Introducción a la traducciones aramaicas de la Biblia*, Barcelona, 1972, 12; Muñoz Iglesias S., op. cit., 357, esprime bene questa posizione quando scrive che «*midráš non es tanto un género literario cuanto un procedimiento hermenéutico que responde a un determinato talante*».

[10] Cfr. soprattutto Wright A. G., *The Literary Genre* 120-121, secondo cui il *midrash* è un'attività di interpretazione della Bibbia o un tipo di esegesi con determinate caratteristiche letterarie. Ma, già prima, Bloch R., *Midrash*, in DBS, V, 1263, definiva il *midrash* un «genre édifiant».

esclude un legame essenziale tra Parola e *midrash*[11]. Perciò, non ci può essere *midrash* se non a partire da un testo[12] — o anche da una tradizione — che dev'essere reso intelligibile, ma non solo, dev'essere applicato alla vita.

Come conclusione di queste brevi osservazioni possiamo dire che il *midrash* ha due grandi fonti, la Parola di Dio-Scrittura e la tradizione orale; suo fine primario è mettere in evidenza la vicinanza costante di Dio alla vita del popolo; usa come mezzo l'amplificazione di un dato biblico; ha come fine secondario una lettura del presente; è una costante nella vita del popolo d'Israele. Da ciò ne deriva, infine, che non si può identificare *midrash* e genere letterario midrashico, perché dall'uso di un metodo non se ne può far derivare che un'opera rientri in un genere. Si deve chiaramente distinguere tra metodo e fine[13], tra «operation exégétique» e «création littéraire»[14].

Nel momento in cui veniamo a trattare di Lc 1-2 non è più il caso di definire il suo genere come *midrash*. Infatti, non esiste un «genere letterario *midrash*», esistono, piuttosto, a partire da un'attitudine midrashica, procedimenti letterari midrashici[15], che hanno originato *Midrashim*[16]. Però, proprio perché un genere non si identifica con i mezzi letterari, ma, innanzitutto, con una *tradizione,* è necessario rapportare l'*attitudine* di Lc 1-2 verso la Parola di Dio con la tradizione giudaica precedente.

A partire dal carattere particolare del NT, per la novità assoluta rappresentata dall'Incarnazione del Verbo, c'è da segnalare una differenza sostanziale rispetto all'AT; mentre, quest'ultimo dipende

---

[11] A tal proposito è illuminante lo studio di CAMPS G. M., *Midras sobre la historia de les plages*, in DIAZ ROMUALDO M. (ed.), *Miscellanea Biblica B. Ubach*, Montserrat, 1953, 97-114, che accerta tre stadi nella storia del *midrash*: quello di agiografi, profeti e sacerdoti; quello degli scribi; quello dei rabbini. Il primo stadio si serve solo di tradizioni, mentre gli altri due lavorano sul testo sacro già stabilizzato.

[12] È lapidaria l'espressione di WRIGHT A. G., *The Literary Genre*, 133: «literature about literature».

[13] È su questa linea che vanno le conclusioni di DÍEZ-MACHO A., *El Targum* 14, quando a *deraš* dà il senso di «buscar el sentido de la palabra de Dios en la literatura rabínica y prerabínica»; mentre il *midrash* «es el instrumento de la búsqueda de ese sentido». Perciò, si può anche parlare di senso *deraš*, cioè senso non letterale con fine edificante e senso *pešaṭ*, cioè senso letterale.

[14] GRELOT P., *La Bible* 183, nota 4.

[15] Cfr. le 12 regole del Rabbi Eleazaro.

[16] Cfr. fuori della Bibbia: il *Libro dei Giubilei*, il *Testamento dei 12 Patriarchi*, la *Genesi Apocrifa* di Qumran; il *Liber Antiquitatum Biblicarum* dello Pseuso-Filone; nella Bibbia: i libri delle *Cronache*, la *tradizione P*, *Sap 10-19*; *Sal 132*; un po' meno *Sir 44,1–50,24*; *Tobia, Giuditta, Baruc, Giobbe*.

dalla Parola di Dio, sia orale che scritta, il NT ha il suo fondamento in un evento, Cristo, che dà senso e significato a tutta la Scrittura (cfr. Lc 24,27). Ciò si ripercuote anche nell'uso e nell'interpretazione della Scrittura da parte della Chiesa primitiva. Infatti, «ce qui est premier pour les chrétiens ce n'est pas le texte scripturaire, mais l'événement»[17], per cui non si riproduce «una letteratura sulla letteratura», ma qualcos'altro. Da ciò ne consegue che «l'Écriture n'est pas un but, mais un moyen»[18], in quanto non interessa l'approfondimento dei testi in sé[19], quanto la comprensione dell'evento Cristo. Non si tratta più di «ricercare» nei testi la soluzione a problemi attuali, ma di illuminare il senso di Cristo[20]. Però, dato che la migliore comprensione di Cristo si ha dall'AT, ecco che esso viene usato per comprenderlo. Così, non si tratta più di «reinterpretare» il presente alla luce della Scrittura, ma di comprenderlo attraverso la Scrittura.

In questo modo viene stabilita la novità e il distacco del N dall'AT, ma c'è continuità? R. Laurentin scrive che

> «c'est un de procédés courants du midrash de décrire un événement actuel (ou future) à la lumière d'un événement ancien, en reprenant les mêmes termes pour signaler la correspondance des événements rapprochés»[21].

É il genere che Robert A. definisce «procédé anthologique»[22]. Ma, questo è sufficiente per definire Lc 1-2 come *midrash*? Certamente no, perché pur trovandoci di fronte ad uno dei momenti che compongono il *midrash,* la ripresa letterale di un testo dev'essere sempre seguita da una riflessione, di modo che il testo ne risulti approfondito. Inoltre, potremmo essere semplicemente davanti ad un elemento redazionale: l'imitazione dello stile dei LXX, la qual cosa si può applicare a qualsiasi genere[23]. In realtà, questo tratto manifesta la continuità della «hermeneutica deraš», per cui la Bibbia essendo una, s'interpreta con la Bibbia[24]. Quindi, pur nella diversità c'è una

---

[17] Léon-Dufour X., *Préface* a Dodd C. H., *Conformément aux Écritures*, Paris, 1968, 12.

[18] *L. cit.*

[19] Perciò non può essere condivisa l'opinione di Brown R. E., *La nascita* 765, secondo cui in Lc 1-2 si tratta solo di rendere accessibile una concezione teologica, per cui, salva questa, l'autore, sull'esempio del *midrash*, vi poteva aggiungere tutti gli elementi che gli sembravano opportuni.

[20] Cfr. Laurentin R., *Structure* 60.

[21] Op. cit., 67.

[22] *Littéraires (Genres)*, in DBS, V, 411-415.

[23] Cfr. Wright A. G., *The Literary Genre* 457; Graystone G., *Virgin* 58.

[24] Cfr. Díez-Macho A., *La historicidad* 35; Agua Perez A. de, *El método midrasico y la exégesis del Nuevo Testamento*, Valencia, 1985, 83.

continuità di fondo: la considerazione della storia come luogo della rivelazione dell'unico Dio.

Se Lc 1-2 non è un *midrash*, in quanto si parte dagli eventi e non da un testo, ancora meno è una delle tre forme che il *midrash* prende. Non è *halakah*, perché non vuole giustificare, suggerire o imporre un comportamento; non è *pešer*, perché manca il commento attualizzante; non è *haggadah*, perché c'è un chiaro riferimento al compimento escatologico[25]. In verità, Lc 1-2 è un genere particolare, da definire[26].

3. *Il genere letterario di Lc 1-2*

Una nuova definizione del genere di Lc 1-2 deve tener conto di alcuni elementi: il riferimento costante alla storia; la tradizione precedente; il compimento in Cristo delle Scritture; la collocazione di Lc 1-2 in un «vangelo».

É un dato abbastanza trascurato dagli esegeti — forse perché supposto — che Lc 1-2 sia parte di un'opera più ampia: il vangelo, che è esso stesso un genere. Un genere creato appositamente dalla comunità cristiana primitiva per descrivere e rendere comprensibile l'evento Cristo. Infatti, per esprimere questo dato, straordinariamente nuovo, non si è trovata una forma letteraria già esistente. Perciò, non meravigli che Lc 1-2 non sia, in quanto parte del vangelo, catalogabile in nessun modo di esprimersi precedente. Ma, d'altra parte, questo è il punto da cui iniziare la definizione del genere di Lc 1-2.

Già alcuni autori, volendo sottolineare il carattere storico di Lc 1-2, gli hanno attribuito la definizione di «storia»[27]. Ma, com'è naturale, per un'opera di questo genere, non si tratta di una cronaca, nel senso odierno del termine, bensì di una storia significativa per chi l'ascolta, che vuole, cioè, condurlo alla fede[28]. Questa storia è

---

[25] Cfr. SCHÜRMANN H., *Luca* I 103. Non può essere neanche una forma di *pešer*, tipico di Qumran, perché, pur essendoci il senso escatologico, il testo si applica ad un evento presente (cfr. DÍEZ-MACHO A., op. cit., 11).

[26] Cfr. GEORGE A., *Le genre littéraire* 7; SCHÜRMANN H., *Aufbau, Eigenart und Geschichtswert der Vorgeschichte von Lukas 1-2*, in BK 21 (1966), 110; GRAYSTONE G., *Virgin* 61.

[27] Così GRAYSTONE G., op. cit., 61, definisce Lc 1-2 come «religious history [...] written in biblical manner", cioè come «salvation history», cui è sottesa l'idea di compimento. Cfr. pure ARANDA A., *Los evangelios de la infancia de Jesús*, in ScripTPamp 10 (1978), 821, che parla di «historiografia creadora», in riferimento all'uso di testi impliciti ed espliciti veterotestamentari.

[28] SCHÜRMANN H., *Luca* I 103-105, mette Lc 1-2 nella *storiografia omologetica*, in quanto avremmo una narrazione ispirata alla fede che vuol comunicare un mes-

raccontata in una comunità che ha il suo centro nella Parola di Dio
e che legge tutto alla sua luce, quindi avvezza con i metodi di
interpretazione dell'AT, solo che in questo caso non si tratta di at-
tualizzare un testo, ma di comprendere un evento[29]. Un evento che
è esso stesso la piena interpretazione delle Scritture, anzi il suo pieno compimento[30].

Così, il genere letterario di Lc 1-2 è «vangelo»; esso ha come
fondamento la storia, come mezzo l'ermeneutica midrashica, come
fine la confessione di Cristo, come ambiente la comunità giudeo-
cristiana[31].

B. MODELLI LETTERARI IN Lc 1,5-25

Proposta una soluzione per il genere letterario di Lc 1-2, c'è da
fare, ora, un ulteriore passo: individuare i modelli e la tecnica compositiva da Luca impiegati per elaborare Lc 1,5-25. L'esame interes-
serà tre ambiti di ricerca: il confronto con il VT, opere extrabibliche
similari, il parallelismo Giovanni Battista-Gesù[32]. Il lavoro terrà
presenti due domande fondamentali: da dove viene il modello? come
lo impiega Luca?[33].

---

saggio: la fede nelle «origini di Gesù in Dio». I mezzi usati sarebbero la *tipologia* e
l'apocalittica. Inoltre, l'«omologesi» sarebbe il genere nuovo che Lc 1-2 ha prodotto per annunciare Cristo, al pari del «vangelo» o delle «lettere» (cfr. *id., Aufbau*
109.111; sulla stessa linea anche SCHWEIZER E., *Zum Aufbau von Lukas 1 und 2*, in
HADIDIAN D. Y. (ed.), *Intergirini Parietis Septum. In Honour of Markus Barth*, Pittsburg, 1981, 310).

[29] Perciò, i fatti sono narrati «modo midrashíco», di modo che il lettore li possa collocare in riferimento a testi veterotestamentari (così ARANDA A., *Los evangelios* 820).

[30] VERMES G., *Bible and Midrash: Early Old Testament Exegesis*, in *Cambridge
History of the Bible* 1 (1970), 225, fa notare che un particolare tipo di «applied
exegesis» (cioè interpretazione del presente alla luce dell'AT) è la «fulfilment-
interpretation», che ricorre a Qumran e nel NT. «Its subject-matter is biblical
prophecy in the widest sense, its prerequisite an eschatological outlook, and its
model the book of Daniel».

[31] PERROT C., *La lecture de la Bible dans les synagogues au premier siècle de
notre ère*, in *Maison-Dieu* 126 (1976), 22-23, afferma che gli scribi cristiani
«midrashisèrent» nel presentare Gesù come attuazione del messaggio della Torah
interpretato dai profeti, secondo lo svolgimento della lettura sinagogale del sabato
che alla lettura della Torah faceva seguire quella dei Profeti. Ma, già prima, BLOCH
R., *Midrash* 1265, aveva posto l'origine del *midrash* nella lettura sinagogale della
Torah.

[32] Per quest'ultima parte, l'analisi, naturalmente, non si potrà limitare al solo
annuncio della nascita di Giovanni Battista; come, necessariamente, si dovrà
riprendere anche in sede di analisi della struttura.

[33] Per questa impostazione siamo debitori a GEORGE A., *Le genre littéraire* 8.

1. L'Antico Testamento

La dipendenza di Lc 1,5-25 dall'AT, come mostrato nel Cap. I, è indubitabile. Si tratta, adesso, di determinare i modelli utilizzati nei diversi quadri (ambientazione, presentazione dei genitori, apparizione angelica, annuncio della nascita, descrizione del futuro del bambino, autopresentazione dell'angelo, segno, concepimento e nascondimento), nonché di definirne il tipo di utilizzazione alla luce dell'attuale composizione.

I problemi che si pongono sono innumerevoli e vasti. Siamo di fronte ad un annuncio di nascita o di missione? ad un annuncio che riguarda nascita e missione? o solo ad un racconto di nascita? L'uso del VT è tipologico o imitativo? Qual'è il ruolo della visione?[34] Quale concezione soggiace all'uso dell'AT?[35]

a. Quale il modello veterotestamentario seguito da Luca?

Già il problema dei modelli letterari veterotestamentari seguiti in Lc 1,5-25 è stato introdotto nelle conclusioni sulle fonti utilizzate da Luca (cfr. p. 37-38). In quella sede, naturalmente, le conclusioni erano basate sull'esame della lingua e non contenevano un giudizio di merito, né tanto meno una valutazione complessiva. Ma, già l'analisi letteraria aveva fatto emergere il dato significativo che avevamo di fronte un testo complesso non riducibile ad un solo schema. A partire da questa prima constatazione ci proponiamo una ripresa organica di quei dati, tentandone una lettura globale che eviti le atomizzazioni cui molto spesso il brano è sottoposto[36] e cercando, soprattutto, di scoprire il movimento profondo del testo.

1) Annuncio[37] o miracolo?

Questa, sembra dover essere, alla fine, l'alternativa cui ci troviamo di fronte, nel momento in cui vogliamo tentare una comprensione d'insieme del brano. Siamo, perciò, di fronte al racconto di un annuncio divino di nascita o al racconto di un concepimento miracoloso?

---

[34] Può essere un tratto che imprime a Lc 1,5-25 un andamento apocalittico o solo un espediente letterario per mediare l'incontro con il divino.

[35] Si possono constatare, fondamentalmente, due modi di concepire il ricorso al VT: o come compimento di una promessa e di una storia; o come attualizzazione, cioè il VT è usato per comprendere il presente.

[36] Si pensi alle trattazioni distinte, con relativi modelli, fatte per la presentazione dei genitori, per l'apparizione angelica, per l'annuncio della nascita, per la predizione sul futuro del nascituro.

[37] Per «annuncio» s'intende un messaggio che riguarda sia la nascita che la futura missione.

Consideriamo la prima ipotesi. In suo favore c'è, anzitutto, il consenso di gran parte degli autori; si può, senz'altro, dire che è la tesi dominante. Ma, addentriamoci nell'analisi del testo.

Se consideriamo Lc 1,5-25 un «annuncio», la prima e fondamentale obiezione che si può fare e che non esiste nell'AT un altro testo che abbia le stesse caratteristiche sia letterarie che strutturali. Perciò, preferiamo rivolgere l'attenzione all'opera lucana e considerarne gli annunci per vedere se siamo di fronte ad un genere di annuncio «lucano»[38]. Proprio in Lc 1-2 troviamo altri due annunci: l'annuncio a Maria (1,26-38) e l'annuncio ai pastori (2,8-15a).

Da un confronto sinottico di questi annunci (cfr. Schema VI) emerge un dato fondamentale: c'è una struttura di fondo, che è sostanzialmente seguita, e che ci fa concludere sulla presenza di uno schema compositivo dovuto a Luca. Perciò, è a partire da questa osservazione che bisogna determinare il modello letterario, un modello nuovo, non quanto a motivi letterari, ma quanto a struttura e, quindi, quanto a contenuto. Infatti, se ci limitassimo a ricercare solo i precedenti veterotestamentari, la conclusione dovrebbe essere alquanto deludente: siamo di fronte ad un centone di testi biblici che riguardano l'annuncio della nascita e il futuro di grandi eroi biblici. Ma, così, l'opera redazionale di Luca rimarrebbe in ombra o sarebbe ridotta a quella di un compilatore[39].

Più importante, allora, per l'individuazione dei modelli è l'esame della redazione ed in particolare delle differenze che intercorrono tra i tre annunci. La prima e sostanziale differenza è data dalla collocazione: mentre i primi due annunci precedono la nascita, il terzo segue la nascita. Perciò, quelle che sono le caratteristiche proprie di Lc 2,8-15a si possono capire a partire dal suddetto dato; in particolare la mancanza dell'obiezione. Quanto al secondo annuncio, notiamo che vi è riportato il saluto dell'angelo (1,28), non presente negli altri annunci, anche se il primo gli è più strettamente parallelo. Infine, notiamo al punto 7 che ogni annuncio ha un elemento diverso. In Lc 1,24 è riportata la gravidanza ed il nascondimento di Elisabetta[40]; in 1,38 l'accettazione di Maria; in 2,13-14 il canto

---

[38] Con questa impostazione capovolgiamo quella finora seguita. Non si tratta di ricercare solo precedenti veterotestamentari da far combaciare con i dati della nostra pericope, ma di definire gli elementi strutturali a partire dal nostro autore.

[39] Naturalmente, questo riferimento ai testi veterotestamentari dovrà essere recuperato, e sarà recuperato, quando tratteremo del senso del ricorso a questi testi. Ma, non si può confondere l'uso di testi biblici con il genere cui essi appartengono.

[40] Il fatto di considerare anche la gravidanza di Elisabetta come un elemento caratteristico del primo annuncio potrebbe avere come obiezioni due osservazioni convergenti: l'accenno alla gravidanza è parallelo a Lc 1,31, ma in 1,13 manca, per-

degli angeli. A questi elementi, allora, dev'essere annesso un valore particolare.

Qual è, dunque, il senso della menzione esplicita della gravidanza di Elisabetta? Sottolineare che questa donna, sterile e vecchia, con un marito anch'esso vecchio, è rimasta realmente incinta; è avvenuto, cioè, qualcosa di umanamente impossibile: un miracolo. La conferma di questa conclusione viene dal legame tra i primi due annunci. Infatti, il segno dato a Zaccaria è un miracolo: il suo mutismo (1,20), così come il segno dato a Maria è un miracolo: la gravidanza di Elisabetta[41]. Questa linea di interpretazione è confermata anche dal movimento profondo della pericope, laddove si sottolinea per ben due volte (cfr. 1,7.18) che abbiamo di fronte una coppia di anziani in cui la moglie è anche sterile. Quindi, l'azione dell'angelo è rivolta primariamente nei confronti di questa situazione, cosicché il sottolineare — o meglio il dire esplicitamente — che Elisabetta ha concepito significa che l'intervento dell'angelo ha cambiato la situazone dell'anziana coppia; una situazione, umanamente, senza vie d'uscita. Conferma indiretta viene ancora dal fatto che nell'annuncio della nascita di Giovanni manca la menzione del concepimento (1,13), che certo è da supporre, ma, è ancora più significativo che in seguito abbia una menzione esplicita, quando non ce n'era bisogno, essendo un dato ovvio.

Perciò, si può supporre che Lc 1,5-25 sia un racconto di miracolo[42], in cui una coppia passa dall'impossibilità umana ad avere figli, alla certezza di averne uno, tramite un intervento divino. Questa conclusione mette in maggior risalto la parte centrale della pericope — in cui si annuncia la nascita ed il futuro del bambino — perché c'è in un futuro immediato (concepimento) la conferma sul futuro prossimo (nascita) e remoto (ministero) del bambino. Quindi, dovendo tener conto anche di questo elemento, si può affermare che il miracolo raccontato in Lc 1,5-25 ha lo scopo di far riferire alla potenza divina anche l'annuncio sul futuro del bambino.

---

ché l'annuncio è fatto al padre (così RIEDL J., *I primi avvenimenti di Gesù*, Assisi, 1973, 86) ed in ogni caso è supposto, perché è ovvio che prima di generare bisogna concepire (così NEYRINCK F., *L'Évangile de Noël selon S. Luc*, Bruxelles-Paris, 1960, 28). A queste obiezioni si può opporre che nell'annuncio, pur essendo rivolto al marito, nulla vietava che si potesse accennare al concepimento; ancora meglio se è supposto nel v. 13, perché ricordarlo di nuovo ed esplicitamente? Non certo perché si tratta di un elemento accessorio, ma perché si vuole sottolineare il compimento della promessa fatta al v. 13 (cfr. p. 28-29).

[41] Cfr. 1,36: καὶ αὐτὴ (Elisabetta) συνείληφεν υἱὸν.

[42] Alla stessa conclusione, ma per altra via, giunge O'FEARGHAIL F., *The Literary Forms of Lk 1,5-25 and 1,26-38*, in *Marianum* 43 (1981), 321-329; cfr. anche SCHWEIZER E., *Das Evangelium nach Lukas*, Göttingen, 1982, 13.

2) *Presentazione e interventi dei genitori*

Per la presentazone dei genitori, l'autore di Lc 1,5-25, segue *fondamentalmente* 1 Sam 1,1ss. anche se non mancano richiami ad altri testi (cfr. p. 37-38). In particolare, Gdc 13,2 e soprattutto Gen 18,11; quanto ai loro interventi segnaliamo Gen 15,8 al v. 18 e Gen 20,23 al v. 25.

I testi ricordati richiamano alla mente dei lettori alcune coppie famose dell'AT: Abramo e Sara, i genitori di Sansone, i genitori di Samuele. Notiamo come nel racconto biblico del VT solo Abramo e Sara hanno una consistenza propria, cioè indipendente dall'importanza del figlio, mentre le altre due coppie sono tutte orientate e dipendenti dai loro figli. Da ciò ne derivano due osservazioni. Zaccaria ed Elisabetta sono anch'essi orientati verso il figlio e, perciò, la loro presentazione e i loro interventi sono tutti rivolti a far risaltare la futura grandezza del bambino. Quanto al richiamo ad Abramo e Sara, se così stanno le cose, sarebbe fuori luogo. Ma, non è così. Infatti, il rimandare alla vicenda di questa coppia significa ricordare che Dio mantiene fede alla promessa di una discendenza (cfr. Gen 12,2; 17,4-7), quindi indirettamente l'attenzione cade sul figlio in quanto oggetto della promessa. Questa suggestione permette di dare un'interpretazione ad un elemento emerso dall'analisi letteraria e che conferma la nostra interpretazione. In 1,18 la domanda di Zaccaria riprende alla lettera Gen 15,8 (LXX), dove si parla dell'obiezione di Abramo non alla possibilità di avere una discendenza, come ci aspetteremmo, ma di possedere la terra che, d'altronde, è anche oggetto della promessa (cfr. Gen 13,14-15). Quindi, siamo nello stesso ambito di pensiero: le promesse divine sono mantenute. Questa impostazione permette di calibrare meglio il senso da dare a questi riferimenti.

Perciò, presentazione ed interventi dei genitori hanno lo scopo di mettere in risalto che ci troviamo di fronte ad un bambino fuori del comune, perché frutto e dono di un intervento speciale di Dio, in seguito ad una promessa.

3) *La presentazione di Giovanni Battista*

Questa parte del racconto lucano richiama alla mente di chi legge alcuni personaggi: Samuele, Gedeone, Sansone e il messaggero del Signore di Mal 3,1, identificato in seguito (Mal 3,23) con Elia. Evitiamo anche in questo caso l'interpretazione tipologica, perché limiterebbe la comprensione della presentazione di Giovanni Battista solo ai tratti caratteristici dei diversi personaggi, facendo perdere di vista la comprensione d'insieme, che — come nel caso dei genitori — è la più interessante. Ciò che dà unità ai personaggi menzionati non è una nascita straordinaria o una particolare consacrazione, ma una missione da compiere. Così, Gedeone è chiamato a salvare Israele dai Madianiti (cfr. Gdc 6,14); Sansone è chiamato a liberare Israele dai Filistei (cfr. Gdc 13,5); Samuele sarà il profeta di Yahweh (cfr. 1 Sam 3,19-20) che dovrà dare un re ad Israele (cfr. 1 Sam 8-10); il messaggero di Yahweh dovrà preparare l'ingresso del Signore nel suo tempio (cfr. Mal 3,1), nonchè restaurare i rapporti familiari (cfr. Mal 3,24).

Quindi, la parte centrale del nostro brano con i riferimenti all'AT vuole presentare il nascituro non come un liberatore[43], quanto piuttosto, come l'inviato di Dio che deve preparare un intervento del Signore. Questo senso è confermato sia dai singoli testi[44], che dalla loro progressione[45].

Quanto al nazireato ed alla santificazione dal seno, trovano bene la loro collocazione in questa visione, avendo entrambi lo stesso senso: riservare qualcuno al servizio di Dio fin dalla nascita (cfr. Gdc 13,4-5, ma soprattutto i vv. 13-14; Is 49,1; Ger 1,5).

4) L'ambientazione

La parte centrale della pericope ha un'ambientazione che richiama, indubitabilmente, Dan 9-10 (cfr. p. 37). Questo porta ad una prima importante osservazione: siamo di fronte ad una visione, anche se molto sobria e contenuta nella sua descrizione. Inoltre, questo dato dà all'annuncio un carattere apocalittico[46]. Perciò, ci troviamo in prossimità di un evento divino che darà origine ad una

---

[43] Cfr. Díez-Macho A., *La historicidad* 39 e Aranda G., *Los evangelios* 804, secondo i quali ci sarebbe un'assimilazione di Giovanni Battista con Sansone e Gedeone, in quanto salvatori del popolo.

[44] I diversi personaggi sono degli intermediari il cui ruolo è sempre subordinato al Signore, anche quando la liberazione scaturisce dalla loro azione.

[45] Notiamo che si passa, nelle vicende dei personaggi citati, da un intervento divino mediato dagli uomini, ad un intervento diretto di Dio; notiamo, altresì, che si passa da un intervento in vicende prettamente terrestri, ad un intervento definitivo e celeste che richiede anche una preparazione spirituale.

[46] Discordiamo, in questo, dalla conclusione cui giunge L. Legrand, nel suo volume più volte citato, che dà un carattere apocalittico solo all'annuncio a Maria. In realtà, l'annuncio a Zaccaria ha chiaramente questa connotazione, in quanto in Lc 1,5-25 il messaggio è legato con evidenza alla visione — elemento notoriamente apocalittico —, mentre in Lc 1,26-38 niente lascia supporre una visione dell'angelo — tenuto conto che l'entrata e l'uscita dell'angelo potrebbe essere solo un tratto redazionale —, ma c'è con evidenza solo un messaggio (per questa suggestione cfr. Audet P., *L'annonce à Marie*, in RB 63 (1956), 355). Con questo, naturalmente, non si vuole negare il carattere apocalittico dell'annuncio della nascita di Gesù, ma rivendicare questo carattere anche all'annuncio della nascita di Giovanni Battista.

nuova fase della storia, in connessione con la fine delle 70 settimane
di anni di Daniele (cfr. Dan 9,24-27)[47].

5) *Alcuni elementi peculiari del brano*

Finora abbiamo visto gli elementi di Lc 1,5-25 che, chiaramente, richiamano alla mente personaggi e testi veterotestamentari. Rimangono, ora, da esaminare alcuni tratti che restano fuori da
qualsiasi precedente. Tratti in cui si rivela pienamente l'opera redazionale di Luca.

La presentazione dei genitori di Giovanni Battista secondo i canoni della giustizia veterotestamentaria (v. 6) se, da una parte, ha lo
scopo di sottolineare la durezza della mancanza di un figlio, dall'altra, prepara un intervento miracoloso di Dio nei loro confronti[48].

Ma, il tratto più caratteristico in Lc 1,5-25 è, indubbiamente, il
mutismo di Zaccaria[49]. Dal punto di vista letterario si tratta di un
miracolo esclusivo, nel NT, di Luca[50]. Quanto al contenuto è anno-
verato tra i «miracles de châtiment», ancora esclusivi di Luca nel
NT[51]. Tra gli altri testi lucani che presentano un miracolo di punizione il più vicino a Lc 1,20-22, sia dal punto di vista letterario, che
dal punto di vista del contenuto, è senz'altro At 13,11[52]. Quanto al
significato, tutti questi miracoli costituiscono un segno[53]. Perciò, la
punizione è in secondo piano rispetto all'essere segno. Questo è il
senso dell'elemento in Lc 1,5-25. Invece, nella composizione di Lc 1,
soprattutto in considerazione del parallelismo degli annunci, prende

---

[47] Così, il riferimento a questa profezia non è tanto nel calcolo dei giorni dei
mesi che trascorrono in Lc 1-2, ma nel riferimento chiaro ed inequivocabile a Dan
9-10. Cfr. anche nota 109 al cap. I.

[48] Cfr. Gb 1,1 e soprattutto Gen 7,1, dove Noè è salvato dal diluvio perché è
un «giusto»; cfr. STOCK K., *Le prime pericopi* 13.

[49] Quanto alle opinioni sul mutismo di Zaccaria, una buona sintesi è in
ORTENSIO da SPINETOLI, *Il segno dell'Annunziazione o il motivo della Visitazione (Lc
1,34s.)*, in *Maria in S. Scriptura (Acta Congressus mariologici-mariani in Republica
Dominicana anno 1965 celebrati)*, Roma, 1967, 332, nota 57; 333, note 59-61; 334,
nota 62.

[50] GEORGE A., *Études sur l'oeuvre de Luc*, Paris, 1978, 69, lo pone tra i «traits
miraculeux en cours de récits plus large». Cfr. pure Lc 1,35.64; 9,49 e par.; 11,14 e
par.; 22,51; 23,44-45 e par.; At 9,17-18 = 22,13; 13,11; 16,18; 28,8; di questi 12 testi
solo 3 hanno un parallelo (2 in Mc e 2 in Mt); quanto a Luca ne abbiamo 3 in Lc
1-2, 1 in Lc e 5 in At. Siamo, perciò, di fronte ad un tratto tipico di Lc 1-2-At.

[51] Cfr. *ibid.*, 72, che ricorda come un tale miracolo ricorra di nuovo solo in At
5,1-11; 12,21-23; 13,11.

[52] Cfr. Schema III per l'espressione letteraria; quanto al contenuto, mentre i
primi due miracoli provocano la morte, At 13,11, come nel nostro testo, è una punizione temporanea.

[53] Cfr. *ibid.*, 147; vedi anche SCHWEIZER E., *Das Evangelium* 13.

il significato di una punizione da cui risulti la prontezza della fede di Maria e la prerogativa di Dio di svelare i tempi dei suoi interventi divini.

L'ultimo tratto caratteristico della nostra pericope è il nascondimento di Elisabetta, a cui abbiamo già accennato (cfr. p. 28-29), e su cui abbiamo concluso trattarsi di un elemento tradizionale con lo stesso senso teologico del mutismo di Zaccaria, almeno nel senso secondario.

b. Uso e senso dell'AT in Lc 1,5-25

Non si vuole proporre una conclusione sul genere di Lc 1,5-25, quanto piuttosto riportare ad unità le suggestioni che provengono dall'uso dell'AT nella nostra pericope.

Innanzitutto, bisogna sottolineare il carattere fortemente redazionale del nostro brano. Ciò deriva, sia dall'uso dell'AT secondo i LXX, sia dal fatto che siamo di fronte ad una struttura letteraria tipicamente lucana, non tanto nei modelli ripresi, ma nella sua attuale composizione. Rimane confermata, così, una delle conclusioni del primo capitolo sull'autore: fedeltà alle fonti, ma pure, grande libertà nella loro utilizzazione; salvo, poi, a doverne dare una spiegazione.

Così, nell'esame del genere di Lc 1,5-25, diventa determinante tener presente il prodotto finito, senza indugiare in sezionamenti troppo minuti del testo che, per amore di stabilire il precedente veterotestamentario, fanno perdere di vista il movimento generale del testo in riferimento ai suoi stessi richiami veterotestamentari.

Tener presente che il

> «pensée de Luc 1-2 est constituée non par le sens rigoreux de chacun des textes utilisés, mais par le sens qu'ils prennent en foncton des événements de l'enfance du Christ»[54].

Quindi, dare una direzione profondamente cristologica all'annuncio della nascita di Giovanni Battista attraverso i testi veterotestamentari ivi richiamati.

É preferibile non parlare di «genere» in senso stretto, ma di «patrón o esquema literario, y siempre con cierto grado de elasticidad»[55], perché tutti i modelli veterotestamentari sono semplicemente richiamati, mai utilizzati pedissequamente.

Da ciò ne deriva un'importante conclusione per il *Sitz im Leben*. L'autore, usando una quantità di motivi veterotestamentari,

---

[54] Laurentin R., *Structure* 60.
[55] Muñoz Iglesias S., *Los Evangelios* 16.

vuole provocare l'interesse ed il coinvolgimento ermeneutico da parte del lettore, stimolandolo ad andare oltre il personaggio o il testo veterotestamentario richiamato. Ciò era possibile per un uditorio già, in qualche modo, familiare con il VT. Dei Gentili difficilmente avrebbero captato i richiami al VT, come pure, difficilmente, si sarebbero fatti coinvolgere nel gioco ermeneutico richiesto dal metodo usato nella particolare composizione del brano. Questo ambiente richiama benissimo quello della sinagoga, dove si imparava a leggere un testo veterotestamentario in connessione con altri testi, al fine di farne emergere la novità. Qui l'uditorio era provocato a scoprire, esso stesso, il senso nuovo della Parola di Dio[56], laddove nel nostro caso la novità è costituita da Cristo, Parola di Dio incarnata.

La scelta di considerare Lc 1,5-25 un racconto di miracolo, cioè un intervento speciale nella storia della salvezza, è confermato nei diversi tocchi redazionali, sottolineati già in precedenza.

Quello che con chiarezza emerge dall'uso dell'AT nell'annuncio della nascita di Giovanni Battista è che ci troviamo di fronte ad un momento importante della storia della salvezza , ma che per sua natura è orientato a prepararne uno ancora più grande e definitivo. L'unicità, ma, nel contempo, subordinazione di Giovanni è necessaria ricavarla proprio dai richiami veterotestamentari, laddove nel nascituro si concetrano alcune delle figure più emblematiche della storia sacra (Isacco, Gedeone, Sansone, Samuele, il precursore di Yahweh) con il momento più cruciale della speranza veterotestamentaria: la fine della profezia delle 70 settimane di anni. Perciò, in questo annuncio non c'è solo il richiamo a tutta una tradizione veterotestamentaria che era abituata a vedere in alcuni personaggi la presenza potente di Dio, ma a qualcosa di definitivo, di apocalittico: un intervento assoluto di Dio. Però, siamo solo ad una fase preparatoria in cui l'AT è riunito e pronto per essere superato. Da ciò ne consegue la posizione unica e irripetibile di Giovanni Battista, sintesi dell'attesa di salvezza veterotestamentaria, ma già partecipe in qualche modo, della definitività del nuovo eone. È per questo motivo che per descrivere e presentare l'annuncio della nascita di Giovanni Battista nessuno schema veterotestamentario è adeguato, perchè in lui si anticipa, in maniera velata ed imperfetta, il nuovo, che sarà rappresentato da Gesù Cristo. All'interpretazione dell'annuncio della nascita di Giovanni Battista, come anticipo di un intervento definitivo di Dio, conducono sia l'esame dei tratti precedentemente analizzati, ma pure il senso del

---

[56] Cfr. PERROT C., *La lecture* 39-41.

passaggio dalla sterilità alla maternità[57] ed il valore strutturale dell'obiezione[58].

Quale in definitiva, allora, il rapporto di Lc 1,5-25 con l'AT? Non si tratta certo di giustificare il presente alla luce dell'AT, ma di presentarlo come compimento di una promessa, anche se siamo solo al preannuncio, e perciò rivolto soprattutto a ciò che seguirà.

In questo modo, davvero, tutto Lc 1-2, fin dal suo inizio, è rivolto alla presentazione e alla comprensione della prossima apparizione di Gesù[59].

2. Opere extrabibliche

Terminato l'esame dell'AT è utile considerare il rapporto tra Lc 1,5-25 e altre opere similari. Da questo confronto dovrebbe emergere l'eventuale dipendenza di Lc 1 da fonti scritte extrabibliche, oppure l'uso di un metodo comune, o, finalmente, l'originalità della composizione lucana.

a. Il «Liber Antiquitatum Biblicarum» dello Pseudo-Filone[60]

Il testo che attualmente possediamo di quest'opera è in latino, ma deriva da una traduzione greca di un originale ebraico[61].

Affrontiamo il cap. 42 del *LAB,* che riporta l'annuncio della nascita di Sansone, e Lc 1,5-25 in un confronto sinottico[62], non dimenticando, però, di tenere presente anche Gdc 13. Elementi comuni ai tre sono: l'introduzione narrativa («C'era...»: 42,1); la mancanza di un figlio (42,1); l'apparizione di un angelo, che fa un annuncio (42,3); l'annuncio riguarda parto, concepimento, imposizio-

---

[57] «Traduction concrète de l'impuissance radicale de l'homme à réaliser le plan de Dieu, la stérilité permet la manifestation de la Tout-Puissance divine» (ALLARD M., *L'Annonce à Marie et les annonces de naissances miraculeuses de l'Ancien Testament,* in NRT 88 (1956), 732); cfr. anche MUÑOZ IGLESIAS S., *Los géneros literarios y la interpretación de la Biblia,* Madrid, 1968, 138.

[58] L'obiezione ha lo scopo di sottolineare l'impossibilità umana di quanto annunciato, quindi, indirettamente, sottolinea e rimanda all'azione di Dio che tutto può.

[59] Cfr. AGUA PEREZ A. de, *El método* 113.

[60] D'ora in poi abbreviato in *LAB.*

[61] Cfr. COHN L., *An Apocryphal Work Ascribed to Philo of Alexandria,* in JQR OS 10 (1898-99), 311-312; KISH G., *Pseudo Philo's Liber Antiquitatum Biblicarum,* Notre Dame, 1944, 16; PSEUDO-PHILON, *Les Antiquités bibliques.* Tome 2: *Introduction littèraire, Commentaire et Index,* par PERROT C.-BOGAERT P. M., Paris, 1976, 75-77. In quest'ultima opera si può trovare un'ampia bibliografia alle p. 247-259.

[62] Tra le edizioni critiche pubblicate a partire dalla *Editio princeps* di J. Sichardus, Bâle, 1527, preferiamo quella in *ibid.,* Tome 1: *Introduction et Texte critique,* par HARRINGTON D. J., Paris, 1976, 288-292.

ne del nome, santificazione e astensione dalle bevande alcooliche,
missione del bambino (42,3). I tratti comuni a *LAB* e Gdc 13, differenti da Lc 1,5-25, sono: la lunga genealogia dei genitori (42,1); solo
la moglie è sterile (42,1); il doppio annuncio, prima alla madre e poi
al padre (42,3.7-8). Elementi comuni a *LAB* e Lc 1,5-25, differenti
da Gdc 13 sono: l'angelo mandato ad annunciare l'esaudimento di
una preghiera (42,3); il mutismo (42,4); è indicato il nome dell'angelo (42,10). Caratteristico del *LAB* è l'alterco dei coniugi (42,2). Caratteristico di Lc 1,5-25 è la vecchiaia dei genitori, nonché la loro
descrizione come giusti; la reazione all'apparizione; l'autopresentazione dell'angelo.

Come valutare questi dati? Innanzitutto, una precisazione metodologica. Bisogna evitare due eccessi: quello di vedere in *LAB* 42
la fonte da cui Luca ha preso gli annunci di Lc 1[63]; quello di negare
qualsiasi relazione tra i due[64].

P. Winter fondava la sua dimostrazione sulle analogie *LAB*-Lc
1,5-25, che non avevano corrispondenze in Gdc 13[65]. Come, d'altra
parte, S. Muñoz Iglesias si sforza di demolire questa dimostrazione,
mostrando che si tratta solo di analogie apparenti[66]. Questo modo
di procedere che è utile solo ad escludere il *LAB* come fonte per Lc
1,5-25, lascia aperto il problema del metodo della composizione in
Luca e nel *LAB*. Il confronto sinottico mostra un'analogia di base
dei tre racconti: una coppia che non ha figli — né potrà, umanamente parlando, mai averne — per un intervento speciale di Dio, ne
acquista uno che sarà destinato a Dio ed al suo servizio. A contorno
del racconto-base si collocano le caratteristiche peculiari dei singoli
racconti, che possono essere spiegate con i loro diversi scopi. Infatti,
quanto c'è di peculiare nel *LAB* 42 (genealogia, alterco, doppio annuncio e mutismo volontario), come pure quanto manca, rivelano
che abbiamo di fronte un racconto che rimane fedele alla struttura
generale del racconto biblico, di cui vuol essere una rilettura, ed inserisce elementi nuovi per arricchire l'aneddotica del suo racconto;
così all'alterco non può seguire che un mutismo volontario della
donna, quando l'angelo le rende chiaro che la mancanza di figli è
dovuta alla sua sterilità. Allo stesso modo, il racconto lucano non è
preoccupato di seguire il racconto di Gdc 13 nel suo sviluppo generale, quanto di creare un nuovo racconto con caratteristiche pro-

---

[63] Così Winter P., *The Proto-Source of Luke I*, in *NT* 1 (1956), 184-199.
[64] Così Muñoz Iglesias S., *El Evangelio* 371-382; *id., El procedimiento literario
del anuncio previo en la Biblia*, in EstB 4 (1982), 46-51; *id., Los Evangelios* 38-47.
[65] Cfr. op. cit. 191.
[66] Cfr. le conclusioni cui giunge l'autore nei tre articoli citati alla nota 64.

prie, con lo scopo di fare emergere il rapporto tra Giovanni Battista e Gesù, attraverso tutta una serie di riferimenti biblici[67].

Perciò, tra *LAB* 42 e Lc 1,5-25 c'è una somiglianza di fondo: si tratta di una nascita miracolosa; ma anche una dissomiglianza, dal momento che il *LAB* è solo una rilettura di Gdc 13, mentre Lc 1,5-25 è la prima storia del «vangelo di Luca».

Questa conclusione permette anche di valutare l'eventuale dipendenza del *LAB* da Lc 1,5-25 o di Lc 1,5-25 dal *LAB,* come dovrebbero dimostrare gli elementi a loro comuni e differenti da Gdc 13. Anche ammettendo che preghiera personale e mutismo in Lc 1,5-25 dipendono dal *LAB,* ciò non significa fare del racconto lucano una *haggadah*[68]. Infatti, nonostante questo, i due racconti rimangono profondamenti diversi: uno è solo una rilettura ampliata di un racconto veterotestamentario, mentre l'altro è la «buona novella» che il tempo della realizzazione delle promesse veterotestamentarie è giunto.

Perciò, pur essendoci tra *LAB* 42 e Lc 1,5-25 somiglianze nel contenuto essenziale — racconto di un miracolo — e nel metodo — utilizzazione di un racconto veterotestamentario — rimane la sostanziale differenza di scopo: non siamo di fronte alla riproposizione di un evento passato che, nonostante i ritocchi, rimane sempre passato, ma di fronte ad un evento nuovo, anche se concretizza antiche promesse e richiama personaggi del passato, e di stile: mentre il *LAB* indugia sui particolari aneddotici, Luca rimane estremamente sobrio e contenuto.

b. *Il Protovangelo di Giacomo*[69]

Non c'è dubbio che gli annunci presenti nel *Protovangelo di Giacomo* (ad Anna: IV ed a Maria: X-XII) si ispirino agli annunci di Lc 1, con in più un ulteriore riferimento a Gdc 13 e 1 Sam 1.

---

[67] Tant'è che Lc 1,5-25 non amplia l'aneddotica, ma il riferimento alla futura missione del bambino che sarà quella di essere il «battistrada» di Yahweh e del suo Messia.

[68] Su questa linea è PERROT C., *Les récits d'enfance dans la haggadah antérieure au II siècle de notre ère,* in RSR 55 (1967), 504-514, che pur ammettendo un influsso delle *haggadot* dell'infanzia di personaggi biblici su Lc 1-2, non per questo lo considera una *haggadah*, perché questa «est un littérature sur l'Ecriture, l'Evangile est un littérature inspirée de l'Ecriture, sur un homme et un événement» (p. 515).

[69] Testo risalente al 200 ca., il titolo originale, in base all'argomento iniziale trattato, doveva essere ΓΕΝΝΗΣΙΣ ΜΑΡΙΑΣ. È uno tra i più antichi vangeli apocrifi, tanto da essere stato considerato anche come fonte del racconto canonico. Il suo autore, anonimo, dev'essere un giudeo-cristiano. Il testo, oltre a riportare l'annuncio della nascita, la nascita e l'infanzia di Maria (I-X), riporta l'annuncio della nascita, la nascita e l'infanzia di Gesù (XI-XXII) e termina con il martirio di Zac-

Ci soffermeremo ad evidenziare i rapporti letterari e di contenuto tra l'annuncio della nascita di Maria ad Anna e l'annuncio della nascita di Giovanni Battista a Zaccaria [70].

1) *Struttura*

Per cominciare, diamo uno sguardo alla struttura del *Protovangelo di Giacomo* (cfr. Schema VII). Appare subito una certa costruzione parallela dell'infanzia di Maria e di Gesù, anche se non può essere in alcun modo paragonata, per corrispondenze di particolari, alla costruzione di Lc 1-2. Ciò dev'essere dovuto essenzialmente al fatto che l'autore del *Protovangelo di Giacomo,* pur avendo come modello Lc 1-2, non ne ha lo stesso scopo [71] ed, inoltre, è preoccupato di farvi entrare anche alcuni particolari di Mt 1-2. A disturbare il parallelismo, fino a dissolverlo, è il racconto della morte violenta di Zaccaria, che peraltro ha una sua logica all'interno della successione dei fatti [72]. Siamo, inoltre, di fronte ad una narrazione che cerca di rispondere ad un problema usando un metodo già consolidato nella tradizione: l'uso della Scrittura. In particolare, l'impostazione generale, la lingua e l'uso dell'AT richiamano Lc 1-2 [73]; le notizie so-

---

caria (XXII-XXIV). Una ricca bibliografia su testo greco e versioni antiche e moderne, nonché studi, è reperibile in ERBETTA M., *Il Protoevangelo di Giacomo*, in *id.* (ed.), *Gli apocrifi del Nuovo Testamento*, I/2, Casale, 1981, 7-9.

[70] Seguiremo il testo critico riportato in STRYCKER É. de, *La forme la plus anciennes du Protévangile de Jacques*, Bruxelles, 1981, che rivede criticamente il *Papyrus Bodmer V. Nativité de Marie*, pubblicato da TESTUZ M., in *Bibliotheca Bodmeriana*, Cologny-Genève, 1958, 114-117 (si tratta del più antico manoscritto (IV sec.) del *Protovangelo di Giacomo* in nostro possesso).

[71] Lc 1-2 deve mostrare la superiorità di Gesù su Giovanni Battista, mentre il *Protovangelo di Giacomo* vuole essere un'apologia in difesa della concezione verginale di Gesù. Tale scopo è ottenuto mediante «una narrazione della vita di Maria, in cui santità interiore senza precedenti, verginità fisica e altri motivi legalistici alla luce dei canoni dell'agiografia cristiana sono fusi in un tutto armonioso» (ERBETTA M., op. cit., 16).

[72] Così è spiegata in *ibid.*, 13: «Il lettore a conoscenza di *Matteo*, sa che il bambino deve riparare, dopo l'arrivo dei magi, in Egitto. Ma, come combinare il racconto della fuga con la presentazione al tempio di *Luca*, dove per giunta compare Simeone, elevato alla dignità di Pontefice, mentre questi dianzi era Zaccaria? L'a., non senza abilità, procede nel modo seguente: dopo la nascita di Gesù arrivano i magi. A causa dell'inganno subìto da Erode e quindi della collera dello stesso, il bambino deve fuggire; la sua fuga però è ridotta all'occultamento in una greppia. Il pontefice Zaccaria ne fa le spese, perché il re sembra confondere suo figlio con il Messia, ed è trucidato. A lui succede Simeone. Lo sviluppo di XXI-XXIV, come è evidente, non solo è coerente, ma è unito a quanto precede: le ultime parole di XX 4: *prima che il bimbo arrivi a Gerusalemme* — e forse anche l'inizio di XXI 1 — richiamano e si realizzano alla fine di XXIV 4!».

[73] Vedi le imitazioni dello stile biblico e le citazioni implicite, tipiche dello stile di Lc 1-2 (cfr. *ibid.*, 18 e nota 13).

no prese da Lc 1-2 e Mt 1-2; i modelli veterotestamentari sono Gdc 13 e 1 Sam 1-2; non dimenticando l'opera redazionale: difendere, tramite la Scrittura, la nascita miracolosa di Gesù e la santità della madre, nonché una grande libertà dai suoi modelli.

La composizione della struttura ci permette di delineare meglio le fonti. Infatti, notiamo che la struttura-base di Lc 1-2 viene rotta per inserire nuovi elementi, che si richiamano all'AT o alla narrazione di Mt 1-2, e che servono alla tesi dell'autore. Così, la presentazione di Maria e la sua dimora nel Tempio fino a 12 anni richiama 1 Sam 1,22.24; 2,11.18; mentre, da Mt 1-2 provengono il dubbio di Giuseppe e gli episodi dei Magi e dell'infanticidio.

2) Gli annunci

I due annunci del *Protovangelo di Giacomo* (cfr. Schema VIII) non sono simmetrici. Infatti, l'annuncio della nascita di Maria è doppio, in quanto prima è fatto alla madre, quindi al padre (cfr. Gdc 13). Inoltre, mancano di alcuni elementi caratteristici di questo schema (turbamento e rassicurazione). Però, notiamo che un certo parallelismo tra i due annunci è manteuto perché l'annuncio a Maria ha due momenti. Il secondo annuncio riprende quasi alla lettera Lc 1,26-38.

3) Lc 1,5-25 e Protovangelo di Giacomo

Quali sono gli elementi che il *Protovangelo di Giacomo* conserva di Lc 1,5-25? quali le differenze?

La presentazione dei genitori di Maria — molto più ampia che in Lc 1,5-25 — richiama per più aspetti la presentazione dei genitori di Giovanni Battista. Infatti, Gioacchino è presentato come un pio israelita (I,1), che pur essendo giusto non ha figli (I,3) ed è ormai vecchio, come appare dal fatto che pensa ad Abramo, che ha avuto un figlio nella sua vecchiaia (I,3). Anna è sterile (II,1) ed anziana, come appare dal fatto che pregando richiama la situazione di Sara (II,4). Entrambi i coniugi elevano una preghiera incessante a Dio per ottenere un figlio (I,4; II,4). L'angelo appare ad Anna (IV,1), dopo la preghiera di lamento (III,1-3), iniziata alle tre del pomeriggio (II,4). Il ringraziamento della madre (VI,3). Inoltre, vengono dati alcuni particolari su Zaccaria ed il servizio del Tempio: Zaccaria è diventato un Sommo Sacerdote (VIII,3); è ricordato il suo mutismo (X,2)[74]; non può pronunciare la benedizione perché è morto (XXIV,1); i sacerdoti temono per il suo ritardo nell'uscire dal Tempio (XXIV,2). Infine, Maria incinta si tiene nascosta (XII,3).

---

[74] Anche se manca in alcuni mss., tra cui il Bodmer V.

Numerose sono anche le riprese letterali: ἐπάκουσον τῆς δεήσεώς μου (II,4); ἐπήκουσε κύριος τῆς δεήσεώς σου (IV,1); ἐπήκουσε κύριος ὁ θεὸς τῆς δεήσεώς σου (IV,2); καὶ ἔστησαν οἱ ἱερεῖς προσδοκῶντες Ζαχαρίαν (XXIV,1); χρονίσαντος δὲ αὐτοῦ ἐφοβήθησαν ἅπαντες (XXIV,2); καὶ ἔκρυβεν ἑαυτήν (XII,3); ὅτι ἐπεσκέψατό με καὶ ἀφείλατο ἀπ᾽ ἐμοῦ τὸ ὄνειδος τῶν ἐχθρῶν μου (VI,3).

La differenza che immediatamente balza agli occhi è il completo dissolvimento di Lc 1,5-25. Infatti, se non avessimo il racconto lucano sarebbe impossibile ricostruirlo in base ai dati del *Protovangelo di Giacomo*; per non dire che in alcuni casi avremmo delle indicazioni contrarie al racconto evangelico.

Come conclusione del raffronto tra l'infanzia lucana, in particolare 1,5-25, e il *Protovangelo di Giacomo* si segnalano i seguenti punti.

La struttura del racconto del *Protovangelo di Giacomo,* pur essendo costruita sul parallelismo di due annunci e due nascite, ha perso il senso che ha in Lc 1-2. Questo perché lo scopo dell'autore del *Protovangelo di Giacomo* non corrisponde a quello di Lc 1-2. Così, Lc 1,5-25 è solo uno dei testi che l'autore usa per comporre il suo racconto.

Si nota che la presentazione dei genitori di Maria è molto vicina a Lc 1,5-25, perché c'è il riferimento agli stessi personaggi veterotestamentari (Abramo e Sara). Mentre, la presentazione di Zaccaria ha perso ogni sua connotazione, sia perché la sua vicenda è piegata alla nuova trama, sia perché deve servire all'aneddotica.

Quello che era determinante in Lc 1,5-25, cioè la missione futura del bambino, nel *Protovangelo di Giacomo* è ridotta solo ad una consacrazione al Signore da consumarsi al servizio del suo Tempio (IV,1); mentre abbondano, conformemente al carattere della letteratura apocrifa, gli elementi edificanti e straordinari.

L'uso della Scrittura (AT e NT) è al servizio dei problemi del presente. La Scrittura rimeditata e rifusa permette un approfondimento della rivelazione. La letteratura apocrifa neotestamentaria torna, così, ad unirsi al filone dell'interpretazione sinagogale: il testo biblico è oggetto di riflessione e di appronfondimento, di applicazione ai problemi che si pongono nella vita della Chiesa. Ma, nonostante le somiglianze, questo è proprio quanto differenzia il *Protovangelo di Giacomo* da Lc 1-2. Infatti, benché le due opere siano profondamente vicine — facendo risaltare la straordinarietà di nascite miracolose —, altrettanto profondamente sono distanti: il *Protovangelo di Giacomo,* teso a salvaguardare la verginità di Maria, piega tutti i dati a questo scopo; Lc 1,5-25, invece — come tutto Lc 1-2 —, si fa determinare unicamente dalla novità dell'intervento divino che, con la nascita di Giovanni Battista, prepara i tempi nuovi.

c. Conclusione

Il confronto con opere extrabibliche conferma l'originalità ed unicità del racconto lucano. Caratteristiche che nascono dalla particolarità degli eventi narrati e che si riflettono sia sul metodo di composizione che sul pensiero sottostante.

Rimane, altresì, confermato che Lc 1,5-25 non può essere considerato un *midrash haggadico*, ma, ancora una volta, dev'essere affermata la sua appartenenza ad un genere particolare: il «vangelo».

3. Il parallelismo Giovanni Battista-Gesù

Benché il parallelismo Giovanni Battista-Gesù, a livello di struttura e di contenuto, sia sempre stato notato e studiato, solo di recente[75], è stato posto il problema della sua origine. Per l'origine di questo procedimento letterario si danno due ambienti: la tradizione biblica e la letteratura greco-romana.

a. L'Antico Testamento[76]

Già l'AT offre dei paralleli tra personaggi, come Mosè-Giosuè, Mosè-Elia, Elia-Eliseo, in cui l'evidenziazione delle somiglianze vuol far trasparire la continuità di una missione. Inoltre, il parallelismo non è mai esplicito, in quanto i personaggi comparati non sono mai presentati insieme.

b. Il Nuovo Testamento

Un accenno di parallelismo — pur con sensibili differenze — lo troviamo già nella tradizione sinottica (cf. Mt 11,16-19 = Lc 7,31-35: Gesù-Giovanni Battista). Però, è in Luca che troviamo pienamente sviluppato il metodo del parallelo. Infatti, in Atti troviamo la costruzione parallela del ministero di Pietro e Paolo. Qui, non abbiamo — a differenza di Lc 1-2 — una costruzione parallela continua, ma ci si limita a degli episodi, da cui risulti l'identità di apostolato tra Pietro e Paolo.

---

[75] Cfr. soprattutto GEORGE A., *Le genre littéraire 25-34; id., Le parallèle entre Jean-Baptiste et Jésus en Luc 1-2*, in DESCAMPS A.–ALLEUX A. de (éd.), *Mélanges bibliques en hommage au R. P. Béda Rigaux*, Grembloux, 1970, 147-151; TALBERT C. H., *Prophecies of Future Greatness: the Contribution of Greco-Roman biographies to an understanding of Luke 1,5–4,15*, in CRENSHAW J. L.–SANDMEL S. (ed.), *The Divine Helmsman, Studies on God's Control of Human Events, presented to Silberman L. H.*, New York, 1980, 129-141.

[76] Per la parte dedicata alla tradizione biblica siamo debitori agli studi di A. George, segnalati alla nota precedente.

c. *La leteratura greco-romana*

Dalla letteratura greco-romana provengono due suggestioni sul metodo eventualmente seguito in Lc 1-2. Secondo A. George il parallelismo di Lc 1-2 richiama la σύγκρισις degli autori greci[77]; mentre, per C. H. Talbert, Lc 1-2, presentando in parallelo le infanzie di Giovanni Battista e Gesù, non farebbe altro che anticipare all'infanzia il futuro rapporto di ministero dei due personaggi[78]. Ma, entriamo nei dettagli di queste due impostazioni per verificarne il rapporto con Lc 1-2.

Per σύγκρισις si deve intendere una comparazione che mediante una giustapposizione fa emergere il rapporto di maggioranza, uguaglianza o minoranza tra le cose comparate[79]. Tale procedimento non è esclusivo della letteratura greca, ma lo troviamo anche nel giudaismo e nel NT[80]; tanto che non si può dire, con assoluta certezza, se questo metodo i Giudei l'abbiano mutuato dai Greci[81]. Ma, quello in cui il NT sembra debitore al mondo greco è la predilezione per il parallelismo antitetico[82].

L'impostazione di C. H. Talbert per essere valida ha bisogno che si dimostri vero un presupposto letterario, cioè che Lc 1,5-4,15 sia un'unità che anticipa notizie sulla futura carriera di Giovanni e Gesù[83]. Se ciò fosse vero Luca si sarebbe ispirato alla tradizione biografica greco-romana che richiedeva

---

[77] Cfr. *Le parallèle* 157ss.

[78] Cfr. *Prophecies* 129-141.

[79] Ciò sulla base delle definizioni di due grammatici greci riportate in LIEBERMAN S., *Hellenism in Jewish Palestine*, New York, 1950, 59.

[80] La comparazione tra uguali la troviamo usata nella *Mishnah Bezah*, 1,6 e in 1 Cor 2,13 (cfr. *ibid.*, 60 e nota 104).

[81] Cfr. *ibid.*, 61.

[82] Esempi di parallelismo antitetico li troviamo soprattutto in S. Paolo (cfr. Rom 5,12-21; 1 Cor 15,45-49; 2 Cor 3,5-18; Gal 4,21-31), laddove vuole dimostrare la superiorità della Nuova Alleanza sull'Antica. Anche Sap 11-19, forse sotto l'influsso dell'ellenismo, opponeva le piaghe d'Egitto ai benefici accordati al popolo nel deserto. Ma, il parallelismo antitetico è usato soprattutto dagli autori greci che lo applicavano ai generi più svariati. Abbiamo, così, comparazioni tra autori (Omero ed Esiodo; Eschilo e Sofocle; Erodoto e Tucidide), tra re e saggi (Alessandro, Creso, Mida,... con Socrate, Diogene...), tra popoli (Egiziani e altri; Greci e Romani); tra personaggi di popoli (l'esempio più ampio è nelle «Vite parallele» di Plutarco) (cfr. GEORGE A., *Le parallèle* 157-158).

[83] Giunge a questa conclusione osservando, innanzitutto, che 1,1-4 (prologo) e 4,16-30 (discorso di Nazaret) costituiscono due inizi; inoltre, in 1,5-4,15 abbiamo un confronto tra Giovanni Battista e Gesù che, sviluppando tre momenti della loro vita, vuole anticipare la superiorità del destino del primo su quello del secondo. Così abbiamo due annunci (1,5-56), due nascite (1,57-2,52) e il ministero di Giovanni che prepara quello di Gesù (3,1-4,15). Comune alle tre parti è la costruzione

«an account of the hero's career before he embarked on his public activity which included material on his family background, perhaps a reference to a miraculous conception, along with omens and other predictions of his future greatness, including childhood prodigies»[84].

d. *Le caratteristiche di Lc 1-2*

Il parallelismo Giovanni Battista-Gesù di Lc 1-2 si discosta certamente dal senso che esso ha nella tradizione biblica per accostarsi alla tradizione greco-romana. Ciò diventa immediatamente evidente se si confronta il parallelismo Pietro-Paolo di Atti con quello Giovanni Battista-Gesù di Lc 1-2. Il primo, appare più legato alla tradizione veterotestamentaria che confronta per far emergere le somiglianze, mentre il secondo confronta per mostrare la diversità[85]. Infatti, mettendo in parallelo annuncio, nascita, proclamazione profetica (Cantici), crescita di Giovanni e Gesù, Luca intende

«marquer l'unité de leur tâche. C'est un seul et même dessein de Dieu qu'ils viennent accomplir [...]. Mais, tout au long de cette histoire, le parallèle fait ressortir sans cesse la supériorité de Jésus sur Jean, [...]. En marquant ainsi la supériorité de Jésus sur Jean et son rôle unique, Luc reprend un thème qui apparaît déjà dans la tradition synoptique (Mc 1,7-8 et =) et dans les paroles de Jésus (Mt 11,10-11 = Lc 7,27-28). L'originalité de Luc est d'avoir développé ce thème sous la forme d'une *synkrisis* grecque»[86].

Siamo, perciò, di fronte ad un tratto caratteristico della redazione lucana che, sulla base di dati tradizionali[87] e di tratti propri della sua teologia[88], e usando un metodo della classicità greca, esprime il rapporto Giovanni Battista-Gesù quale apparirà dal ministero pubblico.

Quest'ultima osservazione apre alla considerazione del secondo espediente classico usato dall'autore di Lc 1-2: l'anticipazione all'infanzia del futuro rapporto e ministero dei due nascituri. Anche se, d'altra parte, questo tratto non è estraneo alla tradizione veterote-

---

che si basa sulle corrispondenze degli elementi, nonché sull'idea della superiorità di Gesù rispetto al Battista. (cfr. *Prophecies* 129-132). La critica più forte a questa impostazione viene dal fatto che 3,1ss costituisce un vero «inizio».

[84] *Ibid.*, 135. Per le analogie con opere classiche cfr. *ibid.*, 133ss.

[85] Cfr. GEORGE A., *Le parallèle* 163-164.

[86] *Ibid.*, 171.

[87] Il contrasto Giovanni-Gesù è già presente nella tradizione sinottica: cfr. Mt 11,10-11 = Lc 7,27-28; Mc 1,7-8 e par.

[88] Luca sottolinea la distinzione tra la predicazione di Giovanni e quella di Gesù (cfr. Lc 3,1-20.21-22) con i rispettivi battesimi (cfr. At 1,5; 18,25; 19,2; 13,24; 19,4 e 1,5; 2,38; 19,5-6).

stamentaria, nel momento in cui gli annunci di nascita sono accompagnati da una predizione sulla futura missione di questi bambini.

Per finire non resta che trarre le conclusioni per il *Sitz im Leben*. Perché in Lc 1-2 abbiamo questi espedienti letterari? La risposta è ovvia. La comunità a cui Luca si rivolge dev'essere sensibile e capace di interpretare la σύγκρισις. Una comunità che ha dimestichezza con i classici.

4. *Conclusione*

Da questa analisi sui modelli utilizzati da Luca, emerge, una volta di più, lo spirito che ha mosso l'autore di Lc 1-2: fedeltà alle fonti e sforzo di una riformulazione per un nuovo uditorio. Lo scopo di Lc 1-2 è quello di mostrare, fin dall'inizio, l'esatto rapporto che c'è tra Giovanni Battista e Gesù: Giovanni Battista è *sostanzialmente* colui che prepara l'arrivo di Gesù-Messia e Figlio di Dio[89]. Per descrivere questa relazione l'autore di Lc 1-2 ha già a disposizione quanto la comunità primitiva, a partire dall'AT, ha elaborato. Luca, fedele e in continuità con questa tradizione di origine giudaico-cristiana e tramite l'uso dell'AT, mostra Giovanni Battista come il precursore di Gesù, già dal suo concepimento miracoloso, ma naturale, che prepara il concepimento miracoloso e soprannaturale di Gesù. Ma, in questo è insinuata anche la profonda superiorità di Gesù su Giovanni Battista. Così l'AT media per orecchie a questo sensibili la missione e la posizione di Giovanni Battista rispetto a Gesù.

Luca ha, nel contempo, il problema di mostrare questo rapporto anche ad un uditorio non familiare con il VT. Ecco che allora tramite la σύγκρισις e l'anticipazione del futuro, la missione e la relazione Giovanni Battista-Gesù viene proposta con moduli letterari comprensibili ad un uditorio di estrazione classica.

In questo modo, il genio compositivo di Luca gli permette di rimanere fedele alle sue fonti e alla più antica tradizione cristiana — tanto più che l'AT rimane sempre la migliore comprensione dell'evento Cristo e Giovanni Battista —, ma anche di esprimersi in modo più conforme alla sua sensibilità e ad un nuovo uditorio. Da ciò ne deriva il singolare pregio che il rapporto Giovanni-Gesù è immediatamente percepibile sia da un giudeo-cristiano che da un pagano-cristiano.

---

[89] È usato il termine «sostanzialmente» perché il problema del rapporto Giovanni Battista-Gesù sarà esaminato in profondità nel paragrafo successivo.

II. IL «SITZ IM LEBEN»[90]

Dell'ambiente in cui Lc 1-5,25 può essersi formato, già è stato fatto qualche accenno, soprattutto quando si è parlato delle fonti e dei modelli letterari. In quelle occasioni, però, il problema era visto solo dal punto di vista letterario. Si tratta, ora, di fare una trattazione più completa, che cioè tenga conto del contenuto e di tratti di teologia, da cui si possa giungere ad una determinazione più sicura del *Sitz im Leben* della nostra pericope.

A. IL RUOLO DI GIOVANNI BATTISTA

1. *La presentazione in 1,15-17*

Questi tre versetti offrono una presentazione di Giovanni Battista da due punti di vista. Il v. 15 ci offre le caratteristiche personali: grande alla presenza del Signore, nazireo-asceta, ripieno di Spirito Santo. I vv. 16-17, preannunciati già dall'ultima caratteristica personale[91], descrivono due attività esterne: precursore del Signore e profeta-convertitore come Elia. Ora, questa presentazione di Giovanni, per essere valutata nella sua portata specificamente lucana, dev'essere confrontata con la tradizione evangelica e con il resto dell'opera lucana. Però, prima di arrivare a questo punto, è necessario chiarire il senso delle affermazioni contenute in 1,15-17.

a. *Grande davanti al Signore*

I problemi che questa espressione pone già sono stati trattati durante il primo capitolo (cfr. p. 15-16). Laddove veniva ad essere escluso che ci potesse essere l'insinuazione della divinità di Giovanni Battista. Ma, in questa sede, si pone un altro problema: la relazione con il Messia e con Elia, anche perché, come si è visto nell'analisi letteraria, l'ambiguità del v. 15 può essere chiarita in base al v. 17 (cfr. p. 16.20).

b. *Giovani Battista ed Elia*

Innanzitutto, determiniamo quali sono i tratti caratteristici di Elia fino al tempo in cui Luca scrive.

---

[90] Una buona sintesi delle opinioni è fornita da LEGRAND L., *L'annonce* 37-42.
[91] Una particolare predilezione fin dal seno materno è caratteristica di alcune figure profetiche (cfr. Is 49,1.5; Ger 1,5).

Due i testi che ispiravano la concezione di Elia: Mal 3 e Sir
48,10-12.

In Sir 48, nella prima parte, abbiamo una presentazione di Elia
che si rifà, in grandi linee, ai libri dei Re, dal momento che viene
presentato come profeta potente in opere e parole, un autentico fu-
stigatore (vv. 1-9); mentre, il v. 10 ce lo presenta, sulla scia di Mal
3,24, come un restauratore delle tribù d'Israele, in attesa del giorno
del Signore. Il v. 12, infine, celebra la sua fermezza nell'affrontare e
rimproverare i potenti di questo mondo.

Ma, è Mal 3 il testo più pregnante e significativo. Di Elia si
parla nei vv. 22-24, che sono un'aggiunta posteriore. Qui Elia è presentato come il profeta (TM) che ha tre funzioni: è il precursore del
giorno del Signore (3,23a) — essendo identificato con l'angelo del-
l'alleanza di 3,1 —; placherà l'ira di Dio prima del giudizio (3,23b);
preparerà a questo giorno il popolo, spingendo alla riconciliazione
dei rapporti familiari (TM) e sociali (LXX).

Quindi, in base a questi testi Elia ha funzioni messianiche. Ma,
nel giudaismo inizia anche l'attesa di Elia come precursore del Messia e non di Yahweh[92].

Posto che nei nostri versetti è indubbio il riferimento ad Elia, si
pone il problema di stabilire se Giovanni Battista sia identificato[93]
o meno[94] con Elia e se il riferimento ad Elia lo consideri come precursore di Yahweh o del Messia.

---

[92] Cfr. JEREMIAS J., Ἠλ(ε)ίας, in GLNT, IV, 74-76, che cita anche numerosi testi; GRAIL A., Jean le Baptiste et Élie, in La Vie Spirituelle 80 (1949), 600. Che Elia
fosse atteso nel I sec. come precursore del Messia è negato da FAIERSTEIN M., Why
Do the Scribes Say That Elijah Must Come First?, in JBL 100 (1981), 75-86 e
FITZMYER J. A., More about Elijah Coming First, in JBL 104 (1985), 295-296, che po-
lemizza con ALLISON D. C. Jr., Elijah Must Come First, in JBL 103 (1984), 256-258.

[93] Tra coloro che sono per una identificazione esplicita con Elia, tra gli altri,
cfr. FRANKLIN E. F., Christ the Lord. A Study of the Purpose and Theology of Luke-
Acts, Philadelphia, 1975, 83; MINEAR P. S., To Heal and to Reveal. The Prophetic
Vocation According to Luke, New York, 1976, 95; BROWN R. E., La nascita 366;
ERNST J., Luca I 77; BOSTOCK D. G., Jesus as the New Elisha, in ExpTim 92 (1980),
40; KAZMIERSKI C. R., The Stones of Abraham: John the Baptist and the End of
Torah (Matth. 3,7-10 par. Luke 3,7-9), in Bib 68 (1987), 39; altri autori sono
presentati in DUBOIS J. D., La figure d'Élie dans la perspective lucanienne, in RHPR
53 (1973), 155, nota 1.

[94] Tra coloro che negano una identificazione esplicita tra Giovanni Battista ed
Elia ricordiamo: GOGUEL M., Jean-Baptiste, Paris, 1928, 57; WINK W., John the
Baptist in the Gospel Tradition, Cambridge, 1968, 42; GRUNDMANN W., Das Evangelium nach Lukas, Berlin, ⁴1971, 51; MARSHALL I. H., The Gospel of Luke. A Commentary on the Greek Text, Grand Rapids, 1978, 59; PERETTO E., Zaccaria Elisabetta Giovanni visti dal primo lettore di Luca (cap. I), in Marianum 40 (1978), 367-368;
FITZMYER J. A., The Gospel I 185-186.318; TALBERT C. H., Reading Luke. A Literary
and Theological Commentary on the Third Gospel, New York, 1982, 29.

A favore dell'identificazione con Elia c'è la ripresa delle sue principali funzioni. Giovanni Battista, infatti, è descritto come profeta[95], convertitore del popolo, che così viene preparato per il Signore. L'indentificazione con Elia, invece, sarebbe messa in dubbio dal contenuto della formula ἐν πνεύματι καὶ δυνάμει 'Ηλίου. In questa definizione abbiamo solo un'indicazione generica sulla qualità della missione, oppure anche un riferimento alla sua azione spirituale e ai miracoli? Ciò soprattutto se si considera che la tradizione evangelica ci dà notizie sulla fermezza di Giovanni Battista con Erode ed Erodiade (cfr. Mt 14,33ss.; Mc 6,17ss.; Lc 3,19-20), ma non parla di miracoli. Proprio questo silenzio depone per una *somiglianza,* piuttosto che per una identificazione, di Giovanni Battista con Elia; infatti, al nostro autore non interessa se Giovanni ha compiuto o meno miracoli, conta che si colleghi la missione di Giovanni Battista con quella di Elia[96]. Rimane, così, confermata l'aderenza a Sir 48, dove la missione di Elia è contraddistinta dalla fermezza verso i principi (vv. 6.12) e dalle opere meravigliose (v. 14), in ordine alla conversione del popolo (v. 15)[97].

Assodato che la nostra pericope non identifica Giovanni Battista con Elia, ma lo pone sulla sua scia, resta da stabilire se rimane precursore di Yaweh o diventa il precursore del Messia. La determinazione di questo tratto poggia tutto sulla interpretazione di αὐτοῦ al v. 17. Il termine è certamente — e forse volutamente — ambiguo. Il contesto della nostra pericope, come ha mostrato l'analisi letteraria del v. 17 (cfr. *ad locum*), lascia intendere che Giovanni Battista è il precursore di Yahweh. Ora, senza bisogno di fare ricorso al parallelismo degli annunci o alla storia della tradizione — cosa, del resto, lecita — si può dire che Giovanni Battista non è identificato con il Messia, precursore del giorno di Yahweh — sottendendo in questo l'azione di un gruppo che misconoscendo la messianicità di Gesù l'attribuiva a Giovanni Battista — perché la ripresa di Is 40,3, presente in ἑτοιμάσαι, toglie qualsiasi dubbio sull'identità di Giovanni Battista: egli è solo la «voce che grida nel deserto».

In conclusione, si può dire che la presentazione di Giovanni Battista in 1,14-17 segue sostanzialmente due filoni. Uno, lo pone sulla linea di Elia quale precursore di Yahweh, com'è presente in

---

[95] Cfr. la consacrazione dal seno e il riempimento di Spirito che lo collegano con la tradizione profetica; anche la conversione del popolo è funzione profetica (cfr. Ger 3,7-10.14; 18,8; Ez 3,19; Dan 9,13).

[96] Ciò è confermato nella trasmissione dei poteri da Elia ad Eliseo (2 Re 2,9.15; Sir 48,12). Eliseo continuerà la missione del maestro con i miracoli e con la fermezza.

[97] Cfr. STOCK K., *Le prime pericopi* 55.

Mal 3 e Sir 48; l'altro, escludendo che Giovanni sia il Messia, pone le premesse per considerarlo come precursore del Messia, conformemente alla tradizione evangelica.

2. Giovanni Battista nella tradizione evangelica

I dati che i vangeli ci offrono circa Giovanni Battista sono abbastanza discordanti e meritano, perciò, un'analisi attenta.

Nell'unico testo in cui si pone esplicitamente il problema del rapporto Giovanni Battista-Elia, la risposta da parte del Battista è neta: οὐκ εἰμί (Gv 1,21). Così, Gesù non lo identifica con Elia, ma lo pone sulla sua scia (cfr. Mt 11,7-19 = Lc 7,24-35), rettificando, così, anche un pensiero comune che attendeva il ritorno di Elia in persona, sulla base di Mal 3,23s. (cfr. Mt 17,10-13 = Mc 9,11-13). I discepoli pensano di essere nel tempo di Elia (cfr. Lc 9,51-56 che riprende 2 Re 1,10-13) e descrivono Giovanni Battista come Elia (cfr. Mc 1,6 e 2 Re 1,8). Non manca, infine, l'identificazione di Gesù stesso con Elia (cfr. Mc 6,15 = Lc 9,8; Mc 8,28 = Mt 16,14 = Lc 9,19) o con Giovanni Battista (Mt 14,2 e par.).

A questi dati bisogna aggiungerne uno singolare, di cui sarebbe interprete proprio Luca: il nuovo Elia non è Giovanni Battista, ma Gesù stesso. Di questo ci sarebbero numerose prove: Luca omette alcuni riferimenti di Marco ad Elia (cfr. Mc 1,6; 9,9-13; 9,13 = Mt 11,14; Mc 15,34 = Mt 27,47) e ne aggiunge tre di propri (1,17; 4,25.26); il tutto per non far identificare Giovanni Battista con Elia, cosicché rimasto vuoto il posto di Elia Luca può riempirlo applicandolo a Gesù[98]. In questo modo la figura del Battista viene descatologizzata, costituendo solo un prolungamento dei profeti storici del VT[99].

Se questa impostazione risultasse vera ne deriverebbe un contrasto tra la presentazione di Giovanni in Lc 1,17 e quella nel resto del vangelo, da far risalire, probabilmente, al contrasto tra la considerazione che si aveva in circoli di suoi discepoli e quella contraria tra i cristiani.

Questa tesi è contestabile da più punti di vista. Non c'è dubbio che in Luca manchi una identificazione di Giovanni con Elia redivivo, ma da ciò ne ne può conseguire che sia annullato il rapporto con Elia. Infatti, se Giovanni precedesse Elia-Gesù, ne deriverebbe che l'ἐρχόμενος è Elia. Ora,

«non è assolutamente dimostrabile l'affermazione che egli (Giovanni: n.d.r.) si considerasse come il precursore di Elia [...]. La descrizione

---

[98] Cfr. WINK W., *John* 45.
[99] Cfr. SWAELES R., *Jésus nouvelle Élie, dans saint Luc*, in AssembSeig 69 (1964), 57.

che il Battista fa dell'ἐρχόμενος non si adatta ad Elia, che quando ritorna, non è mai atteso come uno che battezzi nello Spirito (Mc 1,8 par.) e come giudice (Mt 3,12 par.)»[100].

Perciò, la descrizione di Giovanni in 1,17 non può essere considerata contraria all'orientamento teologico del resto del vangelo di Luca, perché manca una identificazione diretta con Elia; ciò vuole escludere solo che Giovanni sia Elia redivivo, ma non che sia sulla scia di Elia[101].

Quello che caratterizza Lc 1,14-17 è piuttosto il fatto che manchi qualsiasi accenno alla problematica e al dibattito che ci dev'essere stato nella chiesa primitiva per cui Giovanni è associato ad Elia fin dalla nascita[102].

Un tratto per vedere la mano di Luca nella descrizione di Giovanni Battista, con caratteri escatologici, si può trovare anche in At 3,20-21, dove a Gesù è riferita l'azione del «restaurare» (ἀποκαταστάσεως), che nella tradizione è tipica di Elia (cfr. Mal 3,23:LXX). Inoltre, come Elia aveva fatto «tornare» il popolo al Signore (cfr. 1 Re 18,37), così, al suo ritorno avrebbe fatto un nuovo appello alla penitenza. Ma, questo è quanto fa Gesù in At 3,26. Perciò, l'opera e la predicazione di Giovanni Battista è vista in continuità con quella di Gesù. Un'ultima annotazione per sottolineare la profonda unità che lega i diversi passi che in Luca si riferiscono a Giovanni Battista: per Luca questi è una figura profetica (1,15.17.76a; 3,1-2; 7,26); precursore del Signore (1,17.76b; 3,4; 7,27); predicatore di conversione (1,16-17.77; 3,3.6)[103]. Inoltre, l'unità con la tradizione evangelica, in cui è dato acquisito il considerare Giovanni Battista la «voce» di Is 40,3[104].

Restano, per finire, da individuare i motivi per i quali Giovanni Battista era o non era da indentificare con Elia.

Il primo e fondamentale motivo dello sforzo, specie di Luca e Giovanni, per non far identificare Giovanni Battista con Elia era dato dal fatto che quest'ultimo era presso il popolo una figura messianica (cfr. Lc 3,15; At 13,25; Gv 1,20), per cui ne sarebbe potuto facilmente derivare una identificazione Giovanni Battista-Messia. D'altra parte, però, c'era da rispettare una situazione storica: la precedenza temporale di Giovanni Battista rispetto a Gesù, per cui se si

---

[100] Jeremias J., Ἠλ(ε)ίας 88.

[101] Questo dev'essere il senso dell'affermazione «con lo Spirito e la forza di Elia». Non è Elia stesso, ma uno collegatogli.

[102] Cfr. Robinson J. A. T., *Elijah, John and Jesus: an Essay in Detection*, in NTS 4 (1958), 276.

[103] Cfr. Talbert C. H., *Reading Luke* 29.

[104] Cfr. Lc 1,17e; Mc 1,2-3 = Mt 3,3; Gv 1,23.

fosse negato il rapporto Giovanni Battista-Elia, sarebbe scomparsa anche la relazione Giovanni Battista-Gesù. E dato che Lc 1-2 antici- pa all'infanzia il rapporto successivo tra Giovanni Battista e Gesù Luca non può fare a meno di presentare il Battista come «colui che precede»; almeno questo era il dato che la tradizione gli forniva. Tant'è che il lettore di Lc 1,14-17 non può fare altro che pensare a Giovanni Battista come al precursore di Yahweh. Infatti, è solo quando si manifesta che Gesù stesso è κύριος che Giovanni Battista può essere considerato come precursore del Messia. Questo permet- te a Luca non solo di mantenere il legame storico-cronologico Gio- vanni Battista-Gesù libero da eventuali devianze, ma di dare a Gio- vanni un ruolo strategico nella sua concezione della storia della sal- vezza: con l'annuncio della nascita del Precursore si apre l'era mes- sianica[105]. Perciò, questa prima presentazione di Giovanni Battista è determinante per stabilire l'introduzione all'evento Cristo ed alla sua esatta comprensione. Infatti, «quando la comunità primitiva ri- pete (Mc 1,2; Lc 1,16s.76) che la profezia di Elia si è compiuta nel Battista è ben consapevole di professare la messianicità di Gesù»[106]. La pericope viene così ad assumere quella profonda inclinazione cri- stologica che Luca gli ha voluto imprimere e che, altrimenti, reste- rebbe disattesa se Giovanni Battista perdesse il contatto con il carat- tere escatologico della figura di Elia.

3. *Conclusione*

Nella presentazione di Giovanni Battista

«every detail is 'Synoptic': his ascetism (Luke 7:33 Q), his function as the prophet like Elijah of Mal. 3-4 (Mark 1:2), his role as forerunner and preparer of the way (Mark 1:2f.), his prophetic office (Luke 7:26 Q). The very fact that John's birth precedes that of Jesus shows that John is still considered to be 'the beginning of the gospel of Jesus Christ', just as he is in Mark 1:1, even thought is 'coming' has now been pushed back from baptism to birth. Thus John's con- ception can be proclaimed by the angel as 'good news'. (Luke 1:19 – εὐαγγελίσασθαι)»[107].

Così sintetizza bene W. Wink la piena armonizzazione nella novità, di Lc 1, 14-17 nel quadro della tradizione sinottica.

Si tratta, ora, sulla base dei testi emersi, di determinare la co- munità presso cui tale presentazione di Giovanni Battista può aver avuto origine.

---

[105] Cfr. WINK W., *John* 57-58; BROWN R. E., *La nascita* 346.364.366-370.378.
[106] JEREMIAS J., Ἠλ(ε)ίας 92.
[107] WINK W., op. cit., 69; cfr. ancora GEORGE A., *Le genre littéraire* 55.57.

Questa determinazione può avere due possibilità: una comunità di discepoli di Giovanni Battista, se non anti-cristiani, per lo meno pre-cristiani, o una comunità giudeo-cristiana.

La prima soluzione parte dal presupposto che il movimento legato a Gesù e quello legato a Giovanni Battista erano divisi ed, in qualche modo, contrastanti, dal momento che i discepoli del Battista non riconoscevano la messianicità di Gesù, anzi, attribuendola al loro maestro, implicitamente la negavano. Perciò Lc 1,14-17 mostrerebbe lo sforzo di subordinare Giovanni Battista a Gesù in base ad un'ideea guida: «the Messiahship of Jesus»[108], riducendo Giovanni Battista ad una «voce che grida nel deserto».

Questa impostazione del problema dà per scontati due dati: che la sequenza di Lc 1 non sia storica e che ci sia un'opposizione tra discepoli di Giovanni Battista e Gesù, che necessita di una mediazione. Contro la prima supposizione già ci siamo espressi (cfr. p. 28-30). Quanto alla seconda, si possono fare una serie di osservazioni[109]. Innanzitutto, non appare che Giovanni Battista, pur avendo avuto dei discepoli, abbia mai avuto l'intenzione di fondare una comunità. Da nessun testo del vangelo appare una qualsiasi polemica nei confronti dei discepoli di Giovanni, pur essendo Luca l'unico autore del NT a interessarsene diffusamente[110].

La verità è che ci troviamo di fronte ad un'unica comunità giudeo-cristiana che, a partire da tradizioni su Giovanni Battista, cerca di interpretare la nuova storia che con questo personaggio è cominciata. Abbiamo, perciò, davanti una riflessione sugli «inizi» del vangelo. Ora, il vangelo ha avuto al suo inizio due figure, Giovanni Battista e Gesù, che hanno agito come uomini di Dio, per realizzare

---

[108] Cfr. Mc NEIL H. L., *The «Sitz im Leben» of Luke 1,5–2,20* in JBL 65 (1946), 124-126.

[109] Seguiamo sostanzialmente le argomentazioni di WINK W., *John* 70-72.

[110] Così, in Lc 3,15 non abbiamo una polemica contro un gruppo di discepoli di Giovanni Battista, ma solo il ricordo di quanto accadeva al tempo del Battista. In 3,18-22 Luca non fa battezzare Gesù da Giovanni Battista per un motivo cristologico, non per polemica antibattista. In Lc 5,11 non sarebbe stato ricordato che Gesù insegna a pregare ai suoi discepoli, come già aveva fatto Giovanni Battista, se ci fosse stato nella mente di Luca una polemica contro Giovanni ed il suo gruppo. Lc 7,28 non manifesta la subordinazione di Giovanni Battista quanto la sua grandezza, come dimostra 7,29. La testimonianza degli apostoli e la loro predicazione includerà il battesimo di Giovanni (cfr. At 1,22; 10,37). Infine, in At 19,1-7 non c'è nessun intento polemico, o se c'era nelle fonti è sparito, perché a Luca non interessa primariamente dare un esempio di quello che i discepoli di Giovanni devono fare per essere ammessi nella Chiesa, quanto di affermare l'autorità degli apostoli e le caratteristiche fondamentali per un cristiano, cioè, battesimo e dono dello Spirito, sulla stessa linea di 8,4ss; 10,44ss (cfr. *ibid.*, 80-84). Per l'interpretazione di At 19,1-7 cfr. pure KAESEMANN E., *Die Johannesjünger in Ephesus*, in ZTK 49 (1952), 144-154.

il suo piano di salvezza. D'altra parte, però, l'azione e l'identità di questi due personaggi era essenzialmente differente, in quanto, uno, era «colui che precedeva», mentre, l'altro, era il «Figlio di Dio». L'esplicitazione di questa idea è ottenuta mediante la rilettura dell'AT e il parallelismo antitetico, da cui risulta che Giovanni è inferiore a Gesù, però, è anche colui che cristallizza e porta a compimento l'attesa del ritorno di Elia, aprendo così i tempi nuovi. Perciò, quello che muove Lc 1,14-17 non è l'intento polemico, ma la riflessione cristologica e la concezione lucana della storia della salvezza, di cui Giovanni è parte integrante, anche se subordinata a Gesù.

Queste considerazioni permettono di situare la nostra pericope in una comunità giudeo-cristiana che, alla luce della Risurrezione, rilegge le tradizioni di cui è in possesso, traendone gli elementi per un ulteriore atto di fede nella messianicità di Gesù e per un grato ricordo di Giovanni Battista.

B. I «DUE MESSIA» IN Lc 1,5-25 [111]

Prima di affrontare il tema della presenza in Lc 1-2 dell'attesa qumranica dei due Messia, è necessario stabilire l'esatta interpretazione dei testi, che riportano questa dottrina. Iniziamo dal testo più chiaro. In *1QS* 9,11 [112], l'attesa di Qumran si concentra su tre personaggi: un profeta e «i Messia di Aronne ed Israele».

Più problematica è la determinazione del numero dei personaggi nel *Documento di Damasco* [113]. Si danno due posizioni: quelli che affermano si parli di un solo Messia [114] e quelli che parlano di due Messia [115], trovandosi, così, in sostanziale accordo con *1QS* 9,11.

Controversa è anche l'identificazione di questi personaggi. Infatti, il profeta può essere il Messia stesso se in seguito si parla di unti, indicando i membri della comunità di Qumran; oppure il precursore se precede «il Messia di Aronne e di Israele». Se poi abbiamo tre figure distinte, il profeta potrebbe essere il Maestro di Giusti-

---

[111] Una buona bibliografia è data in MORALDI L., *I manoscritti di Qumran*, Torino, ²1986, nota a *CD* 12,23–13,1 e nelle p. 220ss.

[112] *'d bw' nby' wmšyḥy 'hrwn wyśr'l*

[113] Cfr. 12,23/13,1; 14,19; 19,10: *mšyḥ 'hrn wyśr'l*
                               20,1 : *mšyḥ m'hrn wmyśr'l*

[114] Cfr. soprattutto BROWNLEE W.H., *John the Baptist in the New Light of Ancient Scrolls*, in STENDHAL K. (ed.), *The Scrolls and the New Testament*, New York, 1957, 45; SANFORD LA SOR W., *The Messiahs of Aaron and Israel*, in *VT* 6 (1956), 427-429.

[115] Cfr. soprattutto KUHN K.G., *The Two Messiahs of Aaron and Israel*, in STENDHAL K. (ed.), *The Scrolls and the New Testament*, New York, 1957, 57-59.

zia, che anticipa il Messia di Aronne — che potrebbe essere Elia come sacerdote degli ultimi tempi[116] — ed il Messia vero e proprio, entrambe figure escatologiche[117].

A questo punto risulta evidente l'interesse che l'una o l'altra interpretazione rivestono per il senso di Lc 1-2. Alla presentazione di Giovanni Battista e Gesù quale concezione è sottostante?

Per quanto riguarda Giovanni Battista, potrebbe essere il profeta che anticipa «il Messia di Aronne e di Israele», cioè, Gesù[118], oppure, essere il Profeta-Sommo Sacerdote degli ultimi tempi[119], o il Profeta-Maestro di Giustizia[120], o, infine, il Messia di Aronne, mentre Gesù sarebbe il Messia di Israele[121]. In altre interpretazioni, Gesù potrebbe inglobare le tre figure[122] o realizzare le attese dei due Messia[123].

In Lc 1,5-25 Giovanni Battista è presentato come il Precursore-Profeta. Si tratta di determinare, però, quale carattere bisogna aggiungervi. In quanto Precursore, Giovanni Battista è «colui che è già venuto», quindi potrebbe essere il Maestro di Giustizia, ma così si perderebbe il valore escatologico della sua presenza. Per mantenere questa valenza nella presentazione della figura di Giovanni Battista non rimarrebbe che considerarlo come Precursore-Sommo Sacerdote sulla scia dell'attesa di Elia[124]. Però, in questo caso, rimane aperta l'interpretazione della discendenza aronnita di Giovanni Battista, in quanto potremmo essere semplicemente di fronte ad un dato storico — come conferma il fatto che di tale discendenza non si parlerà più —, oppure essere un dato teologico in vista di Gesù che nasce da una madre di famiglia sacerdotale (cfr. la parentela con

---

[116] Cfr. HIGGINS A. J. B., *Priest and Messiah*, in *VT* 3 (1956-57), 12-30.

[117] Per quest'ultima possibilità cfr. BROWNLEE W. H., *John* 44; id., *Messianic Motifs of Qumran and the New Testament*, in NTS 3 (1956-57), 12-30.

[118] Questa è la tesi sostenuta da LAURENTIN R., *Structure* 110.

[119] Questa interpretazione sarebbe possibile, data la discendenza sacerdotale dei genitori di Giovanni Battista e la tendenza a considerare Elia come sacerdote escatologico.

[120] Cfr. OLIVER H. H., *The lucan Birth* 220s; STARCKY J., *Jean Baptiste et les Esséniens*, in BiTerS 180 (1976), 8.

[121] SCHONFIELD H., *The Lost «Book of the Nativity of John»*, Edinburgh, 1929, 26.48.

[122] Questa tesi, sostenuta da KUHN K. G., *The Two Messiahs* 63-64, parte dal presupposto che il NT non conosce l'attesa di due messia e che Gesù, a volte, è presentato come nuovo profeta (Lc 7,16; Gv 1,52; 9,17; At 3,22; 7,37). La convergenza in Gesù dei tre uffici (sacerdote, re, profeta) sarebbe adombrata nella giustapposizione degli Esseni tra Profeta escatologico, Messia di Aronne e Messia d'Israele.

[123] Cfr. BODE E. L., *The Baptist, the Messiah and the Monks of Qumran*, in BiTod 17 (1965), 1115.

[124] Questa interpretazione di Elia parte da Mal 3,1.23s (messaggero del Signore) e 2,4-5; 3,3b-4 (restauratore del culto).

Elisabetta) e poter essere così presentato anche come Messia di Aronne.

Di sicuro nel NT e in Lc 1-2 c'è «un» Messia e un Profeta-Precursore. L'unico Messia è Gesù, mentre «colui che precede» è Giovanni Battista. Ulteriori affermazioni appaiono senza fondamento, oppure si dovrebbero supporre dati che il testo non contiene.

Perciò, in conclusione, non si può essere sicuri che Lc 1-2 riproduca la dottrina dei «due Messia» di Qumran. Questo, per una serie di motivi: la mancanza di precisione nella definizione dell'attesa di Qumran, dove appare che il NT determini una pre-comprensione dei testi; il presupposto che la presentazione di Giovanni Battista voglia combattere una tendenza messianica dei circoli del Battista: cosa da dimostrare; il testo che attualmente possediamo: da nessuna parte si dice che Giovanni Battista sia il Messia sacerdotale; l'incertezza che Giovanni sia legato ad una comunità essena (cfr. sotto). A favore vi potrebbe essere l'identificazione con Elia, come sacerdote escatologico; ma, come abbiamo visto, questo dato potrebbe essere solo in funzione storica per Giovanni Battista e teologica per Gesù. In ogni caso, rimane confermato il valore escatologico dell'opera di Giovanni Battista che precede quella di Gesù, in una concezione che è tipica di un ambiente cristiano, che ha già risolto il problema — se mai ci fosse stato — del rapporto tra Gesù e Giovanni Battista, cui viene assegnato un ruolo determinante, anche se subordinato, nell'opera di salvezza degli ultimi tempi.

C. Giovanni Battista e gli Esseni

Per concludere l'analisi del *Sitz im Leben* di Lc 1,5-25 non resta che esaminare il rapporto tra Giovanni Battista e gli Esseni.

Gli argomenti che sono portati per vedere in Giovanni un esseno o meno, nella maggioranza dei casi, sono i medesimi, solo che vengono interpretati in maniera opposta.

Ma, veniamo ai dettagli. Questi si possono, in buona sostanza, dividere tra caratteristiche personali e caratteristiche teologiche.

Riportiamo prima gli argomenti a favore di un contatto o dipendenza di Giovanni dagli Esseni. La sua adozione in una comunità essena sarebbe favorita da svariati elementi: 1) gli Esseni, essendo convinti di essere la comunità degli ultimi tempi, rinunciavano a sposarsi, però, per mantenere un certo numero di membri adottavano figli di altri che istruivano nelle loro dottrine[125]; 2) tale adozione

---

[125] Cfr. Giuseppe Flavio, *Bell.* 2,8,2; *id.*, *Ant.* 18,1,5.

è resa possibile dall'età avanzata dei genitori (cfr. Lc 1,7), nonché da una certa simpatia di Zaccaria per il movimento esseno[126]; 3) Giovanni Battista non esercita il sacerdozio perché gli Esseni rifiutavano il culto di Gerusalemme (cfr. *CD* 4,19-20; 8,12-13; Giuseppe Flavio, *Ant.* 18,1,5); 4) agli Esseni era vietato mangiare cibo proveniente da non adepti e, più in generale, qualsiasi cosa provenisse da loro (cfr. *1QS* 5,17-19; Giuseppe Flavio, *Bell.* II,143), come dimostrano l'abbigliamento fatto di peli di cammello e l'astensione da cibi preparati di Giovanni Battista; 5) la predicazione di Giovanni Battista si svolge in una regione desertica vicina a Qumran (cfr. Gv 1,28); 6) il silenzio di Luca sugli Esseni mostrerebbe che Giovanni Battista fu adottato e formato dagli Esseni[127]. Numerose sono anche le analogie teologiche tra gli Esseni e la predicazione di Giovanni Battista: 1) gli Esseni, in base a Is 40,3, ritenevano di essere chiamati a preparare la strada del Signore nel deserto; 2) la predicazione dura e severa di Giovanni contro Israele (cfr. Mt 3,7; Lc 3,7) richiama la mentalità e la terminologia degli Esseni contro i nemici della setta, infatti, in *1QH* 5,27s. si parla di «sea serpents», «dust crawleres», «serpents that cannot be charmed»[128]; 3) la predicazione del battesimo di Giovanni, in più d'un punto, richiama le pratiche essene: l'abluzione in unione alla confessione dei peccati (cfr. *1QS* 3,6-9; 5,13-14; 10,20), il Messia che avrebbe battezzato con lo Spirito Santo (cfr. *1QS* 4,21), la relazione diretta tra lavacro e purità etica.

Un primo e fondamentale rilievo che si può muovere ad una tale soluzione del problema è quello di voler coprire, ad ogni costo, una parte importante e consistente della vita di Giovanni Battista, o anche di voler trovare la fonte della predicazione di Giovanni Battista. Così, Lc 1,80, confortato da Giuseppe Flavio (cfr. nota 125), non regge per dire che il Battista fu adottato dagli Esseni, in quanto essendo quello di origine sacerdotale, ed essendo gli Esseni contrari al sacerdozio e al culto di Gerusalemme, pare difficile che abbiano accettato il figlio di un sacerdote del Tempio di Gerusalemme[129]. Quanto ad una simpatia di Zaccaria per gli Esseni, siamo di fronte ad una probabilità, molto lontana dalla possibilità, perché nessun testo la conferma o la insinua. Quanto al rifiuto del culto e del sa-

---

[126] Brownlee W. H., *John* 35 e nota 5, che sostiene questa tesi la poggia sul fatto che il basso clero non era sadduceo, ma vicino ai Farisei o agli Esseni, come dimostrerebbe la notizia di At 6,7 su alcuni sacerdoti convertitisi al cristianesimo.

[127] Cfr. Geyser A. S., *The Youth of John the Baptist. A Deduction from the Break in the Parallel Account of the Lucan Infancy Story*, in *NT* 1 (1956), 75.

[128] Cfr. Brownlee W. H., *John* 37.

[129] Cfr. Brown R. E., *The Dead Sea Scrolls and the NT*, in ExpTim 78 (1967), 19 e nota 4.

cerdozio di Gerusalemme, questo è vero per gli Esseni, ma niente di tutto ciò traspare né dalla presentazione che il NT fa di Giovanni Battista, né, tanto meno, dal nostro testo; anzi l'unico elemento al riguardo è positivo: Giovanni è di origine sacerdotale. Il fatto, poi, che nel seguito del suo ministero non sia più ricordato come sacerdote potrebbe spiegarsi con la sua missione profetica[130]. Quanto al regime alimentare, solo apparentemente, c'è uniformità tra Battista ed Esseni. Infatti, cibo di Giovanni sono «locuste e miele selvatico» (Mc 1,6; Lc 7,33), mentre le bevande alcooliche sono escluse (Lc 1,15). A Qumran si mangiano pure «locuste», ma, «arrostite o bollite» (*CD* 12,14s.); come non c'era un'astinenza assoluta dal vino (*1QS* 4,5)[131]. Quanto al deserto come luogo della predicazione (cfr. Mt 3,1; Mc 1,4-5; Lc 3,23; Gv 1,28), bisogna, innanzitutto, tener conto del suo valore simbolico, come luogo più appropriato per attendere l'epoca messianica; ma, ciò non esclude che possa trattarsi di un luogo reale. Da questo, però, non ne può derivare che Giovanni Battista fu un esseno, perché identità di luogo non comporta identità di residenza. Infine, il silenzio di Luca sugli Esseni potrebbe essere dovuto solo al fatto che non li conoscesse o anche all'indipendenza del Battista da questa setta[132]. I tratti teologici manifestano la novità della predicazione del Battista. Infatti, pur nel comune riferimento a Is 40,3, c'è una notevole differenza nel modo di comprendere e di attuare questo testo, tanto che anche chi ammette una dipendenza della predicazione di Giovanni Battista dalla teologia di Qumran, in questo caso, deve ammettere la novità della posizione del Battista. Tant'è che Giovanni Battista si sarebbe dissociato dalla comunità qumranica perché Is 40,3 era inteso come preparazione dei soli Esseni e, quindi, con l'esclusione di tutti gli altri, dato che le condizioni di ammissione alla comunità erano severissime[133]. Ma, diversa era anche l'interpretazione del testo, dal momento che la

---

[130] Dall'AT sappiamo che la chiamata di Dio per un servizio può comportare l'abbandono della propria attività (cfr. Am 7,14-15; Gedeone, dopo aver svolto la sua missione, torna al lavoro che aveva lasciato: Gdc 8,22-23.29).

[131] Cfr., al contrario, Mt 11,18, dove vengono esclusi qualsiasi cibo e qualsiasi bevanda, per cui Lc 7,33, che esplicita con «pane» e «vino» l'astensione di Mt 11,18, dev'essere inteso nel senso che si vuol escludere qualsiasi nutrimento; come in Lc 1,15 viene esclusa qualsiasi bevanda alcoolica non per un certo periodo, ma per sempre (ciò contro la deduzione di DAVIES S. L., *John the Baptist and Essene Kashruth*, in NTS 29 (1983), 569-571, secondo cui Giovanni sarebbe un esseno che continua ad osservare le regole alimentari (*kashruth*) anche fuori della comunità).

[132] Una conferma indiretta all'indipendenza di Giovanni Battista da Qumran si ha in BAGATTI B., *Antiche leggende sull'infanzia di S. Giovanni Battista*, in EuntDoc 30 (1977), 261-268, dove i numerosi testi citati sull'infanzia di Giovanni concordano nell'attribuire ad Elisabetta l'educazione di Giovanni nel deserto.

[133] Cfr. GEYSER A. S., *The Youth* 71; BROWNLEE W. H., *John* 35-36.

preparazione di Is 40,3 era realizzata tramite lo studio della Parola di Dio (*1QS* 8,13-15) e non tramite un rinnovamento interiore. Sempre su questa linea di superamento c'è da ricordare un'altra sostanziale differenza: gli Esseni sono convinti che il tempo della fine sia cominciato, ma giammai, affermano la presenza del Messia. Tra battesimo di Giovanni e abluzioni di Qumran c'è un certo parallelismo, ma vedere in queste la fonte ispiratrice di Giovanni Battista è eccessivo[134]. Infatti, simile è la confessione dei peccati (cfr. Mt 3,5-6 e *1QS* 3,1-9; 4,14), però, più numerose sono le differenze. A Qumran le abluzioni sono molteplici e fatte dagli stessi membri per ottenere una purità rituale, mentre il battesimo di Giovanni è unico e amministrato solo da lui. La relazione tra rito esterno e atteggiamento interiore non è caratteristica di Qumran, ma è presente già nell'AT, che potrebbe aver ispirato sia Giovanni Battista e gli Esseni. Infine, il battesimo nello Spirito (*1QS* 4,19ss.) potrebbe rappresentare solo l'attesa di un giudizio di fuoco, dato che a Qumran il fuoco rappresenta lo Spirito (cfr. *1QS* 4,12s.).

Da questa ampia analisi, un dato risulta con certezza: nessun elemento del NT conferma la permanenza o provenienza di Giovanni Battista da una comunità essena. La somiglianza di certi tratti o temi potrebbe essere dovuta semplicemente a coincidenze o, ancora meglio, ad un medesimo ambiente religioso che si nutriva della medesima attesa messianica veterotestamentaria, salvo restando la diversità delle produzioni che ne derivano.

D. Conclusione

Sembra proprio che l'attuale redazione di Lc 1-2 non sia da attribuire a motivi apologetici tendenti a salvaguardare la messianicità di Gesù o a ridimensionare quella presunta di Giovanni Battista.

La presentazione di Giovanni Battista, lungi dall'essere dettata da motivi apologetici — almeno nell'attuale testo non ne compaiono, nè se ne possono supporre — risponde alle necessità di una comunità giudeo cristiana che, ricordando Giovanni Battista come Precursore di Gesù Cristo, rinnova la sua fede nell'adempimento della promessa di Dio di inviare il Messia. Giovanni non appare mai

---

[134] Così PERROT C., *Jésus et l'histoire*, Paris, 1979, quando afferma che è indispensabile «de bien distinguer l'originalité du geste baptiste par rapport aux multiples ablutions rituelles et bains de pureté» (p. 100), infatti, «dans le grouillement des mouvements juifs du Ier siècle, la seule pratique baptiste [...] implique déjà une distance considérable entre le — ou les — groupe(s) baptiste(s) et les autres mouvements juifs du temps» (p. 101).

un antagonista di Gesù, infatti, pur essendo «colui che precede», gli è totalmente subordinato.

Questa interpretazione di Giovanni Battista ne fa emergere il ruolo positivo nello svolgimento della storia della salvezza. Ruolo che sarebbe misconosciuto se il Battista fosse solo l'antagonista di Gesù da ridimensionare.

Giovanni Battista, con il suo ruolo di precursore del Messia, entra a pieno titolo nello sviluppo della storia della salvezza, rimanendo confermato quanto già emerso durante l'analisi del genere letterario: in lui inizia il compimento delle promesse veterotestamentarie, il tempo della crisi finale, che avrà il suo culmine in Gesù Figlio di Dio.

Rimane, altresì, confermato il ruolo escatologico, anche se subordinato, di Giovanni Battista.

L'esclusione di un contatto certo con una comunità qumranica, conferma come ambiente per la presentazione di Giovanni Battista una comunità giudeo-cristiana, cioè familiare con le attese veterotestamentarie del tempo, ma anche capace di discernere il nuovo insito nella missione del Battista.

III. LA STORIA

Il problema della storicità dei vangeli dell'infanzia è stato sempre uno dei più dibattuti della scienza biblica, soprattutto per il soprannaturale — angeli e miracoli — presente in questi racconti, la cui soluzione era spesso predeterminata da motivi ideologici o di appartenenza a gruppi confessionali.

Così, i non cattolici consideravano Lc 1-2 pie leggende, frutto di invenzione delle comunità cristiane o dell'evangelista, o frutto di imitazione di miti pagani. D'altro canto, gli esegeti cattolici, per contrapposizione, si limitavano al senso letterale dei testi, affermando, così, la storicità di tutti gli elementi delle narrazioni.

Una svolta al problema si ebbe con gli studi sul genere letterario, che permettevano di uscire dall'*impasse* e di affrontare in maniera più critica e meno viscerale il problema della storicità dei racconti biblici[135]. Linea di soluzione che trovava la sua istituzionalizzazione nella *Divino Afflante Spiritu* — linea prolungata e approfondita nella D.V., 3,11 — che obbligava l'esegeta a «ricercare [...] la forma del

---

[135] Per una impostazione storica più dettagliata del problema cfr. ORTENSIO da SPINETOLI, *Introduzione* 67ss e note 2-11.

dire o il genere letterario adottato dall'agiografo»[136]. Perciò, anche il nostro tentativo di individuare la storia sottostante a Lc 1,5-25 adotterà questo criterio.

A. IL RAPPORTO GENERE LETTERARIO-STORIA

A questo tema dev'essere riservata una trattazione specifica, perché è dall'esatta impostazione di questo problema che derivano le conseguenze più gravi per la storicità dei racconti dell'infanzia lucana.

I dati del problema sono, in estrema sintesi, questi: l'ammissione che Luca si sia servito di modelli veterotestamentari non compromette la qualità storica dei fatti, dal momento che potrebbe essere stata privilegiata la successione logica e non quella reale?[137]. Inoltre, se Lc 1-2 risponde alle caratteristiche del *midrash* — cioè, una rimeditazione degli avvenimenti in base alla Scrittura — quale ruolo hanno gli eventi accaduti? Perciò, il problema di fondo è stabilire l'esatta relazione tra evento ed interpretazione scritturistica dell'evento.

1. *L'uso dell'Antico Testamento*

«Sembra essere una conclusione troppo rapida *quella* (n.d.r.) che va dalla constatazione di [...] allusioni *all'AT* (n.d.r.) alla affermazione che non si raccontano particolari storici di un evento neotestamentario»[138].

Questa affermazione vuole insinuare che «il problema storico [...] non si risolve con criteri, meramente letterari»[139], che necissitano di una valutazione più profonda. A tale scopo proponiamo alcune indicazioni che sembrano adatte ad aiutare nell'intento di una comprensione più profonda dell'AT nella nostra pericope.

Innanzitutto bisogna notare che nel nostro testo non c'è la ripresa di «un» genere o di «un» modello, quanto piuttosto un'amalgama di testi biblici. Questo non si può spiegare se non a partire dall'«unicità» dell'evento narrato. A questo bisogna aggiungere che la storicità dei dettagli dev'essere misurata, non in base alla nostra logica, ma sulla base dei modelli veterotestamentari utilizzati, presi

---

[136] AAS 35 (1943), 316. Frase ripresa anche nella *Istruzione sulla verità storica dei vangeli* della Pontificia Commissione per gli studi biblici del 21-4-1964 (AAS 56 (1964), 712-718).

[137] Cfr. ORTENSIO da SPINETOLI, *Introduzione* 93.

[138] STOCK K., *Le prime pericopi* 2.

[139] *Ibid.*, 4.

nel loro insieme[140]. É necessaria, perciò, una distinzione tra redazione e invenzione, ovvero redazione non è sinonimo di invenzione. Questo ci porta a distinguere tra contenuto (l'evento ed il suo senso) e contenente (il redattore che si serve dell'AT). La Scrittura, perciò, non crea l'evento, ma ne dà il senso autentico, laddove interpretare non significa inventare.

2. Il genere letterario di Lc 1-2

Aver individuato in «vangelo» il genere fondamentale di Lc 1-2 significa che abbiamo a che fare con un «género literario básicamente histórico, aunque con una finalidad catequética y con un contenido teológico»[141]. Così, vengono salvaguardate le due realtà del racconto lucano: l'aderenza alla storia non disgiunta dalla sua interpretazione, cioè il messaggio che vuole provocare un'adesione e confessione di fede, fine primario della narrazione[142].

Queste sono, e devono rimanere, indicazioni di fondo, cioè vogliono soltanto porre il problema di una nuova considerazione della storicità di Lc 1-2, ma non essere già una dichiarazione sulla storicità dei diversi elementi della narrazione. Questo spetterà all'analisi dei singoli elementi che sta per seguire.

B. Elementi storici in Lc 1,5-25

Storica dev'essere l'introduzione («Al tempo del re Erode»), come conferma il vangelo di Matteo che colloca la nascita di Gesù nello stesso periodo.

Storici sono pure i nomi[143] e l'origine sacerdotale dei genitori

---

[140] Cfr. specialmente Muñoz Iglesias S., *El Evangelio* 355-364; *id.*, *Los Evangelios* 49-57.

[141] Aranda G., *Los evangelios* 817-818.

[142] Cfr. Leal J., *Evangelio según Lucas*, in *La Sagrada Escritura, Nuevo Testamento*, I, Madrid, 1961, 547.

[143] Sono da respingere le opinioni che vorrebbero vedere nella scelta dei nomi un significato simbolico: in Zaccaria l'ultimo profeta e rappresentante della tradizione veterotestamentaria (cfr. Goulder M. D.-Sanderson M. L., *St. Luke's Genesis*, in JTS 8 (1957), 17.29-30) ed in Elisabetta la moglie di Aronne, per confermare indirettamente — avendo Maria, madre di Gesù, il nome della sorella di Aronne — l'origine aronnita di Gesù (cfr. Loisy A., *Les évangiles synoptiques*, I, Moutier-en-Der, 1907, 278-279; Nestle E., *Why was the father of John the Baptist called Zacharias*, in ExpTim 17 (1905), 140, che ricorda come il nome di Zaccaria nella forma abbreviata *Zichri* è attribuito al primogenito di un cugino di Aronne | Es 6,21 |). Infatti, caricare di questi ulteriori significati i genitori di Giovanni Battista sembra eccessivo, in quanto non apportano nessuna novità o aggiunta al loro significato teologico, già presente in altri dati. Quanto al nome di Giovanni detto il Bat-

e, quindi, del Battista [144], in quanto questi dati non ricorreranno più nel racconto evangelico [145].

La sterilità e la vecchiaia dei genitori potrebbe sembrare — data la vicinanza con la descrizione di Abramo e Sara in Gen 18,11 — un elemento inventato per far apparire Giovanni come figlio della promessa. Però, qui abbiamo il caso in cui un elemento storico è presentato in termini biblici per farne emergere la rilevanza teologica. Infatti, essendo storica — come vedremo — la nascita miracolosa di Giovanni Battista, ciò richiede una mancanza reale di figli da parte dei genitori. Ora, l'unica causa della mancanza di figli, nella mentalità biblica, è la sterilità, a cui nel caso si aggiunge anche la vecchiaia per far risaltare ancora maggiormente la potenza dell'intervento divino. A questo si aggiunga la considerazione più generale che le notizie sulla famiglia di Giovanni Battista devono essere tradizionali, forse provenienti da circoli battisti o da Maria.

Da ciò ne consegue che anche la parentela di Elisabetta con Maria non può essere solo un'eziologia della futura relazione Giovanni Battista-Gesù [146].

Dalla tradizione devono, infine, provenire i dati sull'ambientazione della visione nel Tempio, nonché la descrizione della liturgia, che ad uno di origine pagana, come Luca, dovevano essere sconosciute.

I vv. 11-20 sono i più difficili da discernere, perché vi troviamo la maggiore concentrazione di elementi soprannaturali e teologici.

Affrontiamo, per cominciare, il problema dell'apparizione angelica. Da più punti di vista, potrebbe essere considerata un elemento teologico-letterario, teso a dare autorità divina al messaggio che segue. A questo, infatti, porta l'apparizione considerata come primo elemento di uno schema di annuncio di nascita e la sua chiara dipendenza dal libro di Daniele. Ora, l'interpretazione dell'apparizione è legata a due elementi: «l'angelo del Signore» nella tradizione biblica ed il legame con il messaggio. Quanto al primo dato, è unanimamente riconosciuto, che nei testi biblici veterotestamentari più antichi non esiste una differenza tra «angelo del Signore» e Yahweh

---

tista c'è la conferma nella testimonianza di Giuseppe Flavio, *Ant.* 18,5,1-2, che riporta anche altre notizie su Giovanni (tenore e contenuto della sua predicazione, martirio).

[144] Riguardo all'origine sacerdotale di Giovanni, potremmo essere di fronte ad un dato redazionale per farlo accettare anche a quei gruppi che l'hanno rifiutato come precursore, perché si era distanziato dal culto ufficiale e dall'osservanza farisaica (così SCHÜRMANN H., *Luca* I 111).

[145] La menzione di Zaccaria in Lc 3,2 può essere considerata un'armonizzazione con Lc 1-2.

[146] Contro BROWN R. E., *La nascita* 380.

stesso, mentre, in testi più recenti (Dan e Tob) c'è una chiara distinzione tra Yahweh ed il suo inviato. Però, nel nostro caso, più che ad un'angelologia più evoluta, potremmo essere di fronte al tentativo di «*extenizar*» il contatto immediato con Dio, tramite un intermediario, in maniera da rendere «plastica la fe en una revelación interna»[147]. Quello che interessa, però, non è la *materialità* o meno dell'angelo, ma l'affermazione che siamo di fronte ad un messaggio celeste e che, quindi, il concepimento di Giovanni Battista sarà dovuto ad un intervento straordinario di Dio; sarà, cioè, un miracolo. Perciò, alla «realtà» della visione si collega la «realtà» centrale dell'annuncio: un concepimento miracoloso.

Questa conclusione potrebbe essere messa in dubbio dal prosieguo del messaggio angelico, che riprende dati provenienti dalla tradizione sinottica ed espressi con linguaggio veterotestamentario. Da ciò ne dovrebbe derivare che se il messaggio è opera di Luca, anche l'apparizione è una sua invenzione, venendosi, così, a frantumare il nesso messaggio-concepimento miracoloso. A questo proposito, è utile ricordare l'annuncio della risurrezione di Gesù in Lc 24,4-7. In questo caso, Luca non parla di «angelo del Signore» (cfr. Mt 28,2.5), ma solo di ἄνδρες δύο. In realtà, si tratta di due inviati celesti, come conferma la loro apparizione (ἐπέστησαν)[148], il loro abbigliamento (ἐσθῆτι ἀστραπτούσῃ), la reazione delle donne (ἐμφόβων...), cui segue un messaggio principale: la risurrezione di Gesù (v. 6a) ed il richiamo ad una parola del ministero di Gesù (vv. 6b-7). Le analogie con il nostro brano sono notevoli. Infatti, l'angelo è diventato un «uomo» con caratteristiche celesti, per sottolineare la «realtà» dell'apparizione; inoltre, anche qui, il messaggio riprende un elemento redazionale (cfr. vv. 6b-7 e 9,22.47; 18,33). Però, nessuno può mettere in dubbio la «realtà» dell'apparizione cui è legata il centro dell'annuncio, cioè la Risurrezione di Gesù, solo perché la seconda parte dell'annuncio rivela la presenza della mano di Luca. Resta, così, confermato il nucleo storico del racconto: Giovanni Battista è concepito miracolosamente. Ed è su questo fatto-base che Luca costruisce il messaggio dell'angelo, alla luce di quanto già si sa di Giovanni Battista, il tutto espresso in termini veterotestamentari, perché appaia l'inserimento di questo evento nella storia della salvezza.

---

[147] Questa è la posizione di Muñoz Iglesias S., *El Evangelio* 356. Contro questa tesi si può opporre l'autopresentazione in termini personali di Gabriele (ἐγώ εἰμι ...) che appunto lo fa considerare non come un mezzo espressivo, ma come un'entità personale. Invece, l'attribuzione del nome Gabriele, con chiara dipendenza dal libro di Daniele (8,16; 9,21), dovrebbe essere un espediente letterario per sottolineare l'inizio della fine della profezia delle 70 settimane di anni.

[148] In Lc 2,9: ἄγγελος κυρίου ἐπέστη (= apparve) ai pastori.

L'obiezione di Zaccaria non è solo un espediente letterario, perché potrebbe ben essere la reazione umana ad un annuncio divino. Nell'economia generale del racconto ha, però, il ruolo di far ricevere un'ulteriore conferma del messaggio celeste. Quindi, di fatto, è usata come un espediente letterario.

Restano, infine, da esaminare gli ultimi due elementi: il mutismo di Zaccaria ed il nascondimento di Elisabetta.

Quanto al mutismo è, di certo, un elemento storico, perché costituendo un «segno», questo non può essere che reale. Se, poi, a tale «segno» Luca ha annesso, nella sua attuale composizione, un valore strutturale, ciò non pregiudica la sua realtà storica, solo conferma che Luca gli ha dato un valore letterario aggiunto.

Per il nascondimento di Elisabetta oltre quanto già detto in sede di analisi letteraria (cfr. p. 28-29) e del genere letterario (cfr. p. 61), ricordiamo, a favore della sua storicità, il fatto che ci troviamo davanti ad una pratica sconosciuta nel mondo giudaico.

C. Conclusione

L'analisi effettuata ha condotto all'individuazione di un fatto-base espresso sulla base di elementi storici, stilistici e teologici.

Da ciò ne consegue che Luca scrive una «historia interesada»[149], cioè che non ha di mira l'estensione di un resoconto cronachistico, quanto la comunicazione di un'interpretazione. Cosa che non comporta «creare» fatti, ma dare il senso cristiano dei fatti.

Naturalmente, non tutti i fatti narrati in Lc 1,5-25 sono storici — pretendere questo significherebbe svilire l'opera teologica e redazionale di Luca — ma, tutti hanno una base tradizionale, cioè sono anteriori all'opera di Luca.

Quest'opera è rilevabile, soprattutto, nell'uso dell'AT[150] e nella costruzione della scena nel suo insieme[151].

Quando si afferma che il racconto di Lc 1,5-25 non è completamento storico s'intende dire che «les événements rapportés par ces récits ont réellement eu lieu», senza pretendere, però, «que les conversations [...] ou les images employées correspondent exactament à la manière dont ces événements se sont produit»[152].

---

[149] Díez-Macho A., *La historicidad* 36.

[150] «Using God's preparatory words and works in the Old Testament, Lk 1-2 becomes a meditation and elucidation of new developments in the history of salvation» (Hendrickx H., *The Infancy* 60).

[151] L'attuale composizione del racconto, nelle diverdse «sequenze», non è storica, ma appartiene alla redazione lucana.

[152] Mc Hugh J., *La mère* 58.

L'analisi della storicità conferma che il concepimento di Giovanni Battista dev'essere considerato come un intervento di Dio, che è sulla scia dell'AT, ma ha pure qualcosa che ne fa un evento non riducibile alle esperienze veterotestamentarie: fa già parte del NT.

IV. CONCLUSIONI

Non intendiamo riprendere tutte le conclusioni dello studio, già riportate nelle conclusioni alle singole parti, ma solo sottolinearne alcune, per la loro portata teologica.

Resta confermato che abbiamo di fronte un vero autore, geniale per alcune soluzioni che riesce ad escogitare — soprattutto la capacità di rendere un evento giudaico comprensibile ad un uditorio pagano — ma, profondamente legato alle tradizioni che lo precedono.

Alla base di Lc 1,5-25 c'è un evento realmente accaduto: un concepimento miracoloso. Perciò, tutte le considerazioni teologiche che ne seguiranno sono sottratte a qualsiasi speculazione aerea, per avere un solido fondamento.

Questo evento è qualitativamente significativo: non nasce solo l'ultimo e più grande dei profeti, ma in questo bambino si adombra e prepara, come mai nel VT, la nascita e l'opera di Cristo.

Perciò, l'evento Cristo costituisce il termine di comprensione anche dell'annuncio della nascita di Giovanni Battista; meglio, tutto Lc 1-2 è orientato verso la presentazione di Gesù quale Messia e Figlio di Dio.

Giovanni Battista è parte integrante — nella sua subordinazione — della storia della salvezza, che raggiunge, con l'annuncio della sua nascita, la maturazione. La sua presenza, anche se secondaria, è indispensabile perché comincino i tempi nuovi. Perciò, il suo concepimento è già «buona novella».

L'uso abbondante dell'AT dimostra che gli interventi di Dio — annuncio e concepimento di Giovanni Battista, ma, ancor più, annuncio e concepimento di Gesù — sono sulla linea delle relazioni già stabilite col suo popolo e compiono le promesse sulla venuta del Messia.

Inoltre, l'uso velato dell'AT «plasma insensibilmente la memoria dei cristiani provenienti dal paganesimo»[153] ad una tale comprensione cristologica del Battista.

---

[153] RADERMAKERS J.–BOSSUYT O., *Lettura pastorale del vangelo di Luca*, Bologna, 1983, 159.

CAPITOLO III

LA REDAZIONE

Lo studio di Lc 1-2, a partire da H. Conzelmann — che considera questi capitoli estranei all'opera lucana[1] — soffre di una sorta di stato di inferiorità rispetto al resto di Lc-At. Da ciò ne è derivato che questi capitoli, pur avendo avuto spesso l'attenzione degli studiosi, questa si è limitata all'esame dei testi in sé, senza tentare, nella maggior parte dei casi, un inserimento degli stessi all'interno dell'opera lucana[2]. Ciò è tanto più grave in quanto la *Redaktionsgeschichte* ha ispirato il lavoro esegetico degli ultimi quarant'anni.

Già le parti precedenti del nostro lavoro hanno mostrato, in più punti, il perfetto inserimento di Lc 1-2 — e di Lc 1,5-25 in particolare — nel quadro dell'opera lucana. Ma, in questo terzo capitolo, dedicato ai problemi della redazione, dovremmo trovare gli argomenti decisivi per l'inquadramento di Lc 1-2, e della nostra pericope, all'interno di Lc-At. Solo così, infatti, si potrà rendere pienamente conto del valore teologico di Lc 1-2 e delle singole pericopi che lo compongono.

Perciò, il nostro studio riserverà particolare cura all'esame dei dati connessi con lo studio della struttura. Così, sarà affrontato, di ciascuna parte, la struttura in sé e nel collegamento con l'opera lucana, cioè sarà studiata la struttura e il senso di Lc 1-2 in sé e nel quadro di Lc-At, quindi, seguirà lo stesso lavoro per Lc 1,5-25.

Punti nevralgici di questo esame saranno il valore strutturale del Tempio, l'unità di Lc 1-4 e i contatti con Atti.

I. PROPOSTE PER UNA STRUTTURA DI Lc 1-2

Coscienti della difficoltà che un tale tentativo comporta — infatti, la sensazione che rimane dopo l'esame della problema-

---

[1] È lo stesso H. Conzelmann ad affermare che essendo «die Autentizität der beiden ersten Kapitel [...] fraglich [...] wir [...] ihre besonderen Theologumena ausklammern» (*Die Mitte* 100).

[2] È l'obiezione che fondamentalmente già MINEAR P.S., *Luke's Use* 111, rivolgeva agli studi su Lc 1-2.

tica[3] è quella di essere in un *mare magnum* di opinioni — non si può
che parlare di «proposta», in vista, soprattutto, di alcune suggestioni che si vogliono proporre, più che di conclusioni da esporre.

A. L'INSIEME

Bisogna subito dire che una struttura simmetrica di Lc 1-2 è
impossibile da definire a causa del numero delle «scene»[4]. Infatti,
ne abbiamo 7[5]: 1,5-25: annuncio della nascita di Giovanni Battista; 1,26-38: annuncio della nascita di Gesù; Visitazione e *Magnifi-*
cat; 1,57-80: nascita, circoncisione, imposizione del nome, fama,
crescita di Giovanni e *Benedictus*; 2,1-21: nascita di Gesù, visita
dei pastori, canto degli angeli, circoncisione e imposizione del nome; 2,22-40: Presentazione e *Nunc dimittis*; 2,41-52: Smarrimento e
Ritrovamento.
    Queste scene vanno a comporre tre sezioni[6]: 1,5-80; 2,1-40;
2,41-52.
    Tra queste tre sezioni è rilevabile una certa unità delle prime
due, dove sono presenti un certo numero di inclusioni. Notiamo, infatti, che l'ambientazione ritorna al Tempio[7]; insieme al protagonista principale è presentata un'anziana e pia coppia di personaggi[8],
che vedono il compimento della loro attesa[9], compimento che si
estende al «popolo d'Israele»[10] di cui sono rappresentanti; infine, ritorna la menzione dello Spirito Santo[11].
    La percezione che in 2,22-40 siamo di fronte ad una parte che
delimita Lc 1-2 è confermata anche dal fatto che in 2,39.40 si succedono due elementi conclusivi: un ritornello di «ritorno» (2,39) ed

---

    [3] Per una presentazione abbastanza diffusa della problematica cfr. LAURENTIN
R., *Structure* 27-28; GRAYSTONE G., *Virgin* 56-57; GEORGE A., *Le parallèle* 47 e note
1-4; BROWN R. E., *La nascita* 329-333.
    [4] Per «scena» s'intende una parte chiaramente limitata nella sua «introduzio-
ne» e nella sua «conclusione».
    [5] Prendiamo come misura delle «scene» i «refrains» di «uscita-ritorno» e di
«crescita», che segneranno, nel contempo, anche gli «inizi».
    [6] Gli «inizi» di queste sezioni sono segnate da tre ἐγένετο (1,5; 2,1; 2,42) (cfr.
LAURENTIN R., *Structure* 30, nota 1).
    [7] L'ultima menzione del Tempio era in 1,22, la successiva, anche se implicita-
mente, in 2,22. Cfr. anche l'ambientazione che richiama il culto giudaico: Lc 1,8ss,
ma soprattutto 1,23a e 2,22; inoltre, la prima scena della prima sezione finisce con
ὡς ἐπλήσθησαν αἱ ἡμέραι τῆς λειτουργίας αὐτοῦ e l'ultima scena della seconda sezione inizia con ὅτε ἐπλήσθησαν αἱ ἡμέραι τοῦ καταρισμοῦ αὐτῶν.
    [8] Cfr. Lc 1,7b.18 e 2,36b; 1,7b e 2,25.
    [9] Cfr. Lc 1,13.24 e 2,25-26.29ss.
    [10] Cfr. Lc 1,16s e 2,29s.38.
    [11] Cfr. Lc 1,15.17.41 e 2,25-27.

uno di «crescita» (2,40). Il carattere «conclusivo» di questa sezione è, infine, confermato dal «compimento» delle profezie di Daniele e Malachia[12].

Queste osservazioni portano a due conclusioni: 1) la Presentazione costituisce un *climax* conclusivo; 2) il Ritrovamento, pur essendo costruito in modo da obbedire a certi espedienti di Lc 1-2[13], è da considerare come a sé stante: un secondo *climax*.

B. IL PARALLELISMO

Determinati i limiti delle sezioni e delle scene, rimane da verificare la natura e l'estensione del parallelismo.

Sul parallelismo che caratterizza gli annunci di Lc 1 non ci sono dubbi ed, in ogni caso, ci ritorneremo in seguito. Quello che, però, costituisce un problema è il parallelismo delle nascite con gli avvenimenti ad esse connessi. Adesso è il caso di notare che, all'interno di queste parti, già la distribuzione del materiale non è uniforme, laddove troviamo «notizie» e «scene»[14]. A tal riguardo, senza esagerare troppo questo dato — dovuto alla particolare costruzione di Lc 1-2[15] —, c'è da osservare un'unità di fondo delle scene riguardanti nascita-circoncisione-imposizione del nome, unitamente ad alcune difficoltà che non rendono perfettamente simmetriche queste due parti del vangelo dell'infanzia. Infatti, si può notare un'inclusione[16], nonché elementi strutturali[17] e di contenu-

---

[12] In Lc 1,5-25 sono richiamati Dan 9 e Mal 3 che hanno la loro realizzazione appunto nell'ingresso di Gesù nel Tempio, quale inizio dell'éra messianica.

[13] Cfr. i ritornelli di «ritorno» (2,51a), di «conservazione» (2,51b) e di «crescita» (2,52).

[14] Cfr. GALBIATI E., *La circoncisione di Gesù (Lc 2,21)*, in BeO 8 (1966), 37ss, che nota 4 notizie (1,57-58.80; 2,21.51-52) e 4 scene (1,57-79; 2,1-20; 2,22-40; 2,41-50); c'è da sottolineare che alla «notizia» della nascita di Giovanni Battista (1,57-58) corrisponde la «scena» della nascita di Gesù (2,1-20) e alla «scena» di circoncisione e imposizione del nome di Giovanni Battista (1,59-79) corrisponde la «notizia» di circoncisione e imposizione del nome di Gesù (2,21).

[15] Era necessario descrivere la riacquisizione della parola da parte di Zaccaria e questi che aveva ricevuto l'annuncio, al pari di Elisabetta e Maria, doveva fare il suo ringraziamento. Come pure la nascita di Gesù, in quanto evento centrale di questi capitoli, richiedeva un «annuncio» (2,8-20).

[16] Cfr. 1,57: τῇ ... ἐπλήσθη ὁ χρόνος ...
2,21: ... ὅτε ἐπλήσθησαν ἡμέραι ...

[17] Cfr. 1,57: τῇ δὲ 'Ελισάβετ ἐπλήσθη ὁ χρόνος τοῦ τεκεῖν αὐτήν,
καὶ ἐγέννησεν υἱόν.
2,6 : ἐγένετο ... ἐπλήσθησαν αἱ ἡμέραι τοῦ τεκεῖν αὐτήν,
καὶ ἔτεκεν τὸν υἱόν ...:
la nascita avviene dopo il «compimento» della gestazione. Cfr. pure i ritornelli di «crescita» che chiudono le due sezioni (1,80; 2,40).

to[18] paralleli, ma pure elementi strutturali[19] e di contenuto[20] che rompono qualsiasi parallelismo. Per concludere, non resta che sottolineare la profonda unità di nascita-circoncisione-imposizione del nome di Gesù (2,1-21) con la scena della Presentazione[21].

Esaminiamo, adesso, se può essere stabilito un parallelismo tra dittico degli annunci e Visitazione e dittico delle nascite e Presentazione. Risalta, immediatamente, che la Visitazione costituisce non solo la naturale prosecuzione dell'annuncio a Maria (cfr. 1,36 e 1,39 ss.), ma davvero l'«epilogo» dei due annunci, in cui i bambini, annunciati e concepiti, s'incontrano. Per contro, la Presentazione non ha questo carattere di «epilogo» provvisorio. Cioè non chiude le narrazioni sulle nascite, ma si tratta di una pericope prettamente cristologica, che si chiude con un «culmine» rivelatorio.

Per finire, alcune osservazioni sulla scena del Ritrovamento. Al pari della scena che la precede non ha un parallelo per Giovanni Battista, come è staccata anche dall'insieme costituito da 1,5-2,40[22]. Ma, non può sfuggire una certa continuità tra le ultime due scene dell'infanzia lucana[23], come pure la volontà dell'autore di collocare quest'ultima pericope all'interno di Lc 1-2[24].

---

[18] Notiamo soprattutto la diffusione della «fama» (1,65-66; 2,17) e i ritornelli di «conservazione» (1,66; 2,19), anche se questi ultimi sono collocati il primo alla fine degli avvenimenti collegati con la nascita ed il secondo subito dopo la nascita. Si può notare anche la stessa caratterizzazione delle reazioni dei presenti, che si meravigliano (ἐθαύμασαν: 1,63; 2,18), sono presi da timore (φόβος: 1,65; 2,9b), gioiscono (συνέχαιρον-χαράν: 1,59; 2,10).

[19] Da notare soprattutto la solenne introduzione di 2,1-3.

[20] Cfr. il *Benedictus* nell'infanzia di Giovanni e annuncio angelico, visita dei pastori e canto angelico nell'infanzia di Gesù.

[21] Cfr. 2,21: καὶ ὅτε ἐπλήσθησαν ἡμέραι ...
2,22: καὶ ὅτε ἐπλήσθησαν αἱ ἡμέραι ...,
nonché il ritornello sulla «crescita» (2,40) che in parallelo a 1,80 chiude l'infanzia, in senso stretto, di Gesù. Anche se c'è da notare tra 2,21 e 2,22 un importante cambio di scena, in quanto si passa da Betlemme a Gerusalemme.

[22] Cfr. il carattere decisamente conclusivo — di una parte della vita di Gesù — dei vv. 39-40. Vedi pure p. 94-95.

[23] Notiamo la stessa ambientazione: Gesù va al Tempio in compagnia dei genitori, ma pure il «ritorno» a Nazaret (1,40.51) e il ritornello sulla «crescita» (1,40.52).

[24] Tale legame è assicurato dalla ripresa dei ritornelli. Il ritornello sulla «conservazione» (2,51) fornisce il collegamento sia con l'infanzia di Giovanni Battista (1,66a) che con la nascita di Gesù (2,19), come pure il ritornello sulla «crescita» (2,52) si collega con gli eventi di Giovanni Battista (1,80a) e di Gesù (2,40). Come elemento minore e concomitante si può sottolineare un'inclusione tra 1,23b (ἀπῆλθεν εἰς τὸν οἶκον αὐτοῦ) e 2,51a (καὶ ἦλθεν εἰς Ναζαρέθ), dove i ritornelli di «ritorno» della prima e dell'ultima scena di Lc 1-2 sono costruiti con (ἀπ)-ἔρχομαι + εἰς.

C. CONCLUSIONE

1. *Il parallelismo*

Dalle osservazioni risulta evidente un parallelismo tra Giovanni Battista e Gesù, nel quale vengono coinvolti anche altri personaggi, quali i genitori dei bambini, alcuni pii israeliti (Simeone ed Anna), lo stesso popolo (vicini di Giovanni Battista, pastori, popolo d'Israele). Si tratta, però, ora, di determinare la natura di tale parallelismo. Questa si può esprimere in due aggettivi: *discontinuo* e *superativo*.

La discontinuità del parallelismo proposto da Luca nei primi due capitoli del suo vangelo appare ad ogni pié sospinto, nel senso che dall'insieme appare quasi la simmetria della costruzione, ma i particolari non si descrivono in maniera simmetrica. Ciò può deporre a favore del rispetto che l'autore ha avuto per le fonti e per la storia, ma deve avere anche una sua valenza teologica. Ora, il senso che una tale impostazione vuole produrre in chi legge non dev'essere solo quello di spingere a confrontare personaggi ed eventi, ma a coglierne anche l'unicità che, in quanto tale, non può essere mai ridotta o annullata per amore del confronto. Perciò, pensiamo debba essere superata una certa tendenza a sottolineare eccessivamente i parallelismi, che fa perdere di vista i connotati specifici dell'elemento confrontato, onde farne apparire — nel caso di Lc 1-2 — l'antitesi tra Giovanni Battista e Gesù. Questo ci porta all'esame del secondo aggettivo.

È preferibile parlare non di parallelismo antitetico, ma di *parallelismo superativo*. Ciò si impone per una serie di motivi. Innanzitutto, il parallelismo che fa emergere chiaramente la superiorità di un elemento sull'altro non include necessariamente una antitesi, giustapposizione o rottura tra gli elementi confrontati. Cosa che è tanto più vera in quanto, tranne gli annunci, gli altri elementi di Lc 1-2 non istituiscono un parallelismo serrato tra Giovanni Battista e Gesù, quasi che l'autore voglia avvertire di non ridurre il parallelismo a semplice antitesi, ma ad andare oltre. Quello che Luca, con questo modo di procedere, potrebbe voler significare è che ferma restando la superiorità di Gesù su Giovanni Battista, questa non va letta come antitesi o rottura, ma piuttosto come continuità. Ossia, siamo di fronte a due personaggi essenzialmente differenti, ma, nel contempo, profondamente uniti. Perciò, l'idea di superamento ci permette di esprimere due elementi: la superiorità di Gesù e l'unità di una storia, come richiede un vero confronto tra due personaggi, non ugualmente importanti, ma ugualmente dotati di una propria rilevanza.

2. La struttura

L'idea del parallelismo discontinuo e superativo, così come siamo andati descrivendola, appare profondamente radicata nella struttura di Lc 1-2.

Quello che in primo luogo appare, è una struttura (cfr. Schema IX) chiara nel suo quadro globale, ma che non si lascia mai descrivere completamente, come completamente non si possono descrivere i fatti ivi narrati, quindi, più che descritta la struttura è «suggerita».

La struttura, vagamente piramidale, traduce in termini plastici l'idea del parallelismo superativo, dal momento che Giovanni Battista e Gesù, anche se con ruoli differenti, concorrono alla realizzazione di una stessa costruzione[25]. ·In particolare, per quanto riguarda la prima sezione, si segnala il parallelismo dei dittici (annunci e nascite con elementi connessi), la funzione di «epilogo» di 1,39-56. Quanto alla seconda e alla terza sezione — laddove già dalla distribuzione del materiale appare la particolare posizione di Gesù — notiamo i due *climax* costituiti da 2,21-40 e 2,41-52 ed una certa unità tra i tre eventi principali di Lc 1-2: nascita, presentazione e ritrovamento di Gesù, che in *crescendo* fanno apparire la straordinarietà di questo bambino-adolescente[26]. Possiamo dire di essere di fronte ad un *parallelismo a dislivello*, dove un personaggio, fermo restando il parallelismo di fondo, rimane sempre inferiore o superiore all'altro. Plasticamente si può pensare alla scalata di una montagna fatta da due sentieri paralleli, ma a quote differenti, di cui il più basso non termina al culmine della vetta, ma si ferma ad una quota inferiore.

Caratteristico della struttura di Lc 1-2 è il «movimento» delle scene. Ciò ci permette di notare un tratto, potremmo dire, contraddittorio di Lc 1-2. Da una parte, si notano scene, e perciò ben delimitate e statiche; dall'altra, c'è un movimento discreto, ma continuo che dà vita e continuità alle diverse scene. Ciò è ottenuto tramite l'impiego di alcuni espedienti letterari, quali l'uso dei futuri, i «compimenti», i movimenti dei personaggi[27]. Ed è proprio da questa idea

---

[25] Cfr. l'inclusione e non il parallelismo tra 1,5-25 e 2,21-40, nonché i richiami tra 1,5–2,40 e 2,41-52.

[26] Così viene messa in evidenza la natura eminentemente soteriologica (cfr. 2,29-32.38) e cristologica (cfr. la Presentazione in cui Dio, attraverso il suo Messia, prende possesso del suo Tempio (cfr. Mal 3) e il Ritrovamento in cui Gesù è dichiarato «Figlio») di Lc 1-2.

[27] Quest'ultima osservazione depone ancora a favore del *parallelismo superativo* che ha nella sua connotazione l'idea di continuità e perciò di movimento, mentre il parallelismo antitetico non lascia trasparire questo aspetto dinamico.

di movimento che saremo spinti a vedere la continuazione di questa storia in Lc 3-4.

Per quanto riguarda gli «inni», sottolineiamo solo il fatto più evidente: due sono dedicati a Gesù, mentre uno solo a Giovanni Battista. Così, si conferma ulteriormente il parallelismo superativo. Infatti, il parallelismo è presente nella dedica ad entrambi di «inni», mentre il superamento è assicurato dal loro diverso numero.

Infine, non si può trascurare il posto rilevante che nella struttura assumono il Tempio e Gerusalemme, anche in vista della struttura complessiva dell'opera lucana, che sarà fatta in seguito.

3. Il senso

Quale, dunque, la teologia che una tale struttura fa emergere?

Raccogliendo, in breve sintesi, le idee espresse sottolineiamo la profonda unità ed il dinamismo in «crescendo» di Lc 1-2. Riportando questo al rapporto Giovanni Battista-Gesù ne deriva la loro profonda unità e continuità: non sono due personaggi da giustapporre, ma da vedere all'interno dello sviluppo di una stessa storia. Possiamo dire, anticipando una conclusione successiva, che c'è una continuità di missione[28], in quanto Giovanni Battista è il Precursore di Gesù Messia e Figlio di Dio. Nella storia della salvezza, Giovanni viene ad assumere un ruolo unico: è la conclusione della tradizione veterotestamentaria, ma, nel contempo, «incontra» Gesù. Questa significazione è resa possibile proprio dalla particolare natura del parallelismo e della struttura di Lc 1-2.

II. Lc 1-2 NEL QUADRO DELL'OPERA LUCANA

A. Lc 1-2 NEL QUADRO DI Lc 1-4

La trattazione di questo tema nasce dalla necessità di verificare un'affermazione pacificamente accettata, ma non sempre criticamente vagliata, e cioè quella che il parallelismo Giovanni Battista-Gesù di Lc 1-2 non sarebbe altro che la proiezione al passato del rapporto Giovanni-Gesù presente nella tradizione evangelica (cfr. Mc 1,7; At 13,25) ed in Lc 3-4 in particolare. Se ciò risultasse vero, ferme restando l'unità e particolarità di Lc 1-2, avremmo un primo collegamento tra Lc 1-2 e il resto dell'opera lucana.

---

[28] Quest'unità e continuità si mostra in maniera anticipata nella scena della Visitazione, dove si anticipa anche la essenziale differenza.

1. *Unità e continuità di Lc 1-4*

Indaghiamo su quali elementi letterari e teologici può essere fondata l'unità di Lc 1-4.

a. *Dati letterari*

Questi sono numerosi, ma necessitano di una utilizzazione oculata e scevra dalla ricerca spasmodica di parallelismi.

Cominciamo col notare i dati che delimitano le due parti. In Lc 3-4 troviamo una successione rigorosa Giovanni Battista-Gesù, infatti, 3,1-20 è riservata esclusivamente a Giovanni Battista, mentre 3,21 ss. a Gesù[29]. La fine di questa parte si può stabilire in 4,15, perché Gesù in 4,16 riprende il «cammino» interrotto in 2,51[30]; mentre l'inizio (3,2) richiama il deserto, dove in 1,80 avevamo lasciato Giovanni Battista. A dare unità a questo insieme contribuisce anche la menzione del Tempio in 4,9, che richiama l'ultima scena del vangelo dell'infanzia (2,41 ss), con lo scopo di includere i racconti della manifestazione di Gesù quale «Figlio». Infatti, si può notare che 2,41 ss ha il suo culmine in 2,49, dove Gesù dichiara la sua figliolanza divina, così come le due scene principali di Lc 3,21-4,15 (battesimo e tentazioni) hanno il loro centro in una dichiarazione di figliolanza (3,22) ed in una scena che ha luogo nel Tempio (4,9 s)[31]. Però, anche se non risultasse a tutti convincente questa stretta unità, non si può negare alla menzione dell'ultima tentazione, ambientata nel Tempio, una certa volontarietà[32], con lo scopo di collegare Lc 1-2 a 3,1-4,15.

Questi dati trovano la loro naturale continuazione in alcune osservazioni che tendono a mettere in luce i richiami alla missione di Giovanni Battista e di Gesù[33]. A tal proposito, è interessante notare

---

[29] Cfr. 3,20 che riferisce la notizia dell'incarcerazione di Giovanni Battista e 3,21 che, iniziando con un ἐγένετο — l'unico in Lc 3-4! —, segna l'entrata in scena di Gesù.

[30] Cfr. 2,51: καὶ ἦλθεν εἰς Ναζαρέθ
          4,16: καὶ ἦλθεν εἰς Ναζαρά

[31] Possiamo notare una struttura chiastica dei testi da cui appunto si evidenzia la dichiarazione sull'identità di Gesù al centro (BB'), inclusa da scene che si svolgono nel Tempio (AA'):
          A. 2,41 ss
            B. 2,49
            B'. 3,22
          A'. 4,9 ss

[32] Soprattutto sulla base dello spostamento all'ultimo posto, rispetto a Matteo che la riporta al secondo, della tentazione sul pinnacolo del Tempio.

[33] A tal riguardo estenderemo il confronto anche a 4,16 ss, in quanto in 3,21-4,15 abbiamo solo un'anticipazione di tale missione. A livello letterario si può, anzi, notare che in 4,16 ss abbiamo la «prima parola *pubblica*» di Gesù, dopo

come alcuni autori[34] vedano in Lc 1-4 una struttura che tende a sottolineare il senso di parallelismo Giovanni-Gesù a livello di missione, quasi che questo sia il fine di Lc 1-4. Più in dettaglio, notiamo come la missione di Giovanni Battista annunciata in 1,17 sia realizzata in 3,1-20[35], così come la missione di Gesù richiamata in 2,49, attraverso 3,22, si realizzi in 4,16 ss. (cfr. nota 33). Ancora, la loro missione è preceduta da un periodo di permanenza nel deserto (3,2; 4,1); ad entrambi si applicano testi di Isaia (3,4-6; 4,17-19); le loro ammonizioni si ispirano all'AT (3,7-9; 4,24-27); sono interrogati sulla loro identità (3,15; 4,34) e, infine, tutti e due «evangelizzano» (3,18; 4,43)[36]. Per concludere, la Visitazione come «spiegazione teologica anticipata» del Battesimo. Infatti, nell'incontro delle madri, che è poi dei figli, si realizza il «riempimento di Spirito Santo» annunciato in 1,15, cosicché abbiamo una sorta di battesimo di Giovanni Battista, che lo abilita alla missione di precursore-convertitore[37].

b. *Dati teologici*

Alcuni dei dati teologici emergenti dal considerare l'insieme di Lc 1-4, confermano alcune delle conclusioni cui si giunge considerando Lc 1-2, ma, d'altra parte, ne risultano anche di nuove che aprono a nuove prospettive.

---

che la «prima parola *privata*» era stata pronunciata in 2,49. Questo dato insieme alla menzione del «ritorno» a Nazaret sono un buon motivo per vedere un collegamento tra Lc 1-2 e 4,16ss; anzi appare anche un chiasmo:

    A. 2,49: prima parola «privata» di Gesù
      B. 2,51: «ritorno» a Nazaret
      B′. 4,16: «ritorno» a Nazaret
    A′. 4,16: prima parola «pubblica» di Gesù

Cfr., per finire, WREN M., *Sonship in Luke: The Advantage of a Literary Approach*, in SJT 37 (1984), 306.309, secondo cui i «vertici» di Lc 1-4 sarebbero costituiti da 3 «recognition/epiphany narrative»: Visitazione, Presentazione-Ritrovamento, discorso di Cafarnao (4,14-30).

[34] Cfr. soprattutto WILKENS W., *Die theologische Struktur des kompositions des Lukasevangeliums*, in TZ 34 (1978), 1-2; TALBERT C. H., *Reading Luke* 15, che strutturano Lc 1-4 in 3 sezioni: 1) 1,5-56; 2) 1,57–2,52; 3,1–4,13(15).(44), dove all'inizio di ogni sezione abbiamo un riferimento a Giovanni Battista, mentre il finale è riservato a Gesù (cfr. per questo STÖGER A., *Vangelo* I 25).

[35] «Tout ces convertis (cfr. 3,7.10.12.14: n.d.r.) constituent pour lui (Luca: n.d.r.) le *laos* (3,21; 7,29), le véritable Israël qui ne se définit plus par l'appartenance physique à la race d'Abraham, mais par la conversion c'est-à-dire par la foi (3,8 = Mt *3*,9; cf. Jn *8*,39)» (GEORGE A., *Etudes* 93-94). È il λαὸν κατεσκευασμένον di Lc 1,17. Si può notare, inoltre, come in 3,19 Giovanni Battista sia molto simile ad Elia (cfr. 1,17) che ha rimproverato al re i suoi misfatti, noncurante della sua ira (Cfr. RENGSTORF K. H., *Il vangelo* 105-106).

[36] Per queste ultime osservazioni cfr. BROWN R. E., *La nascita* 329, nota 44.

[37] LUPIERI E., *Giovanni Battista nelle tradizioni sinottiche*, Brescia, 1988, 74; cfr. anche *id.*, *Giovanni Battista fra storia e leggenda*, Brescia, 1988, 66-67.

Tra i dati emersi sottolineiamo l'idea della superiorità di Gesù rispetto a Giovanni Battista, che appare dal materiale[38], dalla struttura[39], dal rapporto con l'AT[40]. È anche confermato il tema della centralità del problema sull'identità di Gesù[41].

All'interno di Lc 1-4, nuova luce assume il rapporto Giovanni Battista-Gesù, considerato dal punto di vista della missione, che è poi la caratteristica fondamentale di Lc 3-4. C'è tra le due missioni una profonda differenza da addebitare, in ultima analisi, all'«essere» dei due personaggi: la coscienza della missione di Gesù pienamente rivelata in 3,2, ha in 2,49 una significativa anticipazione; mentre la presa di coscienza di Giovanni segue la progressione umana (cfr. 1,80; 3,2 s.). Però — ed è in questo il dato più interessante — c'è una continuità che tiene inseparabilmente uniti Giovanni e Gesù. Infatti, Giovanni è il prescursore di cui Gesù-Messia non può fare a meno, in quanto il Precursore ha la funzione di introdurre il «più forte» e di «ben disporre» il popolo all'incontro con il Messia (cfr. 3,1-20); senza dimenticare che entrambe le funzioni sono previste dal piano divino (cfr. Mal 3,1.23-24; Is 40,3-5). Tant'è che l'inizio del ministero di Gesù non è solenne come quello di Giovanni (cfr. 3,1 e 3,23; 4,14). Anzi, si può affermare che benché Gesù superi indubitabilmente l'opera di Giovanni, ciò «nicht verdukeln, dass Johannes für Lukas den Anfang des Evangeliums bezeichnet»[42].

2. *Conclusione*

Anche se non tutti accettano di considerare Lc 1-4 come un'unità[43], pur tuttavia non si può negare che uno stesso autore sia

---

[38] A Gesù sono riservati 111 vv., mentre a Giovanni 83.

[39] Le strutture ternarie di Lc 1-4 (cfr. note 33-34) fanno apparire al loro centro 1,57–2,52 che contiene — come abbiamo visto — ben due episodi senza parallelo in Giovanni Battista, tendenti a spostare tutto il peso teologico della narrazione a favore di Gesù e della manifestazione della sua «figliolanza». Cfr. anche TALBERT C. H., *Literary Patterns, Theological Themes, and the Genre of Luke-Acts*, Missoula, 1975, 104-105, che rileva la tendenza al superamento in più punti: in 3,4 Giovanni è il profeta che «prepara la via al Signore»; in 3,15-17 la sua missione prepara la venuta di colui che «battezzerà con lo Spirito Santo e con l'acqua»; in 3,18-20 il ministero di Giovanni finisce quando comincia quello di Gesù.

[40] La conclusione cui giunge BRODIE L. T., *A New Temple and a New Law. The Unity and Chronicher-based Nature of Luke 1:1-4:22a*, in JStNT 5 (1979), 21ss, conferma il tema del superamento, dal momento che in Lc 1-4 c'è un nuovo Tempio: Gesù ed una nuova Legge: la lettura d'Isaia nella sinagoga di Nazaret.

[41] Secondo WILKENS W., *Die theologische Stuktur* 3, il culmine della composizione di Lc 1-4 si ha nella sottosezione centrale di Lc 3-4 (3,21–4,13), quando Gesù è riconosciuto da Dio Padre come «Figlio» (3,22).

[42] *L. cit.*

[43] Le obiezioni fondamentali contro l'unità di Lc 1-4 sono costituite dal solenne sincronismo di 3,1-2a — quasi un *initium Evangelii* — che costituisce una vera

dietro a questi capitoli, ma soprattutto che ci sia un medesimo pensiero di fondo che li anima e li sostiene. Infatti, anche se manca una costruzione strettamente individuabile, abbiamo una quantità di richiami — tra Lc 1-2 e 3-4 — che si susseguono e si integrano, contribuendo a presentare un quadro di rapporti fortemente unitario.

Alcune delle idee emerse confermano quanto già appurato dall'esame di Lc 1-2, per altre si attende una conferma o una smentita dalle analisi successive.

Si conferma, innanzitutto, lo schema-idea che abbiamo già trovato in Lc 1-2: una superiorità di Gesù su Giovanni Battista, ma, nel contempo, la stretta unità in vista della loro missione. Ed è proprio a livello di missione che si è dimostrato come il rapporto Giovanni Battista-Gesù non si può limitare ad un parallelismo antitetico. Infatti — pur rimanendo vero che Giovanni e Gesù, per Luca, non si incontreranno mai durante le rispettive missioni ed essendo limitata l'azione del Battista a preparare quella di Gesù —, Giovanni rimane pur sempre il Precursore, la cui missione è quella di legare il VT a Gesù e, quindi, non un antagonista da eliminare, ma un predecessore che, proprio in quanto tale, si riconosce per il suo allineamento al successore. In una parola, sia Giovanni che Gesù sono attori della stessa storia salvifica, anche se viene sottolineata la superiorità dell'uno sull'altro, laddove sottolineare la superiorità dell'uno non vuol dire eliminare la grandezza relativa dell'altro, che proviene dal suo riferimento al primo. Così, davvero, Lc 3,1-4,15(16 ss.) può confermarsi come base di ispirazione per Lc 1-2, non solo nella ripresa del parallelismo, ma anche nell'esatta interpretazione di questo.

Rimane da confermare se Giovanni Battista, nel quadro della storia della salvezza, segni solo la fine dell'AT o se, in qualche modo, già partecipi del nuovo, di cui, in fondo, è Precursore. Per fare questo allargheremo il nostro sguardo all'intera opera lucana per scoprire il ruolo di Lc 1-2 all'interno di Lc-At e con esso il ruolo di Giovanni Battista nella costruzione della teologia di Luca.

---

cesura tra 2,52 e 3,2bss; dal contenuto della primitiva testimonianza e predicazione evangelica che non prevedeva nessun accenno all'infanzia di Gesù (cfr. At 1,22; 10,37.42). Non è nostra intenzione controbattere a questi dati — tanto più che sono da condividere —, ma mettere in risalto come Lc 1-4 sia una composizione «contraddittoria» dove, cioè elementi ne attestano la continuità, mentre altri la negano. Tuttavia in questo possono essere presenti tratti redazionali — come l'aggiunta di Lc 1-2 a Lc 3-At in un secondo momento — e nello stesso tempo la volontà di Luca di non voler eliminare nessun elemento del *suo* vangelo, anche a costo di qualche incongruenza.

B. Lc 1-2 NEL QUADRO DI Lc-At

Questo ulteriore passo della nostra ricerca mira a dimostrare ulteriormente che Lc 1-2 è parte integrante di Lc-At, sia dal punto di vista della costruzione che di quello della teologia e a verificare la presentazione di Giovanni Battista nell'intero quadro dell'opera lucana, ivi incluso Lc 1-2.

1. *Dati letterari*[44].

Si può cominciare col segnalare, a partire dalla tecnica cara a Luca del «procedimento a blocchi», alcune significative corrispondenze tra Lc 1-4 e Lc 24.

Per quanto concerne la struttura, ritroviamo in Lc 24 una struttura ternaria: annuncio (24,1-11), rivelazione (24,13-35), missione (24,36-53)[45]. Quanto ai singoli dettagli, notiamo che si tratta di una «visione di angeli»[46], in cui l'annuncio, come in Lc 1-2, è dato da un essere celeste (cfr. 24,5 s). La reazione umana segue all'attività del messo celeste ed è caratterizzata da paura (1,12.29; 2,10; 24,5.38; cfr. φόβος, ταράσσειν) e intrepidezza (2,15; 24,9: cfr. λαλεῖν; ἀγγέλλειν)[47]. La missione dei Dodici è di predicare una μετάνοιαν καὶ ἄφεσιν ἁμαρτιῶν (Lc 24,47), sulla scia di Giovanni che predica un battesimo μετανοίας εἰς ἄφεσιν ἁμαρτιῶν (Lc 3,4), che realizza quanto annunciato in 1,17 (cfr. ἐπιστρέψαι). Anche se c'è una sostanziale differenza, in quanto Giovanni ha lo scopo di preparare il popolo d'Israele (cfr. 1,17; 3,4 ss) all'avvento di Gesù, mentre gli apostoli devono dirigersi a tutto il mondo (εἰς πάντα τὰ ἔθνη: Lc 23,46) nel nome di Gesù (ἐπὶ τῷ ὀνόματι αὐτοῦ).

Numerose le tecniche compositive che attraversano trasversalmente Lc-At. La presenza di angeli che recano un messaggio[48] e la «visione»[49]. I «sommari» di Lc-At richiamano i *refrains* di Lc 1-2[50]. Un racconto di miracolo inserito in una narrazione più ampia[51]. La

---

[44] Cfr. le conclusioni del Primo capitolo sul rapporto Lc 1,5-25-At.

[45] Cfr. WILKENS W., *Die theologische Struktur* 3.

[46] Cfr. 1,22 : ὀπτασίαν ἑώρακεν
          24,23: ὀπτασίαν ἀγγέλων ἑωρακέναι

[47] Cfr. MINEAR P.S., *Luke's Use* 117.

[48] Oltre che in Lc 1-2 soprattutto nella prima parte di Atti (1,10-11; 5,19-20; 8,26; 10,3-6 = 11,13; 27,23-24).

[49] Cfr., oltre i testi già citati, Lc 22,43; At 10,10-16 = 11,5-10; 26,19.

[50] Cfr. la «diffusione della fama» di Gesù (4,14.37; 5,15; 7,17); la «crescita» della Chiesa nella sua «infanzia» (At 2,47; 5,14; 6,7; 12,14; 16,5; 19,20); il motivo del «ritorno» a conclusione di una pericope (Lc 1,23.56; 2,20.39; 4,14; 5,25; 7,10; 23,48.56; 24,33; At 1,22; 8,25; 12,25; 17,15).

[51] Cfr. nota 50 al cap. II.

presenza di «commissioning Forms» in contesto di preghiera[52]. L'uso di ἵσταμαι per descrivere un'apparizione[53]. La «gioia» come reazione ad un evento divino o salvifico[54].

2. Dati teologici

In questa parte non si riporterà solo il senso teologico che emerge dall'utilizzazione delle tecniche letterarie sopra citate, ma si segnaleranno, soprattutto, quegli elementi letterari che hanno importanza decisiva per la formulazione di una teologia unitaria di Lc-At.

Il tema letterario-teologico che, più di ogni altro, è usato per dimostrare la necessità di Lc 1-2 per la ricostruzione della teologia di Lc-At, è la presenza dello Spirito Santo e della sua azione.

Lc 1-2 è caratterizzato da otto interventi profetici che riguardano la redenzione d'Israele (cfr. 1,11-20; 1,26-38; 1,39-45; 1,46-56; 1,67-79; 2,8-20; 2,25-35; 2,36-40), cinque dei quali sono pronunciati sotto l'influsso dello Spirito Santo, mentre in altri due si fa riferimento alla sua azione; tanto che questi personaggi non solo annunciano il compimento delle antiche promesse, ma appaiono come «full-fledged messianic prophets themselves»[55]. Qualcosa di simile avverrà di nuovo solo in At 2. Si tratta, però, di vedere se coincidono nella funzione. A questo problema Oliver H. H. dà una risposta positiva, vedendo nelle effusioni di Lc 1-2 e At 2 una stessa concezione, dove lo Spirito «is conceived to be in the preparation of the Gospel»[56]. Ancora più esplicito è G. W. H. Lampe quando afferma che «the Spirit of prophecy has been poured out by the exalted Christ proleptically announced by angels in the Infancy, have now (Pentecoste: n. d. r.) been realized»[57]. Nettamente contrario ad una continuità tra la presentazione dello Spirito in Lc 1-2 e At 2 è Tatum B. W. che fa notare come in Lc 1-2 Giovanni è investito del

---

[52] Cfr. Lc 1,10; At 9,11; 10,2; 10,9; 22,17. Per questo dato vedi HUBBARD B. J., *Commissioning Stories in Luke-Acts: A Study of their Antecedents. Forms and Content*, in *Semeia* 8 (1977), 122.

[53] Cfr. Lc 1,11; 24,36; At 7,55.56; 10,30; 11,13; 16,9.

[54] Cfr. Lc 1,14.58; 2,10; 10,17; 13,17; 19,6.37; 24,41; At 2,26.46; 5,41; 8,8.39; 11,23; 12,14; 13,48.52; 15,3.31; 16,34. Soprattutto due i termini che ricorrono in Lc 1-2 e nella prima parte di At: χαίρω / χαρά (cfr. Lc 1,14.28; 2,20; At 5,41; 8,8.39; 13,48.52; 15,3) e ἀγαλλίασις (cfr. Lc 1,14.44.47; At 2,26.46).

[55] SCHUBERT P., *The Structure and Significance of Luke 24*, in *Neutestamentliche Studien für Rudolf Bultmann*, in BhZNW, Berlin, 1954, 178.179.

[56] *The lucan Birth* 224.

[57] *The Holy Spirit in the Writings of St. Luke*, in NINEHAM D. E. (ed.), *Studies in the Gospels. Memorial R. H. Lightfoot*, Oxford, 1955, 163.

«dynamic Spirit of prophecy», mentre a Gesù si riferisce «the divine creative power»[58], ma cosa ancora più importante, mentre in Lc 1-2 l'effusione dello Spirito profetico riguarda solo alcune persone (Giovanni, Zaccaria, Elisabetta, Simeone), in Atti è detto che «everyone is a recipient» dello Spirito Santo (At 2,4.17; 4,31; 5,32; 10,44 ss.; 13,52; 15,8; 19,2.6)[59]. Brown R. E., a tal proposito, fa un'utile distinzione tra lo Spirito di Gesù, associato al battesimo e caratteristico del NT, e lo Spirito profetico, già presente nell'AT (1Sam 10,10; 2Sam 23,2) e in Lc 1-2, che hanno la loro unità nello Spirito effuso a Pentecoste[60]. Inoltre, questa osservazione è confermata dal fatto che, in contesti simili, nel resto dell'opera lucana, lo Spirito Santo indica sempre anche lo Spirito della profezia (cfr. Lc 1,41.67; At 2,4; 4,8.31; 9,17)[61]. Queste precisazioni, lungi dal voler sostenere un'effusione uguale per personaggi di Lc 1-2 e cristiani e di una uguale rapporto con lo Spirito Santo di Giovanni Battista e Gesù, vogliono indurre a riflettere sulla continuità che si stabilisce a partire dall'azione dello Spirito Santo che agisce nei diversi momenti della storia della salvezza, pur rimanendo ogni tempo differente e inferiore al successivo. Così, si rivela del tutto infondata la pretesa «svista» di Luca che avrebbe tollerato, a proposito del rapporto Giovanni Battista-Spirito Santo, un tratto di teologia non lucana.

Numerosi tratti dell'opera di Luca manifestano «common ecclesiological conceptions»[62]. A questo proposito si deve ricordare l'uso di alcuni termini: «Israele», πᾶς ὁ λαός, οἱ δίκαιοι. In particolare, notiamo come in Lc 1,16 (cfr. anche Lc 2,25-26)

«nous rencontrons [...] une des premières traditions judéo-chrétiennes où le mot 'juste' a une résonance religieuse bien particulière. Dans la conception du Judaïsme le Messie viendra dans un communauté de justes»

(cfr. Is 32,16-18) e lo stesso Cristo sarà qualificato come «Giusto» (cfr. At 3,14; 7,52)[63]. Perciò, i «pii» di Lc 1-2 costituiscono l'am-

---

[58] Cfr. anche KLAIBER W., *Eine lukanische Fassung des «sola gratia». Beobachtungen zu Lk 1,5-56*, in FRIEDRICH J.–POEHLMANN W.-STUHLMACHER P. (Hrsg.), *Rechtfertigung, Festschrift für E. Käsemann*, Tübingen, 1976, 217; SCHWEIZER E., *Aufbau* 313.

[59] *The Epoch of Israel: Luke I-II and the theological plan of Luke-Acts*, in NTS 13 (1966), 188.183.

[60] Cfr. *La nascita* 364-365.

[61] Cfr. SCHMID J., *L'evangelo secondo Luca*, Brescia, 1965, 54.

[62] MINEAR P. S., *Luke's Use* 116.

[63] MAERTENS Th., *Le Messie es là*, Bruges, 1954, 9; per un'analisi del tema in At 3,14 e 7,52 cfr. DESCAMPS A., *Les Justes et la Justice dans le christianisme primitif hormis la doctrine proprement paulinienne*, Louvaine-Grembloux, 1950.

biente entro cui il Messia si potrà manifestare, in quanto come nuovo legislatore suppone la Vecchia Alleanza e la sua osservanza prima di farne una Nuova[64]. Inoltre, nella missione di Giovanni di convertitore (Lc 1,17: ἐπιστρέφειν) si richiama, non tanto una semplice conversione morale, ma quella conversione che caratterizzerà anche la predicazione apostolica[65]. Ancora, Lc 1-2 anticipa sia il conflitto all'interno di Israele (1,17: padri-figli; disubbidienti-giusti) che l'ammissione dei Gentili nel popolo eletto (cfr. 2,29-35). Infine, c'è da notare la presenza del popolo, lungo Lc-At, come oggetto privilegiato della predicazione[66] e del compimento delle promesse[67].

Un altro elemento da sottolineare è il senso di «gioia», che costituisce uno dei tratti più caratteristici dell'opera lucana. È interessante notare, a tal proposito, come la «gioia» diventa una chiave di interpretazione dell'agire di Dio nella storia. Se, infatti, la «gioia» saluta Gesù risorto in 24,41, e in At 2,26 è la risposta ai giorni finali inaugurati dalla risurrezione, ciò significa che la potenza divina che ha agito nella risurrezione — e a cui si deve la «gioia» come espressione immediata della presenza salvifica di Dio — è essa stessa all'opera già in Lc 1-2, anche se nel concepimento di Giovanni Battista non raggiunge la stessa intensità che nel concepimento di Gesù[68].

---

[64] Questa concezione di «giusto» è pienamente cristiana, anche se si deve osservare che nel corso della tradizione ha assunto una connotazione peggiorativa, dal momento che passa ad indicare colui che ritiene di possedere la salvezza per l'osservanza formalistica della Legge, dimentico che essa è essenzialmente dono di Dio (cfr. Lc 5,32; 16,15; 18,9; Tito 3,4ss). Evidentemente i passi di Luca citati si collocano ad una fase anteriore della tradizione quando la catechesi evangelica e paolina sulla «giustizia» non erano ancora state fissate.

[65] «Il faut noter en effet que ce terme ἐπιστρέφειν est une transposition dans la prédication de Jean-Baptist des éléments de la prédication apostolique (cf. *Actes* III,19; XIV,15; XXVI,18-20) et de l'atmosphère de la communauté primitive (*Actes* IX,35; XI,21)» (MAERTENS Th., *Le Messie* 26, nota 12).

[66] «The same crowds, representing the same *laos*, remained the primary audience for both prophets (Giovanni Battista e Gesù: n.d.r.) and even continued to be visitors whom Paul welkomed in the final episode in the Book of Acts (28:30)» (MINEAR P.S., *To Heal* 94).

[67] Lc 1,17 anticipa la missione di Giovanni in 3,1-20; in 3,1-20 Giovanni prepara il popolo e annuncia il prossimo arrivo del battesimo in «Spirito Santo e fuoco» (v. 16); 3,21-22 anticipa nel Battesimo di Gesù — con la discesa dello Spirito Santo — il compimento dell'annuncio; At 2 realizza l'annuncio; At 28,28 estende la realizzazione. I testi sono tenuti insieme dallo schema annuncio-compimento e dallo stesso popolo che è il soggetto della promessa. C'è da notare, inoltre, perché Giovanni non sembri la fonte della promessa dello Spirito Santo, che in 3,16 abbiamo solo un adombramento.

[68] Cfr. BROWN R.E., *La nascita* 362, che sottolinea anche come in Lc 1,13-14 ci sia un interessante parallelo con Gv 3,29, dove Giovanni Battista saluta Gesù con «gioia», ma nello stesso tempo, la gente «è felice» di godere della luce che Gio-

3. Conclusione

La prima conclusione, che si staglia netta dall'analisi, è la profonda unità letteraria e teologica che tiene insieme Lc-At nella sua globalità. Naturalmente, è un'affermazione che poggia solo su alcuni dati — anche se importanti — e, perciò, potremmo dire provvisoria. Quindi, dovremo aspettare la fine dell'analisi per una dichiarazione più valida, anche in vista della costruzione storico-salvifica che soggiace nella mente di Luca. Comunque, quello che, per adesso, resta valido è una continuità dell'azione divina che opera in «crescendo», cosicché si possono distinguere diversi tempi o epoche. Il giudizio sul rapporto di continuità o discontinuità tra queste epoche, per ora, dev'essere lasciato in sospeso — anche se alcune indicazioni sono già emerse —, in quanto costituirà una delle conclusioni finali del nostro lavoro e, perciò, dovrà tener conto di tutti gli elementi.

C. TEMPIO ED ELEMENTI CONNESSI NELLA STRUTTURA DI LC-AT

Al Tempio si è voluto riservare una trattazione specifica in considerazione della particolare posizione che occupa in Lc 1,5-25 ed in altre pericopi — che potremmo definire «strategiche» — dell'opera lucana.

Sarà interessante anche notare la connessione al Tempio di alcuni elementi che si ripresentano puntualmente, quali il tema della preghiera, del culto, della visione.

1. Dati letterari

Il dato più comunemente ammesso è l'inclusione del vangelo di Luca tra due scene ambientate nel Tempio di Gerusalemme: Lc 1,8 ss. e 24,53[69]. Però, questo dato essenziale è confermato da altri

---

vanni emette (5,35). Ciò a conferma che Giovanni pur non essendo la «luce» non per questo non può emettere una qualsiasi luce. Questo a livello di rapporto con Gesù non fa altro che confermare il «parallelismo superativo».

[69] Cfr. LAURENTIN R., *Structure* 48.103, nota 6; *id., Jésus au Temple: Mystère de Pâques et Foi de Marie en Lc 2,48-50*, Paris, 1966, 99; LOHFINK G., *Die Himmelfahrt Jesu. Untersuchungen zu den Himmelfahrts-und Erhöhungstexten bei Lukas*, Munich, 1971, 253, che nella nota 5 cita altri autori; WAAL C. van der, *The Temple in the Gospel According to Luke*, in Neot 7 (1973), 50; REITZEL F. X., *St. Luke's Use of the Temple Image*, in *Review for Religious* 38 (1979), 522; BACHMANN M. von, *Jerusalem und der Tempel. Die geographischen-theologischen Elemente in der lukanischen Sicht des judischen Kultzentrums*, Stuttgart, 1980, 138.

elementi[70]. Qui (1,8 ss.) Zaccaria riceve l'annuncio della nascita di un figlio che «ricondurrà molti dei figli di Israele al Signore loro Dio» (v. 16) ed è sempre nel Tempio che i discepoli di Gesù, dopo la sua ascensione, pregano e lodano lo stesso Dio (24,53). La connessione in entrambi i testi della preghiera con il culto[71]. Interessante è anche notare la connessione del tema del Tempio con l'*iter lucanum*[72], laddove la pericope del Ritrovamento non è solo il culmine di Lc 1-2, ma prelude alla fine del «gran viaggio», che terminerà in Gerusalemme, e più precisamente, nel Tempio (Lc 19,45)[73], dove si conclude anche la missione pubblica di Gesù (Lc 21,38)[74].

Solo di recente e in pochi studi, viene sottolineata l'importanza strutturale e l'unità di senso che Tempio e Gerusalemme hanno in Lc-At. In particolare si segnalano 4 «Jerusalem-Abschnitte» in cui si concentra la ricorrenza più significativa di Tempio e Gerusalemme (cfr. Lc 1,5-4,13; 19,45-24,53; At 1,4-7,50; 20,1(21,7)-23,32[75], con una particolare vicinanza tra le sezioni 1 e 4 e 2 e 3[76]. Ciò, depone a

---

[70] Non c'è nell'inizio delle due sezioni di cui i testi fanno parte (cfr. la ricostruzione che segue e note 75-76) una menzione esplicita di Tempio e Gerusalemme. Infatti, in 1,5ss si menziona solo il Tempio, mentre Gerusalemme è menzionata esplicitamente solo in 2,22. Così, nella sezione finale la menzione esplicita di Gerusalemme è prima di entrare nella nostra sezione (19,28; 19,41), mentre le scene iniziali (19,45ss; 20,1–21,36) e quella finale (24,53) avvengono «nel Tempio». Ma ciò è conforme al pensiero di Luca che considera il Tempio non separabile da Gerusalemme (cfr. nota 75). Le scene esterne non hanno rapporto diretto con Gesù e presentano i «Prototypen der Frömmigkeit ante und post Christum» (cfr. BACHMANN M. von, op. cit., 149-150; 133ss).

[71] Ciò è pacifico per Lc 1,8ss dove il culto è menzionato esplicitamente all'inizio della pericope e, onde evitare fraintendimenti — quale quello di vedervi solo un richiamo a Daniele — anche alla fine, implicitamente (v. 21). In Lc 24,53 il richiamo al culto è presente in διὰ παντός. Infatti, nella Bibbia dei LXX l'espressione è spesso in connessione con istituzioni cultuali; in 24,53 è in connessione con αἰνοῦντες e non con ἐν τῷ ἱερῷ; Luca userà l'espressione sempre in contesti non profani (cfr. At 2,25; 10,2; 24,16). Così abbiamo una «Kontinuität zwischen dem Jedentum und der sich bildenden Jungen Gemeinschaft» e «das Tempelgebet [...] in seiner Bezogenheit auf den Kultus gesehen ...» (*ibid.*, 346-347.354).

[72] REITZEL F. X., *Luke's Use* 523-524, struttura il vangelo di Luca in base all'idea di Tempio e viaggio.

[73] Cfr. LA POTTERIE I. de, *La fine del viaggio di Gesù a Gerusalemme nel vangelo di Luca (Lc 18,31–19,46)*, (ad usum privatum auditorum tantum, P.I.B.), Roma, 1984-85.

[74] Cfr. KIRCHSCHLAEGER W., *Beobachtungen zur Struktur der lukanischen Vorgeschichte Lk 1-2*, in BLit 57 (1984), 249, nota 17.

[75] Cfr. WAAL C. van der, *The Temple* 50-51; BACHMANN M. von, *Jerusalem* 149-155. La denominazione di «Jerusalem-Abschnitte» viene da Bachmann per il quale Tempio e Gerusalemme non sono separabili.

[76] In 1) e 4) spiccano figure determinate (Zaccaria, Simeone, Anna, genitori di Gesù, Gesù stesso, Paolo), mentre al popolo è riservato un ruolo secondario rispetto alle sezioni 2) e 3) (cfr. Lc 1,10.21; At 21,30.36.|39s; vedi pure v. 27| con Lc

favore del fatto «*that both book are of uniform composition*»[77]. In questo ambito, risulta particolarmente pregevole il lavoro di Weinert F. D. che nota l'unità di Lc-At nella continuità di pensiero che vi si esprime a proposito del Tempio[78]; risultando particolarmente significativa la continuità tra eventi di Lc 1-2 ed eventi della vita di Gesù e post-Pentecoste.

Di speciale interesse per il nostro scopo risulta il confronto che può essere stabilito tra Lc 1,8-23 ed alcune scene degli Atti, in particolare 10,2-8.30-33 e 22,17-21. Vi notiamo, innanzitutto, la connessione preghiera-apparizione (cfr. Lc 1,8-10; At 10,2-3; 22,17)[79], la connessione apparizione-comunicazione (cfr. Lc 1,11-13; At 10,3 ss.; 22,18 ss.)[80] e la connessione preghiera-Tempio (cfr. 1,8-13; At 10,2; 22,17)[81]. Più in generale, si può notare la presenza in Lc 1-2 ed in Atti della cosiddetta «religiosità del Tempio»[82].

19,47s; 20,1.9.19.26.45; 21,38; |22,2; 23,5;| At |2,47;|3,9.11.12; 4,1s|10.17.21|; 5,|12s|20,20s.25s). Inoltre, solo in 1) e 4) ci si riferisce esplicitamente al culto del Tempio (cfr. spec. Lc 1,8-11; 2,24-27; At 21,26|cfr. 24,17|). Cfr. anche l'uso di un vocabolario vicino ai Giudei e che si ispira a νόμος e ἔθος (cfr. Lc 1,9; 2,22-24.39.42; At 21,20s.24.28; 22,3.12; 24,14; 25,8; 26,3; vedi Lc 2,27). (Dati riportati in *ibid.*, 159 e note 88.90.91).

[77] WAAL C. van der, op. cit., 51.

[78] Due le connotazioni di Lc-At nella sua considerazione del Tempio: il Tempio come luogo di culto (cfr. 1,8-9; 2,25.37.49; At 2,46; 5,12-13.42; ...) e della presenza di Dio (cfr. Lc 1,9.11.19; 2,22-49; in Atti è presupposto |cfr. 6,13-14; 21,28; 22,17;...|); quindi, luogo di rivelazione, attraverso messaggi, segni e visioni (cfr. Lc 1,11-22; 2,25-35.36-38; 2,49; At 3,11-12; 22,17-18; 4,2; 5,20-21.25) (cfr. *The Meaning of the Temple in Luke-Acts*, in BTB 11 (1981), 87-88). Non abbiamo riportato, per amore di brevità, i testi di Lc 3-24.

[79] Cfr. anche Lc 9,28ss; 22,42s. C'è da notare, quanto all'apparizione, che in At 10,3 appare, come in Lc 1,11 un ἄγγελος, mentre in At 22,17 Gesù.

[80] Da notare che Lc 1,13 per la formulazione letteraria (εἰσηκούσθη ἡ δέησίς σου) si avvicina di più ad At 10,31 (εἰσηκούσθη σου ἡ προσευχή), mentre per la formulazione del messaggio Lc 1,13s si avvicina di più ad At 22,18ss. Infatti, in questi due ultimi testi il Tempio viene presentato come «Offenbarungsort» del futuro personale e/o collettivo, con una rilevanza escatologica. In At 22,17-21 la nota escatologica risiede nel fatto che ad apparire è ὁ δίκαιος (At 22,14), che in Luca è sempre un personaggio escatologico; quindi a Paolo viene rivelata la sua missione in favore dei Gentili. In Lc 1,13ss Giovanni Battista ha la funzione escatologica di «ricondurre molti al Signore» e, sulla scia di Elia, di preparare un «popolo ben disposto» (cfr. BACHMANN M. von, *Jerusalem* 365-366).

[81] Alla luce del διὰ παντός di At 10,2, nonché della determinazione temporale (... ὥραν ἐνάτην τῆς ἡμέρας: 10,3; ... τῆς ὥρας ... τὴν ἐνάτην: 10,30) si può concludere sulla connessione della preghiera di Cornelio con il sacrificio vespertino che si svolgeva nel Tempio di Gerusalemme.

[82] Con questa espressione s'intende la descrizione di alcuni personaggi (Zaccaria, Elisabetta, Simeone, Anna, Maria e Giuseppe, Gesù, apostoli, Cornelio) come frequentanti il Tempio e osservanti della Torah (cfr. CADBURY H. J., *The Making of Luke-Acts*, Londres, 1927, 306-307; MINEAR P. S., *Luke's Use* 116; BROWN R. E., *La nascita* 355, nota 13 e altri).

Una menzione particolare spetta alla probabile inclusione tra Lc 1,22 e 24,50b-51a. Dato che Lc 24,50-53 si ispira a Sir 50,20-22, dove l'elogio del sommo sacerdote Simone si conclude con la benedizione che egli fa sul popolo al termine di una liturgia, ne vengono tratte due interpretazioni: 1) la liturgia rimasta incompiuta da Zaccaria — cioè senza benedizione finale — perché muto (1,22), viene completata da Gesù (24,50b-51a)[83]; 2) Gesù conclude una liturgia, ma è la liturgia della sua vita[84]. È preferibile l'interpretazione 1) — benché sia molto ardita — per una serie di motivi. Innanzitutto, il fatto che in Lc 1,17 venga ripreso Sir 48,10; l'essere di fronte, in Lc 24,50-53 — che riprende Sir 50,20-22 — non ad un generico atto di culto, ma ad una benedizione del sacrificio giornaliero[85] ed, infine, la menzione di ναός solo in Lc 1,9.21.22 e 23,45, quando, dopo la morte in croce di Gesù, il velo del Tempio si spacca. Da ciò ne consegue che il culto del Tempio, nella sua efficacia, è superato dalla liturgia della vita di Gesù. Con questa interpretazione viene recuperata anche l'istanza dell'interpretazione 2).

2. Dati teologici

Il dato teologico che emerge con maggiore evidenza è la *fluida continuità* che il Tempio stabilisce tra i diversi momenti della narrazione lucana (cfr. soprattutto le inclusioni e le connessioni Tempio-preghiera-culto). Anche se non mancarono tensioni ed un certo travaglio all'interno della primitiva comunità sull'esatto rapporto da stabilire con il Tempio[86].

Strettamente connesso a questo è il tema della continuità dell'azione divina che si manifesta tra Lc 1-2 ed avvenimenti ante e post-Pentecoste. In una parola, la continuità tra comunità post-pasquale e Israele, e, di riflesso, della storia della salvezza.

---

[83] Cfr. STEMPVOORT P. V. van, *The Interpretation of the Ascension in Luke and Acts*, in NTS 5 (1958-59), 35; SCHLIER H., *Jesu Himmelfahrt nach den lukanischen Schriften*, in *id., Besinnung auf das Neue Testament. Exegetische Aufsätze und Vorträge*, 2, Freiburg, 1964, 230.

[84] Cfr. LOHFINK G., *Himmelfahrt* 254; RADERMAKERS J.-BOSSUYT P., *Lettura pastorale* 166.

[85] Cfr. O'FEARGHAIL F., *Sir 50,5-21: Yom Kippur or the Daily Whole-Offering?*, in Bib 59 (1978), 301-316.

[86] Vedi le accuse che vengono mosse a Stefano e più in generale al gruppo dei giudeo-cristiani di lingua greca più radicali e coerenti nel propugnare il superamento del Tempio di Gerusalemme. Un superamento già adombrato in Lc 1-2 dal momento che Giovanni Battista è legato al Tempio (famiglia sacerdotale, annuncio della sua nascita nel Tempio durante una liturgia), mentre in Gesù già si avverte il distacco (famiglia non sacerdotale, annuncio della sua nascita in un'umile casa di uno sconosciuto villaggio della Galilea), culminante nella sua autorivelazione che avviene nel Tempio quasi a volerlo superare.

Inoltre, si rivela il carattere fortemente redazionale del tema[87], da cui farne derivare l'unità di Lc-At e del suo autore.

Per concludere, si può dire che — sia per la costruzione che per la teologia del Tempio — Lc 1-2 si trova pienamente inserito in Lc-At. Questo non significa uniformità di teologia, ma che la teologia di Lc 1-2 è parte integrante della teologia di Luca.

D. CONCLUSIONE

È stato dimostrato — mi pare ampiamente — che Lc 1-2 non può essere considerato un corpo estraneo e separabile da Lc-At[88]. Perciò, a partire da questo dato, bisognerà riconsiderare il ruolo di Lc 1-2 all'interno dell'opera lucana.

Su tale base, la posizione, e materiale e teologica, di Lc 1-2 rispetto a Lc-At è quella del *preludio* o *prologo*. Ciò da più punti di vista. Innanzitutto, troviamo in Lc 1-2 un'anticipazione di situazioni (cfr. l'ecclesiologia ed il Tempio) e di personaggi[89], in un «crescendo» che tende ad una novità (cfr. soprattutto il ruolo dello Spirito Santo). In secondo luogo, il carattere di *omologesi cristologica* presente in Lc 1-2 fornisce il naturale presupposto per presentare l'opera di Cristo e della sua Chiesa. Per questo si può ben dire che il

> «massiccio montagnoso dello scritto evangelico con le sue cime e le sue valli, si *riflette* in questa preistoria contemplativa e serena, come in un lago trasparente che giace si suoi piedi»[90].

Resta da determinare, all'interno della continuità in crescendo, il ruolo che più specificamente bisogna attribuire a Lc 1,5-25 ed a Giovanni. Cosa che ci accingiamo a fare con la trattazione che seguirà.

---

[87] Oltre che dai dati letterari ciò viene manifestato dal fatto che quando Luca scrive il Tempio era distrutto, perciò un suo uso tanto diffuso non può non rivelare una particolare attenzione da parte dell'autore di Lc-At. (cfr. BALTZER K., *The Meaning of the Temple in Lukan Writings*, in HTR 58 (1965), 271).

[88] Ciò rimane vero anche se è stato aggiunto in seguito a Lc-At ed anche se si sente con più forza la presenza di fonti.

[89] «They (genitori di Giovanni, Simeone ed Anna: n.d.r.) embody a piety that foreshadows that the early Jerusalem Christianity in Acts 2,46; 3,1; 5,12» (FITZMYER J. A., *The Gospel* I 316).

[90] SCHÜRMANN H., *Luca* I 102 (la sottolineatura è nostra).

III. GLI ANNUNCI DI Lc 1

È opinione, la più diffusa, che gli annunci di Lc 1 siano costruiti sulla base di un *parallelismo asimmetrico*[91], che appare sia dalla forma della cornice, che dal tenore delle parole. Da qui derivano le diverse opinioni sulla presenza[92] o meno[93] di uno schema ripetuto, cui è collegato il problema della precedenza storica, ossia, su quale dei due annunci sia servito da base per l'altro.

A. Dati letterari

1. *La cornice*

Per determinare la struttura di base degli annunci di Lc 1 si danno, sostanzialmente, due possibilità: fare riferimento alla costruzione delle scene lungo tutto Lc 1-2 o guardare a modelli preesistenti.

Secondo la prima ipotesi, ogni scena di Lc 1-2, nella sua struttura, obbedisce ad uno schema in 5 parti: 1) indicazione temporale; 2) indicazione locale; 3) presentazione del/dei personaggio/i e della loro situazione; 4) dialogo o monologo; 5) uscita di scena del/dei protagonista/i[94].

Per la seconda ipotesi, la scena può essere costruita sulla base di due schemi. Può essere seguito lo schema di annuncio veterotestamentario (1) apparizione; 2) turbamento; 3) rassicurazione + predizione sul futuro; 4) domanda; 5) segno), oppure lo schema di una «commission form» (1) introduzione; 2) conferma; 3) reazione; 4) comando; 5) protesta; 6) rassicurazione; 7) conclusione)[95]. Salvo, poi, nella strutturazione concreta a mescolare i tre tipi per poter rendere conto di tutte le caratteristiche del testo[96].

---

[91] L'espressione è usata da Ortensio da Spinetoli, *Introduzione* 104.

[92] L'opinione di gran parte degli autori è ben sintetizzata da Gaechter P., *Maria* 62, quando afferma che non ci si può spiegare «der hohe Grad der Genauigkeit der Parallelität [...] ohne literarische Abhängingkeit des einen Stüches vom andern (1,5-25.26-38: n.d.r.)».

[93] Cfr. Graystone G., *Virgin* 65, secondo cui — pur ammettendo il parallelismo di cornice e di parole — le differenze sono tali e tante da non potersi affermare la ripresa di un modello letterario pre-esistente, in particolare gli annunci di nascita veterotestamentari.

[94] Il primo a proporre questo schema è stato Laurentin R., *Structure* 23-24, seguito, poi, da molti altri.

[95] Cfr. Mullins T. Y., *New Testament Commission Forms, Especially in Luke-Acts*, in JBL 95 (1976), 605.

[96] Infatti, lo schema di annuncio coprirebbe solo i vv. 11-20, lasciando fuori alcune caratteristiche importanti del testo; ma, d'altra parte, lo schema di missione

Così, abbiamo che per Lc 1,5-25 e 1,26-38 si danno strutture in 7 o più punti, a seconda della considerazione di certi elementi nei diversi punti[97]. Poiché le strutture finora proposte si fermano a 1,5-23 = 1,26-38, lasciando fuori 1,24-25, si pone la necessità di una riconsiderazione del problema.

2. Le parole[98]

È da un'analisi dettagliata di questi dati che devono venire le conferme o le smentite alle soluzioni proposte, nonché nuovi possibili orientamenti.

Nella *presentazione dei personaggi e della loro situazione* (1,5-10 = 1,26-27) si nota una netta superiorità di Zaccaria ed Elisabetta su Giuseppe e Maria riguardo alla posizione sociale[99] e religiosa[100], e riguardo all'ambientazione[101]. Per contro, nella situazione familiare la coppia Giuseppe-Maria sembra superiore a quella Zaccaria-Elisabetta[102]. Da notare, ancora, l'ordine della presentazione dei personaggi[103] che, insieme agli altri dati, dà un diverso orientamento alle due pericopi. Infatti, appare chiaro, fin dall'inizio, che in primo piano è la coppia sterile, anche se irreprensibile; mentre, nella presentazione dei genitori di Gesù c'è un primato dell'azio-

---

fa emergere solo una caratteristica del testo; ed, infine, la costruzione delle scene di Lc 1-2 ci dà solo uno schema senza vita.

[97] Cfr. per es. la divisione, classica al riguardo, di LAURENTIN R., op. cit., 32: 1) presentazione dei genitori: 1,5-10 = 1,26-28; 2) apparizione: 1,11 = 1,28; 3) turbamento: 1,21 = 1,29; 4) rassicurazione, annuncio della nascita e del futuro del bambino: 1,13-17 = 1,30-33; 5) domanda: 1,18 = 1,34; 6) segno: 1,19-22 = 1,35-37; 7) uscita: 1,23 = 1,38.

[98] In questa parte verificheremo anche le dissimetrie dei due annunci nel quadro. Per una migliore comprensione si può tenere presente lo schema sinottico dei due annunci che si trova in GRAYSTONE G., *Virgin* 62-65.

[99] Zaccaria è un sacerdote, sposato con una donna di origine sacerdotale; al contrario, Maria è qualificata semplicemente come παρθένος, mentre il marito appartiene alla «casa di Davide».

[100] La situazione religiosa della prima coppia è descritta diffusamente (cfr. v. 6), mentre di Maria e Giuseppe non è detto nulla.

[101] L'annuncio a Zaccaria ha come cornice un ambiente liturgico solenne (vv. 8-9a) e pubblico (v. 9b), mentre per l'annuncio a Maria, l'ambiente è profano e privato (v. 26). Anche se bisogna aggiungere che l'annuncio vero e proprio Zaccaria lo riceverà lontano da occhi e orecchie indiscreti.

[102] Il v. 7 presenta Zaccaria ed Elisabetta senza figli e senza possibilità di averne, mentre Maria e Giuseppe è una giovane coppia e quindi prevedibilmente feconda.

[103] Nel primo annuncio abbiamo la sequenza: Tempo-Zaccaria ed Elisabetta-funzione-luogo; nel secondo annuncio abbiamo: Tempo-angelo-luogo-Maria e Giuseppe. Da ciò ne consegue che i due personaggi principali, fin dal principio, sono Zaccaria e Maria; anche perché stranamente la presentazione di Giuseppe è fatta dalla parte di Maria (cfr. v. 27: πρὸς παρθένον ἐμνηστευμένην ανδρί ...).

ne divina (cfr. ἀπεστάλη ... ἀπὸ τοῦ θεοῦ), il cui intervento non è in alcun modo determinato dalla condizione dei genitori di Gesù. Perciò, si può dire che la presentazione dei genitori di Giovanni Battista prepara un intervento divino, in qualche modo, prevedibile, mentre l'assoluta iniziativa divina rende tutto più imprevedibile nel caso di Maria. Per finire sono da segnalare le riprese verbali[104].

L'*incontro con l'angelo* (1,11-13a = 1,28-30) dei due personaggi è profondamente diverso e ciò risulta tanto più evidente in quanto espressioni simili hanno un contenuto e motivazioni diverse. Infatti, in questi versetti possiamo notare: un incontro con il divino, una reazione umana ed una rassicurazione. L'incontro con l'angelo è fondato su due esperienze diverse: per Zaccaria si tratta, innanzitutto, di una «visione» (cfr. ὤφθη δὲ αὐτῷ), mentre Maria non «vede» — una «visione» può essere supposta, ma è per questo più significativo che l'autore non lo dica esplicitamente — ma «ascolta» l'angelo (cfr. εἶπεν). Qui l'opposizione non è tanto tra «parola» e «visione», quanto nella ulteriore sottolineatura del primato dell'azione divina, perché, da una parte, è Zaccaria a spostarsi (v. 9: εἰσελθών), mentre, dall'altra, lo stesso movimento è compiuto dall'angelo (v. 28: εἰσελθών, di cui è interessante notare anche la posizione enfatica). L'ingresso dell'angelo nella casa di Maria è seguito immediatamente da una parola dell'angelo che presenta le qualità di Maria dal punto di vista di Dio (cfr. κεχαριτωμένη)[105]. La reazione dei personaggi è strettamente parallela nel vocabolario (ἐταράχθη, διεταράχθη), ma diversa nella motivazione, in linea con l'accentuazione diversa dell'incontro; infatti, Zaccaria «ha terrore» per la visione (ἰδών), mentre Maria «per il saluto» (ἐπὶ τῷ λόγῳ). Lo stesso si deve dire per la rassicurazione. Strettamente parallela l'espressione letteraria dell'introduzione e della prima parte del messaggio[106], completamente differente la motivazione, in quanto per Zaccaria si tratta di una risposta ad una richiesta (διότι εἰσηκούσθη ἡ δέησίς σου), mentre per Maria c'è la conferma che si tratta di un intervento che ha origine dalla libertà divina (εὗρες ... χάριν παρὰ τῷ θεῷ).

---

[104] Cfr. v. 5: ὀνόματι ... ἐξ... = v. 27: ᾧ ὄνομα ... ἐξ ...;
v. 5 : καὶ τὸ ὄνομα αὐτῆς·Ἐλισάβετ
v. 27: καὶ τὸ ὄνομα τῆς παρθένου Μαριάμ
[105] C'è da notare come al v. 7 la presentazione dei genitori di Giovanni Battista sia dal punto di vista morale. Ma ciò si spiega col fatto che nel primo annuncio l'autore vuole creare un contrasto tra comportamento morale e sterilità, mentre questo per Maria non era richiesto.
[106] Cfr. v. 13a: εἶπεν...: Μὴ φοβοῦ, Ζαχαρία
v. 30 : καὶ εἶπεν...: Μὴ φοβοῦ, Μαριάμ

Su questa parte, bisogna notare che l'annuncio a Zaccaria segue fedelmente Daniele (cfr. analisi letteraria *ad locum*). Perciò, quello che in questa parte si vuole sottolineare non è tanto l'atteggiamento «passivo» di Zaccaria e «attivo» di Maria[107], quanto la «qualità» dell'intervento divino. L'apparizione a Zaccaria richiama una «profezia» specifica, mentre l'incontro di Maria è fuori da qualsiasi schema di pensiero[108].

Gli *annunci* (1,13b-17 = 1,31-33) seguono un andamento parallelo quanto alla successione degli argomenti[109], completamente differente quanto al contenuto. Infatti, diverso è il senso del nome[110], diverso l'«essere»[111], diversa la «missione»[112] dei nascituri. Tra le differenze minori, segnaliamo: la mancanza del riferimento alla gioia, nell'annuncio a Maria — a meno che non si prenda χαῖρε del v. 28 come anticipazione di questa gioia — e la mancanza del riferimento alla «gravidanza», nell'annuncio a Zaccaria, che, però, avrà una menzione speciale nel v. 24.

Domanda dei personaggi e *risposta* dell'angelo (1,18-19 = 1,34-35) hanno il loro parallelismo nella richiesta di chiarimenti, sono, invece, differenti nel contenuto. Infatti, l'espressione che introduce le domande è identica[113], ma varia la richiesta, perché Zaccaria «oppone» alle parole angeliche l'impossibilità di fatto e permanente della condizione sua e della moglie (cfr. v. 7), mentre Maria chiede lumi sulla base della sua condizione di «fidanzata» (cfr. v. 27). Tant'è vero che l'angelo a Zaccaria risponde richiamando l'origine divina della sua missione, mentre a Maria dando il «come». Ed è proprio su questo «come», che non ha parallelo nella risposta a Zaccaria, che risiede la profonda diversità delle due generazioni: quella di Elisabetta sarà miracolosa, ma naturale, quella di Maria sarà pure miracolosa, ma soprannaturale, cioè tutta dovuta all'azione divina e senza concorso umano.

---

[107] Così per es. LAURENTIN R., *I vangeli* 38, perché Maria riesce a pensare (διελογίζετο), mentre Zaccaria continua ad essere atterrito (καὶ φόβος ἐπέπεσεν ἐπ' αὐτόν).

[108] Cfr. il «saluto» dell'angelo che esce da qualsiasi modello veterotestamentario.

[109] Nascita-imposizione del nome-futuro che riguarda l'«essere» e la «missione».

[110] Giovanni = Dio fa misericordia; dono della misericordia di Dio;
Gesù = Dio è salvatore.

[111] Giovanni «sarà grande davanti a Dio» ed asceta; Gesù «sarà grande» e Figlio dell'Altissimo.

[112] La missione di Giovanni sarà quella di profeta-convertitore sulla scia di Elia; Gesù regnerà sul trono di David.

[113] Cfr. v. 18: καὶ εἶπεν Ζαχαρίας πρὸς τὸν ἄγγελον
v. 34: εἶπεν δὲ Μαριάμ πρὸς τὸν ἄγγελον

Il *segno* di conferma (1,20 = 1,36-37) riguarda uno stesso evento: un miracolo, ma differisce nella conseguenza per Zaccaria (mutismo) e nella motivazione: in Zaccaria punisce una mancanza di fede (οὐκ ἐπίστευσας), mentre in Maria conferma la straordinarietà dell'evento dovuto all'intervento divino (οὐκ ἀδυνατήσει παρὰ τοῦ θεοῦ πᾶν ῥῆμα)[114].

Da questo momento in poi il parallelismo dissimmetrico finisce perché l'annuncio della nascita di Gesù si conclude con l'accettazione di Maria e l'uscita dell'angelo, mentre l'annuncio a Zaccaria prosegue con altre sequenze.

Queste ultime sequenze sono costituite dalla manifestazione del mutismo (vv. 21-22), dal «ritorno» a casa di Zaccaria (v. 23), dalla gravidanza e dall'intervento di Elisabetta (vv. 24-25). La manifestazione del mutismo di Zaccaria non ha la sua portata più rilevante nel contrasto con l'assenso esplicito di Maria, ma, piuttosto, nel «compimento» della punizione preannunciata dall'angelo. Sulla stessa linea dev'essere interpretata la menzione a parte della gravidanza di Elisabetta: la promessa della nascita inizia il suo *iter* naturale. È utile, però, a questo punto, ricordare l'ipotesi formulata da H. Schürmann[115], secondo cui ci sarebbe un parallelismo tra 1,5-23.24-25 e 1,26-38.39-56, laddove la storia di Giovanni sarebbe una promessa ed una preparazione a quella di Gesù (così anche 1,57-66.67-79(80) che prepara 2,1-21.22-39(40)). L'unica difficoltà ad accettare questa tesi viene dal fatto di dover considerare la Visitazione come scena parallela a 1,24-25, dove il v. 25 sarebbe diventato un intero cantico: il *Magnificat*[116]. Quest'ultima ipotesi ci sembra insostenibile[117], mentre, appare più chiaro il carattere *anticipa-*

---

[114] Anche se bisogna sottolineare il senso positivo del mutismo di Zaccaria, in quanto costituisce l'inizio del compimento della promessa divina, nonché un aiuto alla fede (per quest'ultimo dato cfr. Schweizer E., *Das Evangelium* 13).

[115] Cfr. *Luca* I 106-107.

[116] A tal proposito così si esprime Meynet R., *Dieu donne son Nom à Jésus. Analyse rhétorique de Lc 1,26-56 et de 1 Sam 2,1-10*, in Bib 66 (1985), 40: «ils (Visitazione e *Magnificat*: n.d.r.) constituent avec 1,26-38 un ensemble littéraire unifie. C'est [...] cet ensemble tout entier qui est parallèle à l'Annonciation à Zacharie et pas seulement le récit de l'Annonce à Marie»; cfr. inoltre Talbert C. H., *Literary Patterns* 44; Laurentin R., *I vangeli* 43.

[117] L'errore di fondo che è possibile rilevare in questa posizione (cfr. nota precedente) può essere attribuito alla volontà di cercare assolutamente un parallelo per 1,24-25. Non c'è dubbio che ci sia un profondo legame tra 1,24-25 e 1,39-56 sia dal punto di vista verbale (cfr. v. 25: οὕτως μοι πεποίηκεν κύριος ... ἐπεῖδεν ἀφελεῖν ὄνειδός μου ... e vv. 49.48: ἐποίησέν μοι μεγάλα ὁ δύνατος; ἐπέβλεψεν ἐπὶ τὴν ταπείνωσιν τῆς δούλης αὐτοῦ) che narrativo (il segno dato a Maria in 1,36 si compie in 1,39ss, come è confermato anche dal nascondimento). Però, una serie di osservazioni tendono a escludere questo legame, o quanto meno se ne può dare una

torio di questa prima scena all'interno di Lc 1-2: adombrare nel compimento di promesse limitate il compimento di ben più grandi e definitivi interventi divini.

B. DATI TEOLOGICI

Il dato teologico fondamentale è nel senso da dare al parallelismo dissimmetrico degli annunci di Lc 1[118]. Le interpretazioni formulate sono quattro: 1) antitesi; 2) superiorità; 3) continuità; 4) sintesi di antitesi e continuità.

C. CONCLUSIONE

L'esame della struttura degli annunci di Lc 1 sembra confermare quanto finora si è andato segnalando: il rapporto Giovanni Battista-Gesù presente in questi annunci risponde all'idea del parallelismo superativo, laddove pare sia da escludere una considerazione esclusivamente conflittuale del rapporto tra i due personaggi.

Ciò permette anche di dire che Luca, in questo caso, pur usando un modello letterario che si richiama a precedenti (parallelismo veterotestamentario e σύγκρισις), riesce a creare una composizione nuova. Per cui potendosi e dovendosi far risalire a lui il parallelismo di Lc 1 non è necessario supporre un annuncio più antico che servì da base per l'altro[119]; benché non si possa negare la presenza di dati precedenti l'attuale redazione.

L'analisi effettuata ha aperto lo spiraglio ad un'ipotesi molto suggestiva, che, cioè, Lc 1,5-23.24-25 contenga già quello schema

---

spiegazione meno problematica. È stato notato, in sede di struttura di Lc 1-2, che non c'è solo una continuità tra annuncio a Maria e Visitazione, ma anche tra gli annunci, che nella Visitazione hanno il loro «epilogo»: nella concordia delle madri si anticipa la concordia dei figli. Infatti, nella Visitazione troviamo ripresi dati anticipati in Lc 1,5-25: Giovanni, ripieno di Spirito Santo già dal seno materno (v. 15), riconosce Gesù (v. 41); l'incredulità di Zaccaria ha il suo corrispettivo nella fede di Maria (v. 45: μακαρία ἡ πιστεύσασα). C'è un cambiamento di luogo rispetto all'annunciazione e si ritorna nella casa di Zaccaria (1,39-40). È vero che la Visitazione è il segno di 1,36, però è anche vero che lo scopo ultimo della pericope è far incontrare i bambini. Infine, il *Magnificat* è più facilmente in parallelo con il *Benedictus*, perché sono stati madre di Gesù e padre di Giovanni a ricevere l'annuncio. In conclusione si può dire che la dissimmetria qui presente rivela certamente la libertà dell'autore, ma può anche essere il suo rispetto per le fonti.

[118] Una buona introduzione al problema è presentata in LEGRAND L., *L'annonce* 56-64.

[119] Cfr. per una sintesi delle diverse opinioni BROWN R. E., *La nascita* 350-351; LEGRAND L., *L'annonce* 33-34.37-39.

promessa-compimento che caratterizzerà Lc 1-2 nel suo insieme e, più in generale, anticipa il rapporto Giovanni-Gesù. Ma, questa ipotesi dovrà essere verificata, immediatamente, alla luce di Lc 1,5-25 e, alla fine, alla luce della teologia soggiacente al rapporto Precursore-Messia.

Per concludere, occorre ricordare che un'esatta comprensione del rapporto Giovanni Battista-Gesù sarà gravida di conseguenze anche per l'interpretazione dello svolgersi della storia della salvezza secondo Luca.

IV. STRUTTURA DI Lc 1,5-25[120]

La determinazione della struttura di Lc 1,5-25 deve tener conto di elementi letterari (cfr. ἐγένετο, ἡμέρα, richiami verbali) e di contenuto (cfr. presentazione degli attori e loro ambiente) che concorrono a far emergere la utilizzazione delle singole sequenze in funzione dell'insieme della scena[121].

A. Struttura letteraria

1. *L'insieme*

Lc 1,5-25 costituisce un'unità che risulta limitata da due inclusioni letterarie:

1) tutto si svolge all'interno di un tempo storicamente determinato:

v. 5: ... ἐν ταῖς ἡμέραις Ἡρῴδου ...

in cui avviene un intervento divino:

v. 25: ἐν ἡμέραις αἷς ἐπεῖδεν ἀφελεῖν ...;

---

[120] Numerose sono le strutture proposte per questi versetti in funzione del significato o degli elementi che si vogliono far risaltare. Le strutture tripartite (5-7.8-23.24-25) fanno risaltare il valore strutturante di ἐγένετο e la composizione «classica» di una scena con introduzione, corpo centrale e conclusione, cui è sottostante l'idea di «passaggio» da una situazione (introduzione) ad un'altra (conclusione) tramite un intervento divino (corpo). Le divisioni bipartite, invece, mettono l'accento su un altro dato teologico: la realizzazione della promessa (5-22: promessa; 23|24|-25: realizzazione della promessa). LAURENTIN R., *Structure* 26, riporta una divisione in due «quadri» (5-23.24-25) fondata sulle indicazioni di luogo e di tempo.

[121] Sottostante a questa descrizione c'è l'idea che Lc 1,5-25 costituisca una «composizione» di senso compiuto, formata da diverse frasi — anch'esse di senso compiuto —, ma il cui significato emerge pienamente solo dall'insieme.

2) oggetto di questo intervento è una coppia:

> v. 5: Ζαχαρίας ... καὶ γυνὴ αὐτῷ ...
> v. 24: Ἐλισάβετ ἡ γυνὴ αὐτοῦ[122].

Quest'unità letteraria, nelle sue parti di fondo, risulta determinata da alcune determinazioni temporali e locali. La scena si apre al v. 5a con una solenne introduzione temporale (ἐγένετο ἐν ταῖς ἡμέραις Ἡρῴδου) che ci porta in una nazione in cui vive una coppia[123]; la seconda indicazione temporale (v. 8a: ἐγένετο δὲ ἐν τῷ ἱερατεύειν) riduce l'ambiente, collocando la scena nell'ambito del Tempio; l'ultima indicazione temporale (v. 24: μετὰ δὲ ταύτας τὰς ἡμέρας) riduce ancora l'ambientazione alla casa della coppia.

Le tre parti di cui risulta formata la scena rivelano, ulteriormente, la loro unità, dal momento che tra le diverse parti ci sono alcuni richiami verbali.

Così tra 5b-7 e 8-10 notiamo:

> ἱερεύς ... ἐφημερίας ... ἐναντίον τοῦ θεοῦ;
> ἱερατεύειν ... ἐφημερίας ... ἔναντι τοῦ θεοῦ;

tra i vv. 20 e 21:

> ἔσῃ σιωπῶν καὶ μὴ δυνάμενος λαλῆσαι ...;
> οὐκ ἐδύνατο λαλῆσαι αὐτοῖς ...;

tra i vv. 23 e 24:

> ὡς ἐπλήσθησαν αἱ ἡμέραι ...;
> μετὰ δὲ ταύτας τὰς ἡμέρας ...;

Da ciò, naturalmente, appare evidente come le diverse situazioni di Lc 1,5-25 vadano lette in sequenza e profondamente unite; inoltre, in questo modo il lettore è spinto ad arrivare alla conclusione del racconto[124], proprio per i richiami interni che si susseguono.

Sulla base di queste osservazioni si può dividere la pericope in tre grandi parti: vv. 5-7. 8-23. 24-25.

---

[122] Si noti come in entrambi i testi la presentazione sia fatta dalla parte di Zaccaria, nonché una costruzione chiastica:
  A. Ζαχαρίας ...
    B. καὶ γυνὴ αὐτῷ ...
    B´. Ἐλισάβετ
  A´. ἡ γυνὴ αὐτοῦ ...

[123] Questa introduzione servirà anche per gli avvenimenti successivi di Lc 1-2.

[124] Questo dato ci offre l'occasione per un'importante sottolineatura. Lc 1,5-25 ha una sua carica coinvolgente il lettore, al di là della carica che coinvolgerà il lettore quando si passerà a Lc 1,26-38.

2. Le singole parti

a. vv. 5-7

In questi versetti abbiamo la presentazione di una coppia strettamente unita nell'origine sacerdotale[125] e nell'opposizione tra «essere» e «non avere»: *sono* giusti, ma *non hanno* figli[126]. In questo modo il lettore è introdotto e, nello stesso tempo, coinvolto nella storia. Infatti, deve risultare strano che una coppia di «giusti» non abbia figli, ma, ancora più strano, il fatto che siano ormai vecchi e, per giunta, la moglie è anche sterile.

Abbiamo, così, la presentazione di un dramma familiare, che non vede all'orizzonte nessuna possibilità di soluzione[127].

b. vv. 8-23

In questi versetti viene presentato quanto accade nel Tempio o attorno ad esso, durante il servizio sacerdotale di Zaccaria[128]. Inoltre, si può notare come i vv. 8-10. 21-23 siano dedicati a Zaccaria ed al popolo, mentre i vv. 11-20 al rapporto di Zaccaria con l'angelo.

Più in dettaglio si può osservare come i vv. 8-9 e 23 riguardino solo Zaccaria, presentato all'inizio e alla fine del suo servizio liturgi-

---

[125] Cfr. il parallelismo delle espressioni:
ἱερεύς τις ... ἐξ ἐφημερίας Ἀβιά
καὶ γυνὴ αὐτῷ ἐκ τῶν θυγατέρων Ἀαρών
e più in generale la costruzione unitaria del versetto:
ἱερεύς τις ὀνόματι Ζαχαρίας $\diagdown$ ἐξ ἐφημερίας Ἀβιά
καὶ γυνὴ αὐτῷ ἐκ τῶν θυγατέρων Ἀαρών $\diagup$ καὶ τὸ ὄνομα αὐτῆς Ἐλισάβετ

[126] Notiamo che il v. 7, costruito sulla base di un parallelismo concentrico, fa emergere al centro della struttura (C) la mancanza di figli, mentre negli estremi abbiamo i motivi del contrasto: pur essendo pii, osservanti della Legge (B) la loro condizione (B′) non permette al presente (vecchiaia) e non permetteva al passato (sterilità di Elisabetta) di avere figli. Notevole, infine, l'uso di tre impf. di εἶναι che danno immediatamente il contrasto «essere»-«non avere», nonché includere perfettamente il versetto:
    A. ἦσαν...
    B. δίκαιοι ἀμφότεροι ἐναντίον τοῦ θεοῦ πορευόμενοι ἐν...
    C. καὶ οὐκ ἦν αὐτοῖς τέκνον...
    B′. καὶ ἀμφότεροι προβεβηκότες ἐν...
    A′. ἦσαν

[127] Questa presentazione della coppia se rivolta ad un uditorio giudaico non ha tutta quella *suspense* che può avere per un uditorio ellenistico, che non conosce la storia di Abramo e Sara e in genere le nascite miracolose dell'AT. Così si vuole sottolineare che un uditorio di Gentili rende conto meglio di questa caratteristica.

[128] Cfr. l'inclusione tra due ἐγένετο seguiti da due prop. temporali:
    v. 8 : ἐγένετο ... ἐν τῷ ἱερατεύειν...
    v. 23: καὶ ἐγένετο ὡς ἐπλήσθησαν αἱ ἡμέραι τῆς λειτουργίας
C'è da notare che ἐγένετο ὡς non ha il valore strutturale forte dei due ἐγένετο precedenti (vv. 5.8), ma chiude la parte centrale della struttura ed apre alla parte finale.

co nel Tempio[129], mentre i vv. 10 e 21 sono riservati al popolo, che, escluso dalla visione perché fuori (v. 10), è in attesa e si meraviglia (v. 21). Inoltre, i vv. 10 e 21-22 illustrano anche il rapporto di Zaccaria con il popolo[130]. Perciò, si può dire che Zaccaria e popolo non costituiscono solo la «cornice» della visione, ma anche i destinatari dell'evento che sta per compirsi. Più in particolare, la nascita del figlio si indirizza alla «preghiera» di Zaccaria (cfr. v. 13), mentre la missione del nascituro (vv. 16-17) risponderà alle preghiere del popolo (ἦν προσευχόμενον ...) [131].

I vv. 11-20 sono caratterizzati da un intervento angelico[132]. Questo intervento comporta una visione (vv. 11-12) ed un'audizione o, meglio, un dialogo (vv. 13-20).

La visione (ὤφθη) provoca (ἰδών) una reazione che viene espressa due volte[133].

Il dialogo, che avviene tra l'angelo e Zaccaria, risulta di tre momenti (vv. 13-17.18.19-20) scanditi sulla base dell'intervento dei personaggi[134].

I vv. 13-17 trattano dell'annuncio della nascita di Giovanni Battista (vv. 13-14), delle sue qualità (v. 15) e della sua missione

---

[129] Cfr. v. 9 : εἰσελθὼν εἰς τὸν ναὸν ...
v. 22: ἐξελθὼν [...] ἐν τῷ ναῷ
dove l'ingresso e l'uscita di Zaccaria dal santuario includono la descrizione di quanto vi è avvenuto.

[130] Cfr. come nel v. 10: 1) il popolo è presentato da solo (πᾶν τὸ πλῆθος ... τοῦ λαοῦ); 2) disgiunto fisicamente da Zaccaria (vedi εἰσελθών: v. 9; ἔξω); 3) ma anche unito a Zaccaria per il sacrificio (θυμιᾶσαι: v. 9; τῇ ὥρᾳ τοῦ θυμιάματος); nei vv. 21-22 abbiamo: 1) il popolo è presentato da solo (ὁ λαός); 2) disgiunto fisicamente da Zaccaria (ἦν ... προσδοκῶν τὸν Ζαχαρίαν); 3) unito a Zaccaria sia perché «capiscono» che lui ha avuto una visione (vedi ὤφθη: v. 11 e ὀπτασίαν ἑώρακεν), sia perché, intanto, Zaccaria è uscito dal santuario (vedi ἔξω: v. 10 e ἐξελθών).

[131] Cfr. θυμιᾶσαι-θυμιάματος-θυσιαστηρίου τοῦ θυμιάματος che collegano l'apparizione ed il messaggio dell'angelo con Zaccaria ed il popolo.

[132] Cfr. l'inclusione tra
v. 11: ἄγγελος κυρίου ἑστὼς ...
v. 19: ὁ ἄγγελος ... ὁ παρεστηκὼς ...

[133] Cfr. v. 12: καὶ ἐταράχθη

Ζαχαρίας
ἰδών
καὶ φόβος ἐπέπεσεν
ἐπ' αὐτόν

Inoltre, si noti come la costruzione dei vv. 11-12 sarebbe perfettamente inclusa tra ὤφθη e ἰδών se non ci fosse καὶ φόβος ..., ma quest'ultimo è un tratto anch'esso redazionale per continuare il riferimento a Dan 10,7.

[134] Cfr. v. 13: εἶπεν δὲ πρὸς αὐτὸν ὁ ἄγγελος : angelo-Zaccaria
v. 18: καὶ εἶπεν Ζαχαρίας πρὸς τὸν ἄγγελον : Zaccaria-angelo
v. 19: καὶ ἀποκριθεὶς ὁ ἄγγελος εἶπεν αὐτῷ : angelo-Zaccaria

(vv. 16-17). L'annuncio, che ha come oggetto la nascita di un figlio[135] ed il suo nome, è diretto a Zaccaria (cfr. Ζαχαρίας, σοῦ |2x|, σοί |2x|), mentre nella «gioia» sono coinvolti anche «molti»[136], cioè i «vicini» (cfr. 1,58). Le qualità di Giovanni Battista sono tre: «grande davanti al Signore», asceta-nazireo, ripieno di Spirito Santo[137]. La missione del nascituro è chiarita da 4 verbi: 2 3a sing.: ἐπιστρέψει, προελεύσεται e 2 inf. fut. con valore finale: ἐπιστρέψαι, ἑτοιμάσαι, che mettono in rapporto Giovanni Battista con il popolo. In particolare, abbiamo che 1º e 3º rendono chiaro che la missione di Giovanni, annunciata come «ritorno» del popolo al Signore, consiste nella restaurazione dei rapporti all'interno d'Israele (v. 17b); mentre, 2º e 4º verbo ci presentano Giovanni Battista che, come battistrada del Signore, sulla scia di Elia (cfr. Mal 3), prepara il «popolo ben disposto» (cfr. Is 40).

La domanda di Zaccaria (v. 18) viene a ricoprire una centralità all'interno del dialogo che ha la sua ragion d'essere non in sé, ma nel richiamo alla vecchiaia che, sottolineando nuovamente l'impossibilità della coppia ad avere figli (cfr. v. 7), mette in rilievo la straordinarietà del fatto, cioè il miracolo che sta per compiersi.

La replica finale dell'angelo consiste di una ulteriore rivelazione (v. 19) e di un segno (v. 20). La rivelazione riguarda la presentazione dell'angelo come essere personale, distinto da Dio (ἐγώ εἰμι), il suo nome (Γαβριήλ), la sua posizione (ὁ παρεστηκὼς ἐνώπιον τοῦ θεοῦ) e la sua missione di inviato divino (ἀπεστάλην). È da notare che il fine della sua missione (λαλῆσαι... καὶ εὐαγγελίσασθαι) è parte della rivelazione divina, perciò, a εὐαγγελίσασθαι bisogna dare un senso di manifestazione del piano divino di salvezza. Quindi, se ne dovrebbe concludere che già l'annuncio della nascita di Giovanni Battista fa entrare nella «buona novella». Ma, per una conclusione certa in tal senso si devono attendere ulteriori argomenti.

---

[135] Cfr. l'inclusione:
    v. 13: γεννήσει υἱόν ...
    v. 14: ἐπὶ τῇ γενέσει ...
[136] Cfr. il chiasmo:
    A. ἔσται χαρά
       B. σοι ...
       B΄. πολλοί ...
    A΄. χαρήσονται
nonché l'inclusione: ἔσται χαρά ... χαρήσονται.
[137] Anche se in
    καὶ οἶνον καὶ σίκερα οὐ μὴ πίῃ
    καὶ πνεύματος ἁγίου πλησθήσεται
c'è da notare l'opposizione tra bevande alcooliche e Spirito Santo e non bere-riempire che farebbe pensare all'ascetismo come ad una condizione per essere riempiti di Spirito.

Il segno è accompagnato dalla motivazione e ne è fissata la fine al «compimento» delle parole dell'angelo, come si evince dalla costruzione del v. 20[138], da cui appare chiaro che la fine del mutismo coinciderà con la nascita del bambino — che è appunto l'oggetto principale delle parole dell'angelo — nel «tempo» stabilito da Dio. La motivazione chiama in causa l'incredulità di Zaccaria alle parole dell'angelo che, perciò, dovevano contenere un richiamo all'origine divina della missione dell'angelo. Infatti, la prima parola dell'angelo, dopo la rassicurazione, è un passivo teologico (εἰσηκούσθη). Ritroviamo altri passivi teologici nella replica dell'angelo (ἀπεστάλην) e nel segno (πληρωθήσονται). Da ciò deve apparire chiaro che quanto accadrà è opera di Dio, ad iniziare dal mutismo di Zaccaria che seguirà subito dopo.

I vv. 21-23 costituiscono la conclusione di questa parte della scena. Infatti, le parole dell'angelo si compiono e, così, l'attesa ansiosa del popolo termina con Zaccaria sordo-muto[139]; il popolo attribuisce il mutismo alla visione[140]; Zaccaria esce dal Tempio e finisce il suo servizio (v. 23a). Il suo ritorno a casa cambia l'ambientazione e prepara alle sequenze conclusive (vv. 24-25).

c. vv. 24-25

Questi versetti costituiscono il momento culminante di tutta la narrazione, in quanto la gravidanza di Elisabetta «compie» la «parola» del Signore, così come già anticipato dal mutismo di Zaccaria. In questo modo, la situazione di Elisabetta è ribaltata[141] e può rin-

---

[138] A. ἄχρι ἧς ἡμέρας
    B. γένεται
       C. ταῦτα...
       C′. οἵτινες
    B′. πληρωθήσονται
  A′. εἰς τὸν καιρὸν αὐτῶν

[139] Cfr. vv. 21-22:
  A. ...ὁ λαὸς
    B. ἦν ... προσδοκῶν
       C. τον Ζαχαρίαν...
       C′. αὐτὸς
    B′. ἦν διανεύων
  A′. αὐτοῖς

[140] Cfr. v. 22:
  A. οὐκ ἐδύνατο λαλῆσαι αὐτοῖς
    B. καὶ ἐπέγνωσαν ὅτι ὀπτασία ἑώρακεν...
  A′. καὶ αὐτὸς ἦν διανεύων αὐτοῖς καὶ διέμενεν κωφός

[141] Cfr. il passaggio inclusivo:
  v. 7 : ἦν ἡ Ἐλισάβετ στεῖρα : sterilità
  v. 24: συνέλαβεν Ἐλισάβετ : gravidanza

graziare il Signore. Ma, caratteristico di questi versetti è anche la posizione di Elisabetta che viene a trovarsi in primo piano[142], anticipando, unitamente all'ambientazione in una «casa privata», l'annuncio a Maria.

B. IL SENSO

La stessa struttura ci dà una chiave di lettura per interpretarne il senso.

La prima sensazione che appare è quella del movimento. Non siamo, cioè, di fronte ad un quadro, ma ad un film, laddove il senso può emergere dall'insieme, ma soprattutto si palesa nel dinamismo insito in ogni sequenza che raggiunge il suo apice nella parte finale. Questa osservazione permette di rendere conto di due caratteristiche del testo: il senso dell'insieme si trova nei singoli particolari e nella loro concatenazione.

Quali, dunque, i movimenti che attraversano Lc 1,5-25? Innanzitutto, il passaggio da una situazione ad un'altra: dalla sterilità alla gravidanza, dalla mancanza di un figlio al concepimento di uno. Questo concretizza il passaggio dalla promessa al compimento, poiché è solo la «parola» promessa da Dio a realizzare quanto è umanamente impossibile: un miracolo. Perciò, siamo di fronte ad un atto di Dio, che solo può cambiare il futuro senza orizzonti di una vecchia coppia. Ma, tale intervento divino appare come «futuro» e, perciò, «speranza» anche per tutto un popolo che attende, pregando, la sua liberazione.

Relativo a questo è il movimento della fede (cfr. il compimento nel futuro). La fiduciosa speranza in un intervento divino risolutore richiede una fede vigile. Perciò, il movimento di fede nell'agire di Dio che Zaccaria non ha espresso spontaneamente gli viene inculcato da Dio (cfr. mutismo), di modo che l'attesa del futuro intervento divino — nascita di Giovanni Battista, ma, ancor più, la nascita di Gesù — non possa passare inosservato. Perché, oltre tutto, non si tratta di un intervento divino che riprende semplicemente altri interventi veterotestamentari dello stesso tipo, ma ha in sé qualcosa di

---

[142] Cfr. i vv. 5-7 dove è manifesta la precedenza di Zaccaria su Elisabetta nella rottura del parallelismo del v. 5b — che anticipa il nome di Zaccaria e posticipa quello di Elisabetta, che viene ad avere come prima presentazione: «moglie di...» — e nella sterilità di Elisabetta — come causa fondamentale della mancanza di figli. Perciò, non può non colpire che Elisabetta scomparsa in maniera dimessa al v. 7 ritorni, in primo piano, nei vv. 24-25, dove solo lei è chiamata per nome; dove tutti i verbi si riferiscono a lei; dove solo lei «parla», in quanto se è sua la colpa fondamentale è anche per lei la benevolenza maggiore e, quindi, il ringraziamento.

nuovo ed in quanto tale richiede un atteggiamento, nei confronti di Dio, nuovo. Per questo, la missione futura del bambino tenderà a creare un popolo capace di discernere il nuovo sfuggito a Zaccaria[143].

I cambi di inquadratura si muovono verso una sempre maggiore interiorizzazione, infatti, si passa dalla Giudea con il suo re, al Tempio con le sue funzioni e i suoi sacerdoti, ad una vecchia e sterile donna nell'intimità della sua casa o, ancora meglio, della sua coscienza. Così, si prepara ed annuncia la scena dell'annuncio a Maria.

Infine, la storia di Giovanni Battista inserita, all'inizio, nella storia profana d'Israele (v. 5a), diventa, nel suo svolgimento, per opera degli interventi divini (cfr. miracoli e messaggio, in genere, dell'angelo), storia di salvezza in uno dei suoi momenti cruciali, perché tempo della «visita» del Signore (v. 25).

V. CONCLUSIONI

Riprendiamo, come in una carrellata, le principali conclusioni e prospettive che questa parte dell'analisi ha fornito.

Lc 1-2 fa parte, a pieno titolo, di Lc-At, il che significa che questi capitoli sono indispensabili per determinare la teologia dell'intera opera lucana. Inoltre, viene confermato, così, l'unità di autore.

Il rapporto Giovanni Battista-Gesù, sulla cui base è costruito Lc 1-4, non dev'essere antitetico ma superativo, nel senso che entrambi fanno parte della storia salvifica, anche se la figura e l'opera di Gesù è incommensurabilmente più grande di quella di Giovanni Battista. Un'altra categoria che definisce bene il rapporto tra questi due personaggi è quella del «preludio»: Giovanni Battista e la sua storia sono la naturale preparazione all'incontro con l'evento Cristo, in un «crescendo», che raggiunge in Cristo il culmine dell'intervento salvifico divino.

Lc 1,5-25 ha una sua indipendenza, che si manifesta sia a livello letterario che teologico. Da ciò ne deve conseguire una riconsiderazione della pericope non solo all'interno del dittico degli annunci, ma anche in sé.

Infatti, in questo brano, che è il primo del vangelo di Luca, ci sono alcuni dettagli che sottolineano questo suo carattere di «ini-

---

[143] Da notare, infatti, come Zaccaria non riconosca il tempo della visita del Signore — riconosciuto, invece, da Elisabetta (v. 25: ἐπεῖδεν) — anticipando così, nelle parole dell'angelo e nel mutismo, il rimprovero che Gesù farà alla città di Gerusalemme (ἀνθ᾽ ὧν οὐκ ἔγνως τὸν καιρὸν τῆς ἐπισκοπῆς σου: Lc 19,44).

zio»: il Tempio e gli elementi ivi connessi[144] e lo schema promessa-compimento. Di quest'ultimo è da considerare non solo il «compimento» degli annunci immediati (gravidanza e mutismo), ma soprattutto il «compimento» della profezia delle 70 settimane di anni di Daniele e il «compimento» della promessa sulla comparsa del Battistrada di Malachia; testi che collocano 1,5-25 e gli eventi che seguiranno ad un punto «finale» della storia della salvezza[145].

Questi dati devono condurre ad un ripensamento del ruolo di Giovanni Battista e, più in generale, dello sviluppo della storia della salvezza quale Luca l'ha intesa proporre nel suo Lc-At.

---

[144] Cfr. At 10,1ss dove si tratta dell'ammissione dei primi pagani nella Chiesa, senza passare per la circoncisione; At 22,17ss che situa l'ordine della missione di Paolo verso i pagani durante una sua preghiera nel Tempio di Gerusalemme. Questi due episodi confermano che gli «inizi» di stadi importanti della storia della salvezza passano attraverso il riferimento al Tempio, manifestando, altresì, che non c'è una rottura nello svolgimento di questa storia, quanto piuttosto una continuità.

[145] Questo si può vedere anche nel mutismo di Zaccaria inteso come una punizione. Infatti, il comportamento di Zaccaria, che sulla scia degli annunci veterotestamentari «contesta» il messaggero, non è confacente ad un momento di «compimento» delle promesse divine, di cui il bambino che sta per nascere è solo un'anticipazione. Così, l'inizio di un'èra nuova richiede un atteggiamento di fede nuovo.

CAPITOLO IV

LA TEOLOGIA

Quale il senso di Lc 1,5-25? Giungiamo con la risposta a questa domanda al momento finale e culminante del nostro studio. Infatti, le fasi precedenti hanno un senso ed una validità solo in quanto ci permettono di raggiungere il pensiero che l'autore ha voluto esprimere tramite questo racconto.

Nello svolgimento di questa parte, i dati teologici emergenti saranno incanalati in modo da far emergere il ruolo dei personaggi «umani» della pericope, e all'interno della concezione lucana della storia della salvezza e nella loro valenza «evangelica», cioè, in quanto parte — anche se da chiarire — della «buona novella». Naturalmente, questo non significherà misconoscere la portata degli altri personaggi, vale a dire, in maniera esplicita l'angelo Gabriele, in quanto messo di Yahweh, ed in maniera implicita Gesù, di cui Giovanni è la staffetta.

Perciò, in base a questa scelta — che sembra anche profondamente radicata in quella che è la dinamica del brano e la sensibilità di Luca, più portato a dar conto dei personaggi che degli avvenimenti — proporremo la significazione teologica di Giovanni Battista e dei suoi genitori, in vista ed in funzione di quello che, in ogni caso, resta sempre l'oggetto primario del vangelo: condurre alla confessione di fede in Cristo Gesù.

A livello più prettamente esegetico — conformemente alle caratteristiche letterarie di Lc 1-2 e, più in generale, dell'opera lucana — si terranno continuamente davanti tutti i richiami — o meglio, anticipazioni — in modo da poter avere il senso più ampio e completo della pericope all'interno di Lc-At.

I. IL SIGNIFICATO DI GIOVANNI BATTISTA ALLA LUCE DI Lc 1,5-25

A. Giovanni Battista nella visione di H. Conzelmann: conclusione dell'AT

Non si può trattare di Giovanni Battista nel vangelo di Luca senza un riferimento, seppur fugace, alla visione ed al ruolo che a questo personaggio viene dato nell'opera esegetica più significativa sulla teologia di Luca degli ultimi decenni o, quanto meno, la più citata: *Die Mitte der Zeit* di H. Conzelmann[1].

La teoria di Conzelmann parte dalla convinzione che Luca abbia dato veste teologica ad un fenomeno che si verificò all'interno della chiesa primitiva: il ritardo della Parusia, che portò come conseguenza alla *descatologizzazione* della visione della storia dei primi cristiani e del messaggio di Gesù stesso. Luca, perciò, non aspetta più la fine imminente della storia, ma ne opera una periodizzazione. Così, la storia della salvezza non si avvicina al suo completamento escatologico, ma consta di tre periodi ben delimitati: 1) il tempo d'Israele che termina con Giovanni Battista (cfr. Lc 16,16); 2) il tempo del ministero di Gesù; 3) il tempo della Chiesa. Il tempo d'Israele ha avuto inizio con la creazione ed il periodo della Chiesa termina con la Parusia. Al centro è collocato il tempo del ministero di Gesù, che Conzelmann considera come un evento nel passato, un tempo unico della storia della salvezza. I limiti di questo periodo sono segnati dalla scomparsa di Satana (4,13) e dalla sua ricomparsa in Giudea (12,3). Il tempo tra questi due eventi è il tempo della salvezza, nonché il «centro del tempo»[2].

Giovanni Battista è da collocare all'interno di questa concezione.

Nella tradizione giunta a Luca «scheidet der Täufer alten und neuen Äon» (p. 13), di cui è già parte per la sua connotazione escatologica, come precursore di Gesù, sulla scia dell'attesa apocalittica di Elia. Però, Luca, facendo un uso differente del materiale tradizionale, trasforma Giovanni Battista da una figura del passato in relazione al futuro escatologico, in una figura che ha un posto definito in una storia della salvezza continua. Cioè,

> «nicht mehr der Anbruch des neuen Äon wird durch Johannes markiert, sondern ein Einschnitt zwischen zwei Epochen der einen, kontinuierlichen Geschichte, wie er Lc 16,16 beschrieben ist» (p. 14).

Infatti, secondo 16,16 non c'è nessuna preparazione alla predicazione del Regno da parte di Gesù. Giovanni, in Luca — a differenza di Mt 3,2 —, è solo un predicatore di conversione, come è rilevabile in 3,18 dove εὐαγγελίζεσθαι significa solo «predicare», senza nessuna connotazione escatologica (p. 14, nota 2). Tant'è che, con una serie di rimaneggiamenti redazionali, tenta di eliminare qualsiasi rapporto tra Giovanni e Gesù (cfr. la separazione geografica dei due mini-

---

[1] Cfr. spec. pp. 13-18.
[2] Cfr. *ibid.*, 8-9.

steri). Inoltre, sempre a partire dalla descatologizzazione, Luca cambia anche il rapporto tradizionale Giovanni Battista-Elia. Nelle fonti, Giovanni è solo il precursore e non il Messia; potrebbe essere Elia. In Luca, invece, «er ist *nicht* der 'Vorläufer', [...]; er ist der letzte der Propheten» (p. 16). Di Giovanni Luca riferisce solo quanto si dice (cfr. Erode in 9,7 s.), non il suo pensiero. Da parte sua, egli omette ogni riferimento ad un precursore, che era appunto l'idea sottostante all'attesa di Elia[3]. Perciò, quando in 1,17 Giovanni è legato ad Elia viene stravolta la prospettiva della «preistoria» lucana[4]. Cosicché Conzelmann considera la teologia di Luca nel primo capitolo del suo vangelo su Giovanni Battista — e più in generale quella di Lc 1-2 — differente dal resto dell'opera lucana e appartenente alla fonte proto-Lc, che il nostro autore si esime dal considerare al fine di ricostruire la teologia di Luca.

A conclusione di questo breve *excursus* si può affermare che la descatologizzazione di Giovanni Battista — che riguarda sia la sua predicazione che il suo rapporto con Elia, quale figura escatologica — è richiesta dai presupposti della teoria conzelmiana.

B. I LIMITI DELLA VISIONE CONZELMIANA

Non è nostra intenzione fare una critica dell'opera di Conzelmann — a cui, peraltro, sono dedicati numerosi e più qualificati studi[5] —, ma solo evidenziare alcuni punti deboli della sua costruzione, onde risulti che siamo, pur sempre, di fronte ad una teoria e non ad un dogma. Le osservazioni che faremo riguarderanno soprattutto la presentazione ed il ruolo di Giovanni Battista, ma non si potrà non accennare anche alla concezione generale, data la stretta connessione tra epoche storico-salvifiche e posizione di Giovanni Battista.

---

[3] Nonostante il cambio tra «me» e «te» nella citazione di Lc 7,27, Luca «gibt weder vor dem Auftreten Jesu noch vor dem künftigen Parusie einem 'Vorläufer' im qualifizierten Sinne [...]. Wenn Johannes das Kommen ankündigt, so hat er doch keine *prinzipiell* höhere Dignität als die anderen Propheten. Davon wird auch die Eliasvorstellung betroffen. Vgl. vor allem die Tilgung von Mc 9,11f., des Motivs vom Vorausgehen des Elias. Ebenso wird sein eschatologisches Werk, die ἀποκατάστασις, von Lc ausgemerzt» (*ibid.*, 144, nota 1).

[4] H. Conzelmann considera come «Vorgeschichte» Lc 3,1ss.

[5] Cfr. soprattutto BRAUMANN G., *Das Mittel der Zeit. Erwägungen zur Theologie des Lukasevangeliums*, in ZNW 54 (1963), 117-145; CULLMANN O., *Heil als Geschichte: Heilsgeschichtlichen Existenz im Neuen Testament*, Tübingen, 1965; FLENDER H., *Heil und Geschichte in der Theologie des Lukas*, München, 1965; KUEMMEL G., *«Das Gesetz und die Propheten gehen bis Johannes». Lukas 16,16 im Zusammenhang der heilsgeschichtlichen Theologie der Lukasschriften*, in BRAUMANN G. (Hrsg.), *Das Lukas-Evangelium. Die redaktions-und kompositionsgeschichtliche Forschung*, Darmstadt, 1974, 398-415.

Un primo rilievo può essere mosso sia alla presunta separazione territoriale tra i ministeri di Giovanni Battista e di Gesù, che al tenore della predicazione, che manifesterebbero la separazione tra due epoche (cfr. 3,2 ss.). A tale proposito, Robinson W. C. ha mostrato come le affermazioni di H. Conzelmann possono essere contraddette, in quanto certi particolari (cfr. 3,19.20.21-22.23) più che dovuti a precise tendenze lucane, si possono spiegare come caratteristiche stilistiche con intenti polemici, ma in ogni caso non si rilevano mutamenti tali da giustificare una tendenza teologica[6].

Ma, il testo più controverso è 16,16, perché nella sua interpretazione Conzelmann trova il sostegno per fare di Giovanni Battista l'ultimo rappresentante dell'AT[7]. A Conzelmann viene rimproverato, innanzitutto l'assunzione acritica del versetto, come comprovante la sua tesi, senza lasciare spazio ad interpretazioni diverse[8]. Perciò, il versetto è stato oggetto di molteplici studi dai quali un dato sembra emergere: Giovanni occupa un posto particolare, unico, di transizione tra due epoche. Anche se bisogna riconoscere che l'analisi puramente filologica non permette di dirimere in maniera convincente la questione, tuttavia il testo contiene lo stesso una suggestione utile per determinare la posizione di Giovanni Battista.

Infatti, non sfugge come le due particelle temporali (μέχρι e ἀπὸ τότε) abbiano come punto di riferimento sempre Giovanni Battista, che così viene ad assumere una posizione particolare: è l'ultimo dei profeti (μέχρι), ma con lui inizia la preparazione al vangelo (ἀπὸ τότε).

Problematica risulta anche l'accettazione della periodizzazione proposta da H. Conzelmann, tant'è che non mancano tentativi diretti ad una sua revisione[9], soprattutto per sottolineare la continuità di una storia.

---

[6] Cfr. *The Way of the Lord. A Study of History and Eschatology in the Gospel of Luke*, Bâle, 1962, 5-13. Cfr. anche WINK W., *John* 45ss; FITZMYER J. A., *The Gospel* I 170-171; SCHWEIZER E., *Aufbau* 326, nota 4.

[7] CONZELMANN H., *Die Mitte* 27, in via subordinata, vede una prova della sua tesi anche nel σήμερον di 4,21, che delimita il tempo della promessa (Israele) da quello del compimento (Gesù).

[8] «Strangely enough, he does not raise the question of the source for 16,16; he does not trace the Formgeschichte or the Redaktionsgeschichte of this key verse; he does not relate it to its strange setting in Luke (the controversy with the Pharisees in vss. 14-15, and the bearing upon divorce in vs. 18); he does not consider possible implications of the various syntactical problems. No — this verse achieves a quite unique status in Conzelmann's mind, invulnerable, and indebatable» (MINEAR P. S., *Luke's Use* 122).

[9] Cfr. WINK W., *John* 55-56, che, pur ammettendo i tre periodi, ne dà una diversa denominazione ed una diversa divisione, infatti parla di 1) periodo della promessa (Legge e Profeti); 2) periodo del compimento (Lc 3-24); 3) periodo della

Non a tutti appare convincente anche l'affermazione che la teologia di Luca sia determinata dal ritardo della Parusia, con la conseguente necessità di dover descatologizzare il primitivo messaggio cristiano[10].

Infine, viene rimproverato a Conzelmann di aver costruito la teologia di Luca ignorando completamente — o quasi — Lc 1-2.

Questo rende i risultati raggiunti dal nostro autore altamente discutibili, inficiando l'intero sistema. Infatti, non si può affermare di aver risolto il problema della inconciliabilità tra Lc 1-2 e il resto dell'opera lucana negando l'autenticità di questi capitoli o asserendone l'appartenenza a fonti pre-lucane. Così, il problema non si risolve, viene soltanto rimosso[11].

Quest'ultima osservazione ci introduce in uno degli argomenti più dibattuti tra gli esegeti: la figura di Giovanni Battista è descatologizzata da Luca, come vorrebbe H. Conzelmann, o il senso escatologico della sua figura è costante lungo tutto il vangelo? Lasciamo questa domanda, per il momento, in sospeso, perché questo tema sarà oggetto di uno dei prossimi paragrafi.

Credo che l'insieme di questi dati — che non sono gli unici, infatti, di altri dati si farà cenno all'uopo — costituiscano un valido fondamento per una ricomprensione del ruolo di Giovanni Battista, quale lo descrive Luca, in realtà, nella sua opera.

C. Una nuova visione

Data la difficoltà del tema è opportuno, prima di iniziare la trattazione sistematica del ruolo di Giovanni Battista in Lc 1,5-25 e nel quadro della storia della salvezza di Luca, fare alcune osserva-

---

Chiesa (At); TALBERT C. H., *The Literary Patterns* 103-107, da parte sua, pur ritenendo sostanzialmente valida la costruzione della storia della salvezza fatta da Conzelmann, propone 4 fasi al posto di 3: 1) Giovanni; 2) Gesù; 3) età apostolica; 4) età sub-apostolica.

[10] Citiamo, a mo' di esempio, tre autori che hanno risolto in maniera differente il rapporto tra storia ed escatologia. Per ROBINSON W. C., *The Way* 43ss, quello che sembrerebbe essere uno schema teologico ideato da Luca, in realtà, è un dato tradizionale: il cammino del Signore; MARSHALL I. H., *Luke* 102, afferma che scopo di Luca non è presentare una visione storico-salvifica, ma il vangelo della salvezza che si indirizza a Giudei e Gentili; ERNST J., *Herr der Geschichte. Perspectiven der lukanischen Eschatologie*, Stuttgart, 1978, sostiene, infine, che Luca non sostituisce la «storia della salvezza» alla escatologia, ma coordina storia della salvezza ed escatologia.

[11] È opportuno ricordare, a tal proposito, che Voss G., *Die Christusverkündigung der Kindheitsgeschichte im Rahmen des Lukasevangeliums*, in BK 21 (1966), 112ss, pur usando solo Lc 1-2 raggiunge la stessa conclusione di Conzelmann: tra Giovanni Battista e Gesù c'è una rottura.

zioni di natura ermeneutica, o, se si vuole, dei veri e propri presupposti ermeneutici che risultano pregiudiziali per un corretto sviluppo del tema.

1. *I presupposti ermeneutici*

Uno dei modi più comuni per ricostruire la teologia di Luca è quello di considerare i testi avendo in mente la teoria delle due fonti, supponendo che ogni variazione da parte di Luca insinui il desiderio di proporre un dato teologico contrario alle sue fonti. Però, può essere anche più verosimile che

> «in his own mind when Luke was writing the Gospel he was not so much revising earlier documents to conform to his own theological notions as composing the first of two volumes which would be read together by the same readers»[12].

Da ciò deve derivarne una maggiore attenzione a quello che è lo sviluppo di un'idea all'interno dell'autore preso in considerazione, senza lasciarsi condizionare dagli altri autori. Con questo non si vuole negare la validità del confronto sinottico per stabilire la peculiarità di un autore, ma solo affermare che la specificità di una posizione può apparire anche — e forse meglio — senza confronto sinottico.

Riprendendo una delle conclusioni del capitolo precedente, bisogna affermare di Lc 1-2 che non solo è parte integrante di Lc-At, ma la sua posizione strategica, in quanto costituisce il primo approccio con il vangelo di Luca[13]. Un inizio non essenziale[14] e proprio per questo ancora più rilevante dal punto di vista dell'interpretazione teologica. Più in particolare, se Lc 1,5-25 è la prima pericope del vangelo di Luca e contiene la prima presentazione di Giovanni Battista, ciò non può essere solo per rispetto alle fonti, ma vuole essere già un'anticipazione, potremmo dire, sintetica, di quanto si esprimerà in seguito.

Per concludere, l'interpretazione di Giovanni Battista dovrà tener conto di tutti gli elementi della pericope, senza limitarsi ai vv. 14-17 che più direttamente presentano l'essere e l'agire del Precursore.

---

[12] MINEAR P. S., *To Heal* 83.
[13] FITZMYER J. A., *The Gospel* I 163, paragona il ruolo di Lc 1-2 a quello di una «ouverture», dove sono anticipati tutti i principali motivi che saranno sviluppati in seguito dall'orchestra; cfr. anche BOVON F., *Luc le théologien. Vingt-cinq ans de recherches (1950-1975)*, Neuchatel-Paris, 1978, 279.
[14] Infatti, se il vangelo dell'infanzia non ci fosse pervenuto non ci accorgeremmo della sua mancanza (cfr. BROWN R. E., *La nascita* 317).

2. *Giovanni Battista alla luce dell'AT*[15]

Questo primo approccio ci permette di fare delle osservazioni non solo sul senso da dare all'annuncio della nascita di Giovanni Battista, ma, più in generale, vuole anche fornire l'ambiente entro il quale l'evento narrato può essere pienamente intellegibile[16]. Preme, perciò, a questo punto, ricavare le suggestioni fondamentali che il nostro brano, così fortemente intriso di VT, doveva produrre in chi leggeva o ascoltava.

Non è esagerato affermare che la colorazione di fondo sia data al nostro brano dalla ripresa di Dan 9 (profezia delle 70 settimane di anni), che dà alla pericope un carattere escatologico non sempre valutato in pieno dagli studiosi. Ciò viene confermato anche dalla ripresa di Mal 3 (arrivo del Precursore di Yahweh) che — al di là del problema del legame tra Elia e Giovanni Battista — rimane pur sempre un testo fortemente escatologico. Quindi, prendendo fino in fondo questa suggestione, si può dire che già l'annuncio della nascita di Giovanni Battista è un evento che si colloca nel tempo escatologico. Questo è ancora più significativo in quanto Luca avrebbe potuto omettere i riferimenti a Dan 9 e il brano non perdere nulla del suo senso, soprattutto in riferimento a Giovanni Battista. Perciò, se ne può anche far derivare che la intonazione escatologica del brano non dev'essere limitata solo a Lc 1,5-25, ma in forza del parallelismo degli annunci, vuole costituire la migliore preparazione per l'annuncio della nascita di Gesù. Infatti, l'intervento divino in funzione di Giovanni Battista è sulla scia dell'AT, ma l'ambientazione generale (il compimento della profezia delle 70 settimane di anni) ne fa un evento unico, in quanto segna l'inizio di una nuova fase della storia della salvezza, tant'è che Zaccaria, ancora legato ai vecchi schemi, non riesce a percepire la novità dell'evento che gli si para davanti (cfr. obiezione: v. 18)[17].

Quali le conseguenze dal fatto che Lc 1,5-25 sia impregnato di VT?

---

[15] Le osservazioni che seguiranno si riferiscono alla ripresa di Dan 9, in modo diretto, mentre degli altri testi si considera, al momento, solo la funzione per l'ambientazione.

[16] Infatti, una delle critiche fatta all'impostazione di H. Conzelmann riguarda la pressoché totale assenza di considerazione dell'AT, base della riflessione teologica di Luca (cfr. RASCO E., *H. Conzelmann y la «Historia Salutis». A propósito di 'Die Mitte der Zeit' y 'Apostelgeschichte'*, in Greg 46 (1965), 318).

[17] Questa interpretazione permette di superare il problema irrisolto — perché mancavano gli elementi — del contenuto della preghiera di Zaccaria e del popolo (vv. 10.13). Infatti, non è necessario supporre che la preghiera sia rivolta ad impetrare la prossima salvezza, in quanto l'ambientazione di Dan rende chiaro che l'era escatologica è giunta.

Innanzitutto, segnalare la *continuità di una storia*. Infatti,

> «Luc paraît soucieux de prolonger le discours vétérotestamentaire et d'y introduire le lecteur qui, au debut de sa lecture, apprend que ce commencement est un suite»[18].

Da ciò ne consegue che il richiamo all'AT non vuole segnalare una rottura con il Nuovo, quanto — all'interno di una continuità — richiamare l'attenzione sul compimento. Così, i grandi personaggi veterotestamentari non sono richiamati per il loro legame al passato, ma in quanto rappresentanti di una storia carica di una promessa che al presente sta per realizzarsi. In secondo luogo, non può sfuggire come le estremità dell'opera lucana siano sature di riferimenti all'AT, cioè Lc 1-2, Lc 3 — che colloca l'inizio del ministero di Giovanni Battista e di Gesù sotto gli auspici di Is 40 e 61 —, Lc 24 — dove Gesù stesso spiega come dev'essere interpretato l'AT —, At 1 ss. — che colloca gli eventi presenti sulla scia di antiche promesse —, At 28 — che chiude gli Atti dandone il senso teologico sulla base di Is 6,9 s. Questo a dimostrazione che l'AT è parte integrante della fede cristiana, cioè presupposto irrinunciabile per un'autentica comprensione di fede della novità portata dal Vangelo.

Sulla base di queste osservazioni, possiamo concludere che Lc 1,5-25 pur essendo un «inizio» (del compimento escatologico) è un «seguito» (delle promesse veterotestamentarie) con lo scopo di rendere evidente come il Vangelo si radichi nell'AT.

3. *Giovanni Battista-Gesù-Elia*

Anche se questo tema è stato già affrontato (cfr. p. 73-78), giova, in questo momento, riconsiderarlo per poter definire la posizione di Giovanni Battista nei confronti di Gesù, all'interno della concezione storico-salvifica di Luca. A tal proposito, è utile, per la chiarezza, distinguere la problematica, ossia, affrontare prima il problema del rapporto Giovanni Battista-Elia, quindi passare alla relazione Giovanni Battista-Gesù nel quadro dell'opera lucana.

a. *Giovanni Battista-Elia*

Prima di ogni altra affermazione, è necessario dire che il problema decisivo non è di stabilire se Luca — in 1,17 e nel resto della sua opera — identifichi o meno Giovanni Battista con Elia, ma di determinare la tipologia di Elia in relazione a Gesù e a Giovanni Battista per evitare posizioni estreme che non rendono giustizia ai

---

[18] BOVON F., *Luc* 115.

testi. Infatti, se Gesù, per Luca, è il nuovo Elia, Giovanni Battista che ruolo viene ad assumere nei suoi confronti? Posto il problema in questi termini, non resta che sancire l'estraneità di Lc 1,17a dalla teologia di Luca. Però, questo non rende giustizia né al testo[19] né a Luca come autore, che non sarebbe stato capace di inserire la prima presentazione di Giovanni Battista in una visione teologica unitaria. Inoltre, bisogna evitare un altro eccesso: affermare che se Giovanni Battista è il «profeta escatologico» (= Precursore di Gesù Messia) non può essere in riferimento al «ritornante Elia» (= Precursore di Yahweh). Perciò, vogliamo proporre alcune osservazioni che possono essere utili per superare le suddette difficoltà.

Nel v. 17a Luca riprende Mal 3,1.22.23 e Is 40,3. Normalmente si disputa se Luca intenda Mal nel senso di Is, cioè in riferimento al Precursore del Signore, o nel senso eliaco, cioè come identificazione con Elia[20]. Ma, quello che colpisce di più è il fatto che, pur riconoscendo che 1,17a corrisponde a quelle che sono le tradizioni di Mc 1,2-3 e 9,11-13 = Mt 17,10-13, ci si ostina a sostenere che il senso di Mal è determinato da Is, per cui Giovanni Battista è presentato solo come Precursore del Messia e non come Elia[21]. Infatti, non si vede per quale motivo Marco e Matteo con gli stessi testi fanno di Giovanni Battista il Precursore di Gesù e l'Elia che deve venire, anzi che è già venuto, mentre in 1,17a ci debba essere una discriminazione: se Giovanni Battista è il Precursore non può essere sulla scia di Elia. Inoltre, a risolvere l'apparente dicotomia di Luca secondo la quale in 1,17a Giovanni Battista è sulla scia di Elia, mentre omette del materiale che potrebbe farlo identificare con Elia (cfr. Mc 1,6; 9,9-13), vale quanto dice Marshall I. H., secondo cui

«Luke was unwilling to make a direct identification of John with Elijah in a literal manner. He took the prophecy of Malachi to mean the coming of a person like Elijah himself. [...] Luke does retain the identification of John with Elijah free from any literalistic misunderstanding. At the same time, he is free to use Elijah-typology to describe the ministry of Jesus without any sense of logical impropriety»[22].

Così, non siamo di fronte ad una dicotomia, ma ad un uso della tipologia di Elia non univoco.

---

[19] Si noti il carattere fortemente redazionale del versetto, dove si succedono numerosi lucanismi: καὶ αὐτός, ἐνώπιον, αὐτοῦ in riferimento a Gesù, ἐν πνεύματι καὶ δυνάμει.

[20] Cfr. DUBOIS F., *La figure d'Élie* 164.

[21] Cfr. RICHTER G., *Bist du Elias? Joh. 1,21*, in BZ 6 (1962), 79-92.238-256.

[22] *Luke* 147.

Un'ulteriore indicazione, sulla base di questo presupposto, viene da Wilson S. G., quando afferma che

«for Luke, Elijah was a model of the godly man, and he wants to use him tipologically of both John and Jesus, more especially of Jesus. For this reason Luke avoids directly identifying Elijah with either John or Jesus. Thus Luke's immediate motive was typological, or perhaps christological, rather than eschatological»[23].

Perciò, il tema di Elia non dev'essere considerato immediatamente in chiave escatologica, quanto cristologica. Ciò, permette una migliore armonizzazione di quanto è detto in 1,17a, non solo in funzione di 1,31, ma anche del modo lucano di concepire il rapporto Giovanni Battista-Gesù. Queste ultime affermazioni non sembrino in contrasto con altre nostre affermazioni sul carattere escatologico dato a Giovanni Battista in questa prima scena del vangelo di Luca. Infatti, affermare un uso prevalente — da parte di Luca — della tipologia di Elia in chiave cristologica non comporta una svalutazione della sua carica escatologica che, in ogni caso, viene assicurata a Giovanni Battista dal tenore generale della pericope.

In conclusione, si può dire che il riferimento di Giovanni Battista ad Elia non solo è tradizionale, ma, soprattutto, non sembra esserci un contrasto all'interno della presentazione lucana. Anzi, ne conferma il carattere peculiarmente lucano rispetto al resto della tradizione evangelica, che o riserva solo a Giovanni il ruolo di Elia (Mc e Mt), o lo stacca completamente da questo per riservarlo a Gesù (Gv). In Luca, ed è qui la sua novità, le due tendenze coesistono, anche se con una prevalenza, a lungo andare, della seconda sulla prima.

b. *Giovanni Battista-Gesù*

«The relationship — more precisely the exact relationship — between Jesus and John the Baptist has remained through the centuries a perplexing, at times an embarassing, question. Answers have been attempted, but none has ever won universal acceptance»[24].

Questa affermazione è riportata alla luce del rapporto Giovanni Battista-Gesù in tutta la tradizione evangelica, ma ben si attaglia anche alla difficoltà di definire la relazione Giovanni Battista-Gesù nel vangelo di Luca. Fortemente legate alla risoluzione del tema precedente (rapporto Giovanni Battista-Elia), le opinione, pur nelle

---

[23] *Lukan Escatology*, in NTS 15 (1969), 333.
[24] ENSLIN M. S., *John and Jesus*, in ZNW 66 (1975), 1.

diverse sfumature, possono essere divise — anche se potrebbe sembrare in maniera superficiale — tra conzelmaniani e anticonzelmaniani, cioè tra coloro che considerano Giovanni Battista come l'ultimo dei profeti, assolutamente scisso da Gesù[25] e quelli che considerano Giovanni Battista come una figura escatologica e la collocano già nel NT[26]. Anche se bisogna aggiungere che non manca una posizione intermedia, in cui Giovanni Battista, per dirla con H. Conzelmann, fa parte sia del periodo d'Israele che del centro del tempo[27].

Lasciando da parte, in questo momento, sia la problematica del rapporto storico Giovanni Battista-Gesù, che il suo inserimento all'interno della tradizione evangelica, ci preme considerare Giovanni Battista e Gesù nel quadro della teologia di Luca.

Da questo punto di vista, si può senz'altro dire che

«Luke's greatest innovation [...] is the way he has incorporated John in his grand outline of redemptive history»[28].

Questo significa che Giovanni ha nella concezione lucana un ruolo unico ed insostituibile. Ma, qual è questo ruolo? Giovanni è il profeta-convertitore sulla scia di Elia; una presentazione che, come abbiamo mostrato, non solo è sulla linea della più autentica tradizione, ma è perfettamente rispondente anche al pensiero di Luca. Più in particolare, proponiamo due dettagli dai quali emerge come Lc 1 entri pienamente nella struttura e nel modo di procedere del vangelo di Luca. Una delle affermazioni su cui poggia la presunta rottura tra Giovanni Battista e Gesù, nel vangelo di Luca, è la loro separazione fisica. Però, se è vero che Giovanni e Gesù non si incontre-

---

[25] Cfr. tra gli altri GOGUEL M., *Jean-Baptiste* 256-258; TATUM B. W., *The Epoch* 190; VOSS G., *Die Christusverkündigung* 112-113; ENSLIN M. S., op. cit., 1-18; RADAELLI A., *Il Vangelo di Luca in chiave battista*, in RicBRel 17 (1982), 355ss.

[26] Tra gli autori che più specificamente sono entrati in polemica con le tesi di H. Conzelmann ricordiamo ROBINSON W. C., *The Way* 15.19.22-23, secondo cui la mancata identificazione con Elia non è fatta da Luca per togliere al Battista il carattere escatologico tradizionale, quanto per la polemica antibattista; perciò in Lc 1-2, una volta affermata la superiorità di Gesù su Giovanni (cfr. il parallelismo), Luca può anche tollerare testi come 1,17. Più netto è RASCO E., *H. Conzelmann* 289, nota 2, che vede nella posizione conzelmaniana su Giovanni Battista in Lc 1-2 un preconcetto interessato, in quanto viene tolto di mezzo un testo come 1,17 che non si accorda con la sua presentazione della storia della salvezza. Per WILSON S. G., *Lucan Escatology* 332, infine, la figura di Giovanni Battista non è descatologizzata, perché la separazione tra Giovanni Battista e Gesù non è di natura escatologica.

[27] Cfr. OLIVER H. H., *The lucan Birth* 216-219; HUGHES J. H., *John the Baptist: the Forerunner of God Himself*, in *NT* 14 (1972), 212-218; FITZMYER J. A., *The Gospel* I 184-185.310.

[28] WINK W., *John* 58.

ranno mai durante il loro ministero (cfr. Lc 3,2-20.21 ss.), non si può dimenticare che un incontro tra Giovanni Battista e Gesù già c'è stato durante la Visitazione. Ora, richiamandoci alle osservazioni del Cap. III (cfr. unità di Lc 1-4) e al carattere anticipatorio di Lc 1-2, non si può più affermare che Luca non faccia incontrare Giovanni Battista e Gesù. Così, sulla stessa linea, è da interpretare la presentazione di Giovanni Battista in 1,17a: nel corso del vangelo, Luca può omettere di collocare, in maniera esplicita, Giovanni sulla scia di Elia, perché questo è stato già proposto in Lc 1.

Sul carattere escatologico della figura del Battista, per il momento, sospendiamo il giudizio — anche se gli elementi esaminati ce lo consentirebbero —, aspettando l'analisi del prossimo paragrafo, dove dovrebbe apparire chiaro come il carattere escatologico del Battista non è limitabile alla presentazione generale e al v. 17, ma è insinuato anche in altri particolari, cosicché, per le nostre conclusioni potremo basarci non su un testo — per giunta discusso —, ma su una serie di elementi.

Per adesso, si può affermare che la concezione conzelmaniana del rapporto Giovanni Battista-Gesù non risponde pienamente al senso dei testi e che — anticipando delle conclusioni ulteriori — la figura di Giovanni Battista nel vangelo di Luca gode di un particolare rapporto sia con l'AT (profeta) che con Gesù (precursore) e la Chiesa (convertitore).

4. *Alcuni tratti peculiari di Lc 1,5-25*

Ci dedichiamo, ora, ad esaminarre come i particolari più importanti di 1,5-25 portino ad un significativo approfondimento della concezione lucana su Giovanni Battista.

a. *Il sincronismo storico*

Per gli occidentali il tempo è legato a nozioni temporali: c'è un presente in base al quale si definisce un passato ed un futuro. Nella Bibbia, invece, il tempo è determinato e qualificato dagli interventi di Dio nella storia degli uomini. Nel primo caso, il tempo è basato sull'uomo, nel secondo, si lascia definire dal riferimento a Dio. In 1,5-25 troviamo questa doppia qualificazione. Nel v. 5 si richiama il re del tempo per legare gli eventi alla storia umana — qui si rivela il Luca storico —, ma, questo stesso tempo è anche «salvificamente» significativo, in quanto è il tempo della «visita» del Signore Dio (v. 25) — qui si rivela il Luca teologo[29]. Questo fa sì che si possa

---

[29] Questo ci permette di fare una sottolineatura importante anche sul rapporto storia-teologia. Il fondamento della narrazione lucana è l'evento, mentre la tradi-

parlare di «storia della salvezza». Questa ambientazione manifesta anche la continuità di una storia sacra, dal momento che si menziona solo il re d'Israele. Anche se nel prosieguo si manifesterà, con più chiarezza, che ci troviamo ad un momento cruciale della storia dei rapporti tra Dio e uomo, già la menzione di Erode apre la prospettiva al tempo messianico, benché limitatamente al solo orizzonte politico[30].

b. *Il Tempio*

Con le ripetute menzioni del Tempio e della sua liturgia (vv. 8-11.21.23), Luca stabilisce una continuità tra Israele e la Chiesa, come è confermato dai sommari degli Atti (2,46; 5,42), in cui si mostra come i primi cristiani continuino a frequentare il Tempio e le sue liturgie. La menzione del Tempio conferma, altresì, che ci troviamo ad un punto cruciale della storia della salvezza[31]. Ciò non significa che sia iniziata già una nuova economia, ma neanche che rimaniamo ancorati alla vecchia. Infatti, il Tempio svolge una funzione di trapasso, finita la quale non ha più senso e i cristiani se ne affrancano. Perciò, al Tempio — ed alle istituzioni giudaiche in genere — Luca dà un valore non assoluto, ma limitato ad un certo periodo, al periodo del passaggio dalla vecchia alla nuova economia salvifica. Così, lo sviluppo della storia della salvezza in Luca non risulta «a singhiozzo», ma c'è un naturale sviluppo — anche se non mancano le tensioni — da un periodo all'altro, cioè, la novità non implica la rottura immediata e assoluta con il vecchio, ma il nuovo si innesta, con uno sviluppo a volte imprevedibile, sull'antico.

c. *L'apparizione angelica*

L'intervento di Gabriele ci porta nel contesto escatologico di Daniele, coinvolgendo in questo ambito anche il bambino di cui annuncia la nascita. Questo intervento colloca la nostra pericope ad un momento cruciale della storia della salvezza, che determina la partecipazione ad una nuova economia, quella della fede. Non che l'AT non fosse già caratterizzato dalla fede, ma, di fatto, la fede veterotestamentaria — di cui si trova traccia nell'obiezione di Zaccaria

---

zione biblica fornisce l'interpretazione del fatto. Perciò, l'uso dell'AT non genera l'evento, ma lo interpreta. Tutto parte dalla «storicità» dell'evento.

[30] «I desideri, le attese e le speranze del tempo messianico erano acuite dal fatto che un edomita, dal nome pagano [...] regnava sul trono di Davide [...]. La speranza esasperava in odio oppure in sforzo verso la giustizia (SALDARINI G., *L'annuncio a Zaccaria (Lc 1,5-25)*, in *I Vangeli (Introduzione alla Bibbia*, 4), Casale Monferrato, 1960, 433).

[31] Cfr. nota 144 al Cap. III.

al v. 18 — non è più sufficiente (vedi il mutismo di Zaccaria, inteso come punizione per una mancanza di fede), proprio perché un modo di intervento divino nuovo richiede una fede nuova. Perciò non sarebbe esagerato affermare che il Vangelo cominci già con il messaggio dell'angelo a Zaccaria.

d. Εὐαγγελίζεσθαι

H. Conzelmann quando analizza questo verbo a proposito di Lc 3,18, pur ammettendone il carattere lucano, lo svuota del suo significato escatologico, in riferimento alla predicazione del Battista[32]. Però, sia l'uso lucano che l'attuale contesto favoriscono una interpretazione più pregnante che il semplice «annunciare». Infatti, «the associations of the word are predominantly eschatological»[33]. Carattere escatologico confermato dal fatto che il verbo è messo in bocca a Gabriele proprio dopo l'uso di un passivo teologico (ἀπεστάλην), lasciando così trasparire che questo annuncio è in relazione a Dio e al suo piano. Quindi, dire che «die Ankündigung des Täufers gehört für Lukas hinein in die Frohbotschaft»[34] forse può apparire eccessivo, ma risponde al tenore del nostro testo.

e. La gioia

Tratto tipicamente lucano, contagia con la sua atmosfera non solo Lc 1-2 (cfr. 1,28.44.47.58), ma l'intera opera lucana (cfr. Lc 6,23; 10,17.20; 13,17; 15,5.7.10.30; 19,37; 24,41.52; At 5,18.39). È significativo che Luca, nella prima scena del suo vangelo, usi i due termini che nei LXX traducono la stessa parola ebraica (śāśôn) che esprime la gioia messianica non disgiunta da un certo carattere escatologico (cfr. Sof 3,14-17; Ger 31,12-13; Is 51,3.10-11; Gioe 1,12). In questo modo la nascita di Giovanni Battista e la sua missione — cfr. il γάρ che fonda la gioia — aprono la storia al compimento escatologico del piano divino di salvezza. Infatti «Johannes ist als Bereiter des Heils und nicht als Bote des Gerichtes verstanden»[35], in una prospettiva che va al di là dei «molti» (genitori e vicini) per raggiungere ogni cristiano.

---

[32] Cfr. *Die Mitte* 14, nota 2; 30.194.
[33] WILSON S. G., *Lukan Eschatology* 331, nota 5, che cita a sostegno Lc 1,19; 2,10; 3,18; 4,10.43; 7,22; 8,1; 9,6; 16,16; 20,1; At 5,42; 8,4.12.24.35.40; 10,36; 11,20; 13,32; 14,7.15.21; 15,35; 16,10; 17,18.
[34] GRUNDMANN W., *Das Evangelium* 52.
[35] *Ibid.*, 50. Cfr. anche FITZMYER J. A., *The Gospel* I 318, che parla di «preparatory joy, heralding an age to come».

f. L'«essere» di Giovanni Battista

L'«essere» di Giovanni Battista è caratterizzato da un *modus vivendi* ascetico e da una relazione con lo Spirito Santo che lo accompagna fin dal seno materno. In questo momento ci interesseremo soprattutto del secondo aspetto.

Il rapporto di Giovanni Battista con lo Spirito Santo, da una parte, lo colloca sulla scia della più pura tradizione profetica, in quanto si tratta dello Spirito di profezia, cioè del dono dello Spirito necessario per la funzione profetica, nonché di una scelta divina in vista di una missione importante[36]. Ma, d'altra parte, ci sono dei particolari che fanno di Giovanni un personaggio che supera la concezione veterotestamentaria. In particolare,

> «nessun testo anticotestamentario usa il termine *riempire* (πίμπλημι) di Spirito di Dio; nessun testo dell'Antico Testamento parla dello Spirito Santo fin dal seno materno»[37];

nessun eroe del VT possiede lo Spirito in maniera permanente, ma solo per compiere le sue missioni[38]. Così Giovanni Battista viene mostrato sia come «l'erede dei grandi personaggi della storia d'Israele (Sansone, Samuele e naturalmente Elia di cui [Luca: n.d.r.] parla esplicitamente)»[39], sia come anticipatore di un rapporto nuovo con lo Spirito Santo. A partire da questa particolarità di Giovanni Battista, è necessario considerare anche il suo ruolo all'interno della storia della salvezza. Il problema è stato già affrontato (cfr. pp. 105-106) a proposito dell'unità teologica di Lc-At. Ora, vogliamo solo applicare quelle conclusioni alla concezione lucana della storia della salvezza. Una visione storico-salvifica legata alla nozione lucana dello Spirito Santo risale a H. von Baer che, anticipando in qualche modo già la visione conzelmaniana, relega la relazione Giovanni Battista-Spirito Santo all'AT[40]. Ad una netta separazione

---

[36] Soprattutto in unione al nazireato.

[37] SALDARINI G., *L'annuncio* 443.

[38] Cfr. GRUNDMANN W., *Das Evangelium* 51.

[39] LYONNET S., *Il racconto dell'Annunciazione e la maternità divina della Madonna*, in *Scuola Cattolica* 82 (1954), 427.

[40] Cfr. *Der Heilige Geist in der Lukasschriften*, Stuttgart, 1926, 43-112. La storia della salvezza è divisa in tre periodi: 1) l'AT, tempo in cui lo Spirito Santo è promesso, riappare in Lc 1-2 e culmina in Giovanni Battista; 2) la vita di Gesù, in cui lo Spirito interviene; 3) il tempo della Chiesa, in cui lo Spirito Santo, visto come Spirito del Signore glorificato, si diffonde. Intuizione che troviamo ripresa in LAMPE G. W. H., *The Holy Spirit* 167, quando scrive che «the work of John forms the connetting link between of these phases (AT-ministero di Gesù: n.d.r.) of the Spirit's activity, just as the narrative of the period between the Resurrection and Pentecost is the bridge that unites the second with the third (ministero di Gesù-ministero degli apostoli: n.d.r.)».

tra lo Spirito Santo in Lc 1-2 (escluso 1,35) ed in Atti giunge anche Tatum B. W., in seguito ad una rigorosa applicazione della tesi di Conzelmann[41]. Raccogliendo le diverse osservazioni fatte a questa concezione[42], possiamo affermare che per Luca lo Spirito Santo, in quanto medesimo agente della storia della salvezza, dà continuità a questa storia. La diversità, invece, è data dalla differente effusione, sia quantitativa — in Lc 1-2 a singoli individui, in Atti per «ogni carne» —, che qualitativa — in Lc 1-2 è effuso lo Spirito di profezia, in Atti lo Spirito di Gesù. Senza dimenticare che elementi di anticipazione sono il possesso permanente dello Spirito Santo e la sua azione in ordine ad una missione di preparazione del popolo[43]. Infine, la teologia lucana sullo Spirito Santo ha lo scopo di rendere chiaro, ad un uditorio non avvezzo con l'AT — in quanto i Gentili non ne riconoscevano l'autorità — che siamo di fronte ad eventi salvifici. Infatti, lo Spirito Santo, oltre che essere lo strumento attraverso cui Dio opera, dà il senso soprannaturale degli eventi[44].

Così, anche il rapporto di Giovanni Battista con lo Spirito Santo in 1,5-25 insinua l'unicità, nella continuità di una storia, di Giovanni[45].

g. L'«agire» di Giovanni Battista

Qual è la reale portata della missione di Giovanni Battista? Si tratta di una predicazione semplicemente morale rivolta al solo Israele?[46], oppure la «preparazione del popolo ben disposto» richiede una certa definitività che oltrepassa i confini d'Israele?

Ci pare debba essere seguita la seconda possibilità per una serie di motivi. Innanzitutto, l'interpretazione dei vv. 16.17b. In questi versetti notiamo una serie di esplicazioni che danno un'idea dinami-

---

[41] Cfr. *The Epoch* 184-195. Vedi anche BETORI G., *Lo Spirito e l'annuncio della parola negli Atti degli Apostoli*, in RivB 35 (1987), 399-441.

[42] Cfr. BARRETT C. K., *The Holy Spirit and the Gospel Tradition*, London, 1947, 122, che riconosce in Lc 1 «a *pre-Christian* Church, equipped with the Holy Spirit». Sulla continuità dell'azione dello Spirito Santo in Giovanni Battista, Gesù e nella Chiesa vedi FITZMYER J. A., *The Gospel* 128.326; la continuità delle epoche è reperibile in GEORGE A., *Études* 90; id., *L'Esprit Saint dans l'oeuvre de Luc*, in RB 85 (1978), 515; CHEVALLIER M.-A., *Luc et l'Esprit Saint*, in RevSR 56 (1982), 15.

[43] Cfr. Pentecoste, quando il dono dello Spirito Santo si manifesta come capacità di convertire il popolo (At 2,37ss), capacità che si anticipa nella missione di Giovanni Battista come convertitore.

[44] Cfr. LUCK U., *Kerygma, Tradition und Geschichte bei Lukas*, in ZTK 57 (1960), 51-66.

[45] Sembra, però, eccessivo come fa LUPIERI E., *Giovanni Battista nelle tradizioni sinottiche* 74, vedere nella Visitazione il primo esempio di battesimo cristiano.

[46] Questa tesi è richiesta dalla visione conzelmaniana di Giovanni Battista che è legato ad Israele e privato del suo riferimento escatologico ad Elia.

ca della missione di Giovanni: 1) Giovanni Battista opererà in seno alla comunità d'Israele (v. 16); 2) il «popolo ben disposto» non essendo limitabile al solo Israele storico rimane aperto all'accettazione dei pagani. In verità, quest'ultimo passaggio non è evidentissimo dal contesto, ma si può ben dedurre dalla presentazione della missione di Giovanni Battista fatta in 3,8 ss. di cui 1,16.17b è l'anticipazione. L'opera di Giovanni Battista porta ad un discernimento all'interno del popolo demolendo quello che è il fondamento dell'Israele storico: l'appartenenza al popolo di Dio per nascita. La presenza di Giovanni ha lo scopo di rendere evidente come dell'Israele di Dio si entri a far parte solo per le opere di conversione (3,9 ss.). Perciò, in quanto la predicazione di Giovanni Battista opera una separazione nell'Israele storico e di conseguenza abolisce la prospettiva della salvezza limitata al solo Israele, in maniera indiretta apre la strada ad una prospettiva universalistica. Questo è confermato da 3,4-6 dove Luca allunga la citazione di Is 40 fino al v. 5 (solo Luca!) — citazione già presente nell'ἑτοιμάσαι del v. 17b — e dall'osservazione che

> «au moment où Jésus va entreprendre sa mission, Israël est [...] déjà divisé en peuple fidèle et en incredules. Les premiers sont ceux qui acceptent de se convertir dans l'humilité (cfr. 3,7.10.12.14.21: n. d. r.); les seconds, qui sont les pharisiens, les docteurs»[47].

Una divisione che prosegue nel vangelo[48] e prepara l'ingresso dei Gentili nella Chiesa. Inoltre, la «preparazione del popolo ben disposto» in 3,8 ss. è costituita dalla predicazione «deviante» di Giovanni Battista — rispetto al sentire comune — perché in quello che richiede come opere di conversione non c'è una relazione diretta con la Legge[49]. Quindi, portando sul piano storico-salvifico le ultime osservazioni si deve dire che Giovanni, benché per molti aspetti sia legato alla tradizione veterotestamentaria, nella sua predicazione se ne scosta per poter essere il Precursore del Messia universale. Infatti, ancora oggi la liturgia ci presenta Giovanni Battista e la sua predicazione come la migliore preparazione all'incontro con Cristo Signore (vedi Avvento). Tant'è che «die Begriffe, welche die heilgeschichtliche Stellung Israels anzeigen, sind auf die Kirche übertragen»[50] (cfr. At 2,22; 3,12; 5,13; 13,16). Infine, una buona interpreta-

---

[47] GEORGE A., *Études* 94.
[48] Cfr. KODELL J., *Luke's Use of «Laos», 'People', Especially in the Jerusalem Narrative (Lk 19,28–24,53)*, in CBQ 31 (1969), 340.
[49] Cfr. KAZMIERSKY C. R., *The Stones of Abraham* 22-40; LUPIERI E., *Giovanni Battista nelle tradizioni sinottiche* 63, che parla di «degiudaizzazione» del messaggio di Giovanni Battista.
[50] CONZELMANN H. *Die Mitte* 140.

zione di questa preparazione è reperibile in Lc 12,40 = Mt 24,44 (parabola delle dieci vergini), dove appunto la preparazione è in vista dell'attesa della «visita» escatologica del Signore.

h. Il compimento

La caratteristica della sezione centrale del nostro brano (vv. 13-20) è l'abbondanza dei futuri[51]. Una concentrazione non certo casuale, ma certamente voluta da Luca.

Alcuni di questi futuri si riferiscono a Giovanni Battista, volendo costituire un'*anticipazione* del suo futuro essere ed operare. Ma, quello che importa sottolineare è l'intenzione di Luca di porre tutti i futuri sotto la regia dell'azione di Dio. Infatti, πληρωθήσονται (v. 20) non si riferisce alla sola nascita di Giovanni Battista, ma a tutte le parole dell'angelo su di lui, cosicché si suggerisce «un appuntamento con l'*intervento divino*»[52] in ordine alla realizzazione di un piano con suoi momenti di attuazione (cfr. καιρός: v. 20). Perciò, appare chiaro che Luca ha in mente uno schema promessa-compimento da due punti di vista: nell'immediato, in ordine al concepimento e al futuro di Giovanni Battista; nel piano più generale di salvezza, c'è «l'intenzione di mostrare i fatti del N.T. come conclusivi di un disegno»[53].

Quindi, in 1,5-25, in quanto primo approccio al suo vangelo, Luca offre una chiave d'interpretazione della sua concezione storico-salvifica, dove il «presente» — compreso Giovanni Battista — ha, per il suo riferimento ad un piano divino che si compie, un carattere definitivo ed escatologico[54].

D. LA POSIZIONE «STRATEGICA» DI GIOVANNI BATTISTA

Il migliore punto di partenza per definire la posizione di Giovanni Battista nella storia della salvezza concepita da Luca è il detto di Gesù: «Giovanni è il più grande tra i nati di donna; però il più piccolo nel Regno di Dio è più grande di lui» (Lc 7,28 = Mt 11,11). Infatti, nella descrizione di Giovanni in 1,5-25 c'è un continuo ondeggiare per definire la sua posizione nei confronti del Vecchio e del

---

[51] Cfr. γεννήσει, καλέσεις, ἔσται χαρά ... χαρήσονται, ἔσται γὰρ μέγας, οὐ μὴ πίῃ, πλησθήσεται, ἐπιστρέψει, προελεύσεται, ἐπιστρέψαι e ἑτοιμάσαι (inf. aor. usati al posto di ptc. fut.), γνώσομαι, ἔσῃ σιωπῶν, πληρωθήσονται.

[52] STRAMARE T., *Compiuti i giorni della loro purificazione (Lc. 2,22): Gli avvenimenti del N.T. conclusivi di un disegno*, in BeO 24 (1982), 200.

[53] *Ibid.*, 201.

[54] Cfr. anche il fatto che il primo intervento di Dio nel NT sia un miracolo non riducibile a quelli similari veterotestamentari.

Nuovo eone. Così, si possono notare alcuni elementi che indicano una *continuità col passato*, mentre altri suggeriscono una *novità*. Tutto questo perché Giovanni Battista è collocato ad un momento cruciale della storia della salvezza: *è il ponte* tra l'Antico e il Nuovo[55].

Ma, nel concreto, cosa comporta l'applicazione di questa immagine al ruolo di Giovanni? Innanzitutto, che il Battista non può essere disgiunto dal riferimento al NT, anzi può essere considerato la prima figura del NT, anche se questo non significa che sia il primo cristiano. Ciò sulla base della sua missione. Infatti, in lui l'AT è concentrato[56] e reso disponibile al suo compimento che è Gesù Cristo. Ma, per la sua connotazione escatologica ha anche lo scopo di preparare l'*audience* a cui Gesù potrà rivolgersi[57]. Così, l'ἐγένετο di 1,5 segna davvero un intervento di Dio decisivo nella storia perché, suscitando il Precursore del Messia, apre i «tempi nuovi», anche se quest'uomo non è ancora il «nuovo».

Questa particolare concezione del Battista ha la sua ragion d'essere anche all'interno di Lc-At e dal punto di vista di un lettore cristiano. Infatti, non bisogna dimenticare che Luca scrive da cristiano e per cristiani, o che tali diventeranno. Perciò, a partire da questo, quando si ricostruisce la concezione lucana della storia della salvezza, si deve tener conto che i punti di interesse sono Gesù e la Chiesa, ai quali vengono subordinati gli altri elementi. Così, Gesù e reso comprensibile ed avvicinabile tramite l'AT e Giovanni Battista, mentre la Chiesa da Gesù e dagli apostoli[58]. In altri termini, come non si può comprendere e concepire la Chiesa senza Gesù, mediato dagli apostoli, così non si può capire Gesù senza l'AT, mediato da Giovanni Battista. In tal modo, sia Giovanni Battista che gli apostoli godono di una posizione strategica ed unica perché Giovanni unisce e partecipa dell'AT e del NT, e gli apostoli uniscono e parte-

---

[55] Per questa immagine cfr. LAMPE G. W. H., *The Holy Spirit* 167, anche se in maniera dubitativa; MARSHALL I. H., *Luke: Historian and Theologian*, Exeter, 1970, 164; FRANKLIN E. F., *Christ* 84; BOVON F., *Luc* 23-24; ORTENSIO da SPINETOLI, *Luca. Il vangelo dei poveri*, Assisi, 1982, 137.

[56] «In tale maniera il bambino che dovrà nascere ricopre i tratti del precursore messianico (Mal 3,1), del profeta Elia e insieme riassume le funzioni di Isacco, il figlio della promessa, di Sansone, il giudice consacrato a Dio fin dal seno materno, di Samuele, il padre del regno e del profetismo» (ORTENSIO da SPINETOLI, *Il segno dell'Annunziazione* 338).

[57] Cfr. MINEAR P. S., *To Heal* 90.

[58] In maniera sintetica abbiamo

cipano del tempo di Gesù e del tempo della Chiesa. Questa visione ha, inoltre, il vantaggio di mantenere continua la storia della salvezza e di salvaguardare il principio promessa-compimento, in quanto Gesù è il compimento delle promesse veterotestamentarie che, tramite il ministero della Chiesa, si applicano ad «ogni carne»[59].

Da questa interpretazione deriva un'altra importante conseguenza per la concezione lucana di Giovanni Battista.

Se Giovanni è il Precursore-convertitore il suo ruolo diventa indispensabile per l'accoglienza di Gesù e per questo viene assorbito e presentato come parte integrante del Vangelo, anzi Giovanni diventa «as the prototype of the christian evangelist»[60], dal momento che, in At 3,19 ss., Pietro richiama molto da vicino la predicazione di Giovanni Battista[61]. Così si spiega anche perché Luca — nonostante certe tensioni — non può non presentare Giovanni Battista come figura escatologica e neotestamentaria già — anzi, soprattutto — a partire dalla sua prima presentazione[62].

II. ZACCARIA ED ELISABETTA ALLA LUCE DI 1,5-25

La legittimità di dare alla presentazione dei genitori di Giovanni Battista una rilevanza speciale viene dall'osservazione di un dettaglio, a prima vista, trascurabile. Perché Luca svilupperebbe in 1,5-25 una presentazione di Zaccaria ed Elisabetta, dal momento che il suo scopo è quello di anticipare al passato il rapporto di ministero Giovanni-Gesù, se non per caricarli di una portata teologica?

---

[59] Per questa nuova interpretazione cfr. anche TALBERT C. H., *The Literary Patterns* 103-106.

[60] *Id., Reading Luke* 30.

[61] Cfr. LUPIERI E., *Giovanni Battista nelle tradizioni sinottiche* 66-67, che fa notare un'interessante parallelismo tra Lc 3,19 e At 12,3, atto a mettere in risalto come Giovanni anticipi la figura dell'apostolo perseguitato.

[62] Non ci pare condivisibile la posizione di LUPIERI E., *Giovanni Battista nelle tradizioni sinottiche* 64-67; *id., Giovanni Battista fra storia e leggenda* 65-72, che a conclusione dell'analisi della presentazione di Giovanni Battista in Luca, definisce Giovanni come un «protocristiano», già a partire da Lc 1,5-25, con una specie di cristianizzazione forzata da parte di Luca. Infatti, se Giovanni Battista è un cristiano si perde il senso di «passaggio» tra le fasi della storia della salvezza, che è una delle caratteristiche dell'opera lucana, perché si crea una «rottura» tra Vecchio e Nuovo. In conclusione, la posizione di Luca rispetto a Giovanni Battista, almeno in Lc 1-4, ci sembra molto più fluida e sfumata.

A. Membri della «preistoria cristiana» [63]

Il collegamento di questi due personaggi con il NT appare da una serie di piccoli dettagli.

Innanzitutto, la loro presentazione (vv. 5-7). Benché sia fatta con un linguaggio veterotestamentario, la mentalità che vi è sottostante è neotestamentaria. Infatti, non si nota nessun intento polemico nei confronti della Legge, ma si mostra come «das Gesetz ist in gleicher Weise Voraussetzung des Evangeliums wie Israel die der Kirche und ihrer Mission» [64]. Inoltre, in quanto «giusti» anticipano l'epoca messianica quando gli ἀπειθεῖς diventeranno δίκαιοι [65]. Anche la loro gioia è preludio di una nuova era, infatti, anche se

> «ἀγαλλιᾶσθαι indica la gioia individuale di Zaccaria e di Elisabetta per la nascita di Giovanni [...] si tratta pur sempre della gioia escatologica, poiché Giovanni è il precursore [...]. La parola esprime perciò i sentimenti di coloro che hanno coscienza di essere la comunità degli ultimi tempi, costituita dall'opera salvifica di Dio» [66].

Laddove Dio si mostra all'opera, in maniera provvidenziale, già dalla scelta di Zaccaria per il servizio liturgico mediante il sorteggio (cfr. anche At 1,22-26).

B. Anticipazione del «fedele»

Se questi personaggi sono inseriti nel NT Luca non perde l'occasione per vedere in essi prefigurato l'atteggiamento di fede nuovo che richiede il tempo nuovo. Infatti, è in tal senso che devono essere letti il mutismo di Zaccaria e la lode di Elisabetta. Di fronte al tempo della «visita» del Signore non ci si può richiamare agli atteggiamenti di fede veterotestamentaria (obiezione di Zaccaria), che di fatto sono considerati come una mancanza di fede; ma, alla realizzazione della salvezza deve corrispondere l'annuncio dei *magnalia Dei* (lode di Elisabetta) — perciò il mutismo di Zaccaria finirà con il *Benedictus* — in cui si prefigura la testimonianza cristiana nell'opera di Dio per eccellenza: la risurrezione di Gesù (cfr. Lc 24,53). Quindi, nel mutismo di Zaccaria e nella lode di Elisabetta si presentano gli

---

[63] La definizione di «preistoria cristiana» in riferimento ai genitori di Giovanni Battista è presa da PERETTO E., *Zaccaria* 352.

[64] CONZELMANN H., *Die Mitte* 138; cfr. anche p. 137.

[65] Cfr. SCHRENK G., Δίκαιος, in GLNT, II, 1233.

[66] BULTMANN R., Ἀγαλλιάομαι, ἀγαλλίασις, in GLNT, I, 55.

atteggiamenti fondamentali verso la «visita» del Signore[67] che ha
cambiato la loro esistenza[68].

C. Tra Vecchio e Nuovo

Anche Zaccaria ed Elisabetta, nella loro presentazione e nel loro atteggiamento, si collocano alla congiunzione tra Vecchio e Nuovo Testamento, indicandone la continuità. Infatti,

> «sommando su di sé origini sacerdotali e osservanza irreprensibile
> della Legge, Zaccaria ed Elisabetta rappresentano per Luca il meglio
> della religione d'Israele; e come un resto che ha ricevuto la 'buona
> novella' (1,19), essi personificano la continuità della storia della sal-
> vezza»[69].

III. CONCLUSIONI

Credo che il valore teologico fondamentale di Lc 1,5-25 — oltre che nel suo carattere anticipatorio in relazione al Battista e alla
fede in Gesù Salvatore — stia nell'evidenziazione di un rapporto:
quello del cristianesimo con l'AT. Infatti, è evidente che con il carattere fortemente giudaico della pericope Luca non voglia conservare
solo delle fonti, ma fare una scelta. E la scelta è la continuità e non
la rottura, in quanto l'AT non è solo la base (promesse) per il nuovo
eone (compimento), ma l'osservanza della Legge è il presupposto
perché si crei una comunità capace di accogliere il Messia. Il giudeo
per essere cristiano non deve rinnegare nulla del suo passato, mentre
il pagano, nell'irreprensibilità di Zaccaria ed Elisabetta, vede il modello per una vita vissuta secondo il Signore.

Ma, l'andamento profondo della pericope non vuole essere
esemplare, ma omologetico, cioè dirigere il lettore alla confessione
di fede in Cristo, compimento della storia passata e senso pieno di
quella futura. Vuole mettere il lettore di fronte ad un momento decisivo della storia della salvezza — ma pure della storia personale —
con la radicalità della figura e la definitività della predicazione del
Battista, di modo che a nessuno sfugga l'importanza di quanto sta

---

[67] È interessante notare come in 19,41 si sottolinei che Gerusalemme-Israele
non ha riconosciuto il tempo della «visita» del Signore, perdendo così un'occasione
decisiva.

[68] Cfr. il passaggio dalla sterilità alla fecondità.

[69] Brown R. E., *La nascita* 356.

per compiersi. Perciò, quando nelle nostre orecchie risuona Lc 1,5-25 ciascuno è interpellato «se, nell'ultima ora, si sia o non si sia aperto alla predicazione del Battista»[70], perché con essa ci giunge l'eco di una salvezza che in Cristo è resa presente.

Così, possiamo rendere pienamente conto della posizione di Giovanni Battista nella concezione storico-salvifica di Luca: per la sua mediazione la storia d'Israele è assunta a base della storia di Cristo e della Chiesa.

---

[70] Schürmann H., *Luca* I 111.

CONCLUSIONE GENERALE

1. Lc 1,5-25 è una narrazione cristiana, cioè scritta da un cristiano per comunicare la sua fede in Cristo Gesù, mediante un'esposizione continua della vicenda storica di Gesù e dei suoi rapporti, inclusa la sua infanzia, che diventa anticipatrice del futuro. In questa anticipazione vi è incluso anche Giovanni Battista in forza della sua relazione a Cristo.

2. Pericope prettamente lucana, ad iniziare dalla lingua, manifesta un lavorio redazionale — sia a livello letterario che teologico — attento a far trasparire il suo inserimento nell'intera opera lucana con una manipolazione delle fonti, al tempo stesso, libera e rispettosa del contenuto tradizionale.

3. Parte di un «vangelo», la nostra pericope è, perciò, essa stessa annuncio della «buona novella» che Dio è all'opera per compiere le promesse fatte ai padri. Un annuncio che, partendo dai fatti, vuole far raggiungere la fede, tramite l'ausilio dell'AT che è il mezzo per interpretare gli eventi narrati in modo autentico.

4. L'autore tende a mostrare la continuità di una storia di salvezza dando a Giovanni Battista un ruolo decisivo da questo punto di vista. Legato all'AT per più aspetti, nel contempo, si allunga fino a Cristo di cui è il Precursore, preparandogli un popolo disposto ad accoglierlo nella fede. Una fede non più legata a schemi razziali, ma fondata in una vita vissuta secondo i comandi del Signore.

5. L'annuncio della nascita ed il concepimento di Giovanni anticipano quello schema promessa-compimento che tanta parte ha nella comprensione della teologia della storia di Luca.

6. Anticipazione di un nuovo atteggiamento di fede sono i suoi genitori, coinvolti anch'essi nella «preistoria cristiana» quali migliori rappresentati della religiosità veterotestamentaria, ma «costretti» dal nuovo agire di Dio ad adeguarvi la loro fede.

7. L'opera redazionale di Luca spinge il lettore ad un allargamento della visuale, per cui 1,5-25 ha una sua valenza anche in rapporto a 1,26-38. In particolare fa notare la precedenza storica di Giovanni Battista su Gesù, ma pure la superiorità del «Figlio

dell'Altissimo» (1,32) sul «profeta dell'Altissimo» (1,76). Così, diventa chiaro che Giovanni «è grande davanti a Dio» solo per essere il Precursore di Gesù Signore. Appare, altresì, chiaro che la «buona novella» non potrà più fare a meno della presenza di Giovanni Battista.

8. La vita e la missione di Giovanni che ancora oggi risuonano in 1,5-25 vogliono essere un nuovo annuncio, che si fa appello, a riconoscere in Gesù il senso della storia universale e personale ed un richiamo decisivo per i valori morali, necessario presupposto per un'autentica fede cristiana.

APPENDICI

Schema I

	Lc 1,17	*Mal (LXX)*	*Sir 48,10*	*Is 40,3 (LXX)*
1. 17a	καὶ αὐτὸς προελεύσεται ἐνώπιον αὐτοῦ	2,6 ἐπορεύθη μετ' ἐμοῦ 3,1 καὶ ἐπιβλέψεται ὁδὸν πρὸ προσώπου μου		
2. 17b	ἐν πνεύματι καὶ δυνάμει Ἡλίου			
3. 17c	ἐπιστρέψαι καρδίας πατέρων ἐπὶ τέκνα	3,22 ἐγὼ ἀποστέλλω ὑμῖν Ἡλιαν 3,23 ἀποκαταστήσει καρδίαν πατρὸς πρὸς υἱὸν καὶ καρδίαν ἀνθρώπου πρὸς τὸν πλησίον αὐτοῦ	48,10 ἐπιστρέψαι καρδίαν πατρὸς πρὸς υἱὸν καὶ καταστῆσαι φυλὰς Ιακοβ	
4. 17d	καὶ ἀπειθεῖς ἐν φρονήσει δικαίων	3,18 καὶ ἐπιστραφέσεσθε καὶ ὄψεσθε ἀνὰ μέσον δικαίου καὶ ἀνὰ μέσον ἀνόμου 3,24 προστάγματα καὶ δικαιώματα		
5. 17e	ἑτοιμάσαι Κυρίου λαὸν κατεσκευασμένον	3,1 καὶ ἐπιβλέψεται ὁδὸν πρὸ προσώπου μου		40,3 ἑτοιμάσατε τὴν ὁδὸν κυρίου

Mal (TM) — *Is 40,3 (TM)*

1.	2,6	hālak 'ittî
	3,1	ûpinnāh-derek lᵉpānāw
2.	3,23	'ānōkî šōleaḥ lākem 'et 'ēliyyāh hannābî wᵉhēšîb lēb-'ābôt 'al-bānîm wᵉlēb bānîm 'al 'ăbôtām
3.	3,24	wᵉšabtem ûrᵉ'îtem bēn ṣaddîq lᵉrāšā'
4.	3,18	....
5.	3,1	ûpinnāh-derek lᵉpānāw

40,3 pannû derek IHWH

Schema II

Lc 1,19	Dan 9 (LXX: G)		Tb 12,14-15 (LXX: S)
ἐγώ εἰμι Γαβριὴλ	v. 21 Γαβριηλ		v. 15a ἐγώ εἰμι Ραφαηλ,
ὁ παρεστηκὼς			v. 15b οἳ παρεστήκασιν
ἐνώπιον τοῦ θεοῦ	v. 20 ἐναντίον κυρίου μου		v. 15c ἐνώπιον τῆς δόξης κυρίου
καὶ ἀπεστάλην	v. 22 καὶ προσῆλθε		v. 14a ἀπέσταλκέν με ὁ θεος
λαλῆσαι πρός σε	καὶ ἐλάλησε μετ' ἐμοῦ		v. 14b ἰάσασθαί (σε)

Dan 10,11 (LXX: θ)

v. 11b καί... ἀπεστάλην πρός σέ
v. 11a λαλῶ πρός σέ

Schema III

Lc 1,20 : καὶ ἰδοὺ ——— ἔσῃ σιωπῶν καὶ μὴ δυνάμενος λαλῆσαι ἄχρι ἧς ἡμέρας εἰς τὸν καιρὸν αὐτῶν
Lc 13,11: καὶ ἰδοὺ   ... καὶ ἦν συγκύπτουσα καὶ δυναμένη ἀνακύψαι....
At 13,11: καὶ νῦν ἰδοὺ ... καὶ ἔσῃ τυφλὸς μὴ βλέπων τὸν ἥλιον ἄχρι καιροῦ

Schema IV

	Lc 1		1Sam 1	
promessa:	1,13		1,17	
ritorno:	1,23	ἀπῆλθεν εἰς τὸν οἶκον αὐτοῦ	1,19	καὶ εἰσῆλθεν... εἰς τὸν οἶκον αὐτοῦ
compimento:	1,24	συνέλαβεν	1,20	καὶ συνέλαβεν
riferimento a Dio:	1,25	οὕτως μοι πεποίηκεν κύριος	1,19	καὶ ἐμνήσθη αὐτῆς κύριος

Schema V

Lc   1,24 :   συνέλαβεν
     1,25 :   οὕτως μοι πεποίηκεν κύριος ἐν ἡμέραις αἷς ἐπεῖδεν ἀφελεῖν ὄνειδός μου
Gen 30,23:   καὶ συλλαβοῦσα...   ἀφελεῖν ὁ θεός μου τὸ ὄνειδος
Gen 21,6 :   γέλωτά μοι ἐποίησεν κύριος

Schema VI

	Lc 1,11-23	Lc 1,26-38	Lc 2,8-15a
1) App.	ὤφθη δὲ αὐτῷ ἄγγελος κυρίου	1) ἀπεστάλη ὁ ἄγγελος Γαβριὴλ κεχαριτωμένη ...	1) καὶ ἄγγελος κυρίου ἐπέστη
2) Turb.	καὶ ἐταράχθη Ζαχαρίας ἰδὼν καὶ φόβος ἐπέπεσεν ἐπ᾽ αὐτόν	2) ἡ δὲ ἐπὶ τῷ λόγῳ διεταράχθη	2) καὶ ἐφοβήθησαν φόβον μέγαν
3) Rass.	Μὴ φοβοῦ, Ζαχαρία	3) μὴ φοβοῦ, Μαριάμ	3) μὴ φοβεῖσθε
4) Ann.	1. Ἐλισάβετ γεννήσει υἱόν σοι 2. καὶ καλέσεις τὸ ὄνομα... καὶ ἔσται χαρά σοι... ἔσται γὰρ μέγας ἐνώπιον κυρίου	1. συλλήμψη... τέξη υἱόν 2. καὶ καλέσεις τὸ ὄνομα... 3. οὗτος ἔσται μέγας	1. ἐτέχθη ὑμῖν σήμερον Σωτήρ 2. εὐαγγελίζομαι ὑμῖν χαρὰν μεγάλην
5) Obiez.	κατὰ τί γνώσομαι τοῦτο;	5) πῶς ἔσται τοῦτο;	5) ——
6) Segno	καὶ ἰδού...	6) καὶ ἰδού...	6) καὶ τοῦτο ὑμῖν σημεῖον...
7)	Concepimento e nascondimento	7) ἰδοὺ ἡ δούλη...	7) Canto degli angeli
8) Uscita	ἀπῆλθεν...	8) καὶ ἀπῆλθεν...	8) ὡς ἀπῆλθον...

Schema VII

I. Presentazione genitori Maria (I-III)
— Gioacchino (I) ed Anna (II-III)
II. Annuncio nascita Maria (IV)
— ad Anna (IV,1), a Gioacchino (IV,2)
III. Nascita di Maria (V-VI)
IV. Presentazione di Maria e sua dimora nel Tempio
fino a 12 anni (VII-VIII)

I. Presentazione di Giuseppe, che prende in custodia Maria (IX)
II. Annuncio nascita Gesù (X-XI)
III. Visita ad Elisabetta (XII)
IV. Sorpresa di Giuseppe (XII-XIV)
Interrogatorio del Sommo Sacerdote (XV)
Acqua della prova (XVI)
V. Nascita di Gesù (XVII-XIX)
VI. Magi ed infanticidio (XXI-XXII)
VII. Martirio di Zaccaria,
presentazione di Gesù sottintesa (XXIII-XXIV)

Schema VIII

IV,1 ss.	*XI,1 ss.*
I.	I.
1. Visita di un angelo	1. Si ode una voce
2. Messaggio — preghiera esaudita — concepimento — *futuro*	2. Messaggio — Ave...
3. Consacrazione al Signore	3. Timore
II.	II.
1. Visita di un angelo	1. Visita di un angelo
2. Messaggio — preghiera esaudita — concepimento	2. Messaggio — Non temere — concepimento miracoloso
3. Offerta al Signore	3. Turbamento e obiezione
4. Ringraziamento di Anna	4. Rassicurazione — la generazione è opera di Dio — nome del bambino — *missione*
	5. Accettazione di Maria

SCHEMA IX

Struttura di Lc 1-2

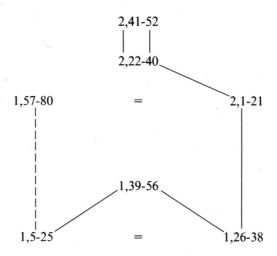

SIGLE ED ABBREVIAZIONI

AAS	=	Acta Apostolicae Sedis
AssembSeig	=	Assemblées du Seigneur
ASTI	=	Annual of the Swedish theological Institute (in Jerusalem)
ATR	=	Anglican Theological Review
BDR	=	BLASS F.-DEBRUNNER A.-REHKOPF F., *Grammatica del greco del Nuovo Testamento*, Brescia, 1982.
BeO	=	Bibbia e Oriente
Bib	=	Biblica
BiTerS	=	Bible et terre sainte
BiTod	=	Bible Today
BiTrans	=	Bible Translator
BK	=	Bibel und Kirche
BLit	=	Bibel und Liturgie
BTB	=	Biblical Theology Bulletin
BZ	=	Biblische Zeitschrift
CBQ	=	Catholic Biblical Quaterly
ChQR	=	The Church Quaterly Review
DBS	=	Dictionnaire de la Bible, Supplément
EstB	=	Estudios bíblicos
EstE	=	Estudios eclesiásticos
ETL	=	Ephemerides theologicae lovanienses
EuntDoc	=	Euntes Docete
ExpTim	=	Expository Times
GLNT	=	Grande lessico del Nuovo Testamento (Kittel)
Greg	=	Gregorianum
HTR	=	Harward Theological Review
HUCA	=	Hebrew Union College Annual
IDB	=	Interpreter's Dictionnary of the Bible
JBL	=	Journal of Biblical Literature
JQR	=	Jewish Quaterly Review
JStNT	=	Journal for the Study of the New Testament
JTS	=	Journal of Theological Studies
LTK	=	Lexicon für Theologie und Kirche
LumVie	=	Lumière et vie
Neot	=	Neotestamentica
NRT	=	La nouvelle revue théologique
NT	=	Nuovo Testamento
NT	=	*Novum Testamentum*
NTS	=	New Testament Studies
PalCl	=	Palestra del Clero

ParVi	=	Parole di vita
PO	=	Patrologia Orientalis
PTR	=	Princeton Theological Review
RB	=	Revue biblique
REg	=	Revue d'égyptologie
RelStB	=	Religious Studies Bulletin
RevSR	=	Revue des sciences religieuses
RHPR	=	Revue d'histoire et de philosophie religieuses
RicBRel	=	Ricerche bibliche e religiose
RivB	=	Rivista biblica
RQum	=	Revue de Qumran
RScPhTh	=	Revue des sciences philosophiques et théologiques
RSR	=	Recherches de science religieuse
ScripTPamp	=	Scripta Theologica, Pamplona
SE	=	Studia Evangelica (= TU)
SJT	=	Scottish Journal of Theology
SNTU	=	Studien zum Neuen Testament und seiner Umvelt
ST	=	Studia theologica
ThTo	=	Theology Today
TLZ	=	Theologische Literaturzeitung
TrinJ	=	Trinity Journal
TSK	=	Theologische Studien und Kritichen
TZ	=	Theologische Zeitschrift
VD	=	Verbum Domini
VT/AT	=	Vecchio Testamento/Antico Testamento
VT	=	*Vetus Testamentum*
ZNW	=	Zeitschrift für die neutestamentliche Wissenschaft
ZRGG	=	Zeitschrift für Religions- und Geistesgeschichte
ZTK	=	Zeitschrift für Theologie und Kirche

BIBLIOGRAFIA

I. COMMENTARI

Per una rassegna completa su commentari antichi e moderni cfr. SCHÜRMANN H., *Il vangelo di Luca*, I, Brescia, 1983, 22-58.

Tra i più recenti segnaliamo:

ERNST J., *Il vangelo secondo Luca*, I-II, Brescia, 1985, (trad. di *Das Evangelium nach Lukas*, Regensburg, 1977).

FITZMYER J. A., *The Gospel according to Luke*, I-II, New York, 1981-1985.

MARSHALL I. H., *The Gospel of Luke. A Commentary on the Greek Text*, Grand Rapids, 1978.

NOLLI G., *Evangelo secondo Luca*, Città del Vaticano, 1983.

ORTENSIO da SPINETOLI, *Luca. Il vangelo dei poveri*, Assisi, 1982.

RADERMAKERS J.-BOSSUYT P., *Lettura pastorale del vangelo di Luca*, Bologna, 1983 (trad. di *Jésus Parole de la grace selon Saint Luc*, Bruxelles, 1981).

SABOURIN L., *L'évangile de Luc*, Roma, 1985.

SCHNEIDER G., *Das Evangelium nach Lukas*, I-II, Gütersloh-Würzburg, 1977.

SCHÜRMANN H., *Il vangelo di Luca*, I, Brescia, 1983 (trad. di *Das Lukas-Evangelium*, Freiburg, 1969).

SCHWEIZER E., *Das Evangelium nach Lukas*, Göttingen, 1982.

TALBERT C. H., *Reading Luke. A Literary and Theological Commentary on the Third Gospel*, New York, 1982.

II. STUDI

A. STUDI SU LC 1-2

1. Studi di carattere generale

BROWN R. E., *La nascita del Messia secondo Matteo e Luca*, Assisi, 1981 (trad. di *The Birth of the Messiah*, London, 1977).

BURROWS E., *The Gospel of the Infancy and other Biblical Essays*, Londres, 1940.

GAECHTER P., *Maria im Erdenleben. Neutestamentliche Marie-studien*, Innsbruck-Wien-München, [4]1954.

HENDRICKX H., *The Infancy Narratives*, Manila, 1975.

LAURENTIN R., *Structure et théologie de Luc I-II*, Paris, [5]1964.

————, *I vangeli dell'infanzia di Cristo. La verità del Natale al di là dei miti. Esegesi e semiotica, storicità e teologia*, Cinesello Balsamo, 1985 (trad. di *Les évangiles de l'enfance du Christ. Vérité de Noël au-delà des mythes. Exégèse et sémiotique, historicité et théologie*, Paris, 1982).

LEGRAND L., *L'annonce à Marie*, Paris, 1981.
MAERTENS Th., *Le Messie es là*, Bruges, 1954.
Mc HUGH J., *La mère de Jésus dans le Nouveau Testament*, Paris, 1977
(trad. di *The Mother of Jesus in the New Testament*, London, 1975).
NEIRYNCK F., *L'Évangile de Noël selon S. Luc*, Bruxelles-Paris, 1960.
ORTENSIO da SPINETOLI, *Introduzione ai vangeli dell'infanzia*, Brescia, 1967.
RIEDL J., *I primi avvenimenti di Gesù*, Assisi, 1973 (trad. di *Die Vorge-
schichte Jesu. Die Heilsbotschaft von Mt 1-2 und Lk 1-2*, Stuttgart,
1968).

Una più ampia bibliografia sia su questo che sul prossimo paragrafo è
reperibile in

LAURENTIN R., *Structure* 191-223; *id., I vangeli* 621-655; LEGRAND L. *L'annonce*
364-378; MUÑOZ IGLESIAS S., *Los Evangelios de la Infancia*, II: *Los
anuncios angélicos previos en el Evangelio lucano de la Infancia*,
Madrid, 1986, 290-315.

2. Studi particolari

ANDERSON J.C., *A New Translation of Lk 1:20*, in BiTrans 20 (1969),
21-24.
ARANDA G., *Los evangelios de la infancia de Jesús*, in ScripTPamp 10
(1978), 793-846.
BALDI D., *L'infanzia del Salvatore. Studio esegetico e storico sui primi due
capitoli di S. Matteo e di S. Luca*, Roma, 1925.
BERGER C., *Die literarische Eigenart von Lk 1,5-38. Zum Sprachstil der
Evangelien*, in TLZ 98 (1973), 153-156.
BONO L., *L'infanzia di Gesù nell'esegesi degli ultimi quarant'anni*, in *Mini-
stero Pastorale* 46 (1971), 16-23.
BOVON F., *Die Geburt und die Kindheit Jesu*, in BK 42 (1987), 162-170.
BROWN R.E., *Luke's Method in the Annonciation Narratives of Chapter
One*, in TALBERT C.H. (ed.), *Perspectives on Luke-Acts*, Danville,
1978, 126-138.
———, *Gospel Infancy Research from 1976 to 1986: Part II (Luke)*, in
CBQ 48 (1986), 660-680.
CONRAD E.W., *The Annonciation of Birth and Birth of the Messiah*, in
CBQ 47 (1985), 656-663.
DANIELI G., *Il Vangelo dell'infanzia secondo Luca (Lc 1,5-2,52)*, in *Vangeli
(Il messaggio della salvezza*, 4), Torino, 1968, 153-203.
DAVIS C.T., *The Literary Structure of Luke 1-2*, in CLINES C.J.A.–GUNN
D.M.–HAUSER A.J (ed.), *Art and Meaning: Rethoric in Biblical
Literature* (Journal for the Study of the OT. Supplement Series, 19),
Sheffield, 1982, 215-229.
DÍEZ-MACHO A., *La historicidad de los Evangelios de la Infancia. El entorno
de Jesús*, Valencia, 1977.
DREWERMANN E., *Dein Name ist wie der Geschmach des Lebens. Tiefenpsy-
cologische Deutung der Kindheitsgeschichte nach dem Lukasevangelium*,
Freiburg, 1986 (Non consultato).

ESCUDERO FREIRE C., *Devolver el Evangelio a los pobres. A propósito de Lc 1-2*, Salamanca, 1978 (Non consultato).

FARRIS S. C., *On discerning Semitic Sources in Luke 1-2*, in FRANCE R. T-VENHAM D. (ed.), *Gospel Perspectives*, II, Sheffield, 1981, 201-237.

GALBIATI E., *La circoncisione di Gesù (Lc 2,21)*, in BeO 8 (1966), 37-45.

GALIZZI A., *Vangelo dell'infanzia (Lc 1,5–2,52)*, in ParVi 21 (1976), 455-464.

GEORGE A., *L'Évangile de l'Enfance* in *Cahiers marials* 67 (1970), 99-126 (Non consultato).

———, *Le genre littéraire de l'Évangile de l'enfance, Luc I-II. Étude d'ensemble*, Lyon, 1967-68.

GOODMANN F. W., *Sources of the First Two Chapters in Matthew and Luke*, in ChQR 162 (1961), 136-143.

GOULDER M. D.–SANDERSON M. L., *St. Luke's Genesis*, in JTS 8 (1957), 12-30.

GRAYSTONE G., *Virgin of all Virgins. The Interpretation of Luke 1,34*, Roma, 1968, spec. 48-92.

GROS LOUIS K. R. R., *Different Ways of Looking at the Birth of Jesus*, in *Bible Review* 1 (1985), 33-40 (Non consultato).

GUERET A., *Lc I-II. Analyse Sémiotique*, in *Sémiotique et Bible* 25 (1982), 35-42.

HIGGINS A. J. B., *Luke 1-2 in Tatian's Diatessaron*, in JBL 103 (1984), 193-222.

KATTENBUSCH F., *Die Geburtsgeschichte Jesus als Haggada der Urchristologie*, in TSK 102 (1930), 454-474.

KING P. J., *Elisabeth, Zachary and the Messiah*, in BiTod 1 (1964), 992-997.

KIRCHSCHLAEGER W., *Beobachtungen zur Struktur der lukanischen Vorgeschichte Lk 1-2*, in BLit 57 (1984), 244-251.

KLAIBER W., *Eine lukanische Fassung des «sola gratia». Beobachtungen zu Lk 1,5-56*, in FRIEDRICH J.–POEHLMANN W.–STUHLMACHER P. (Hrsg.), *Rechtfertigung, Festschrift für Käsemann E.*, Tübingen, 1976, 211-228.

KOENIG E., *Elisabeth*, in ExpTim 20 (1908-1909), 185-187.

LAGRANGE M.-J., *Le récit de l'enfance de Jésus dans Luc*, in RB 4 (1895), 160-185.

LATOURELLE R., *I Vangeli dell'infanzia di Cristo*, Roma, 1985.

LAURENTIN R., *Traces d'allusions étymologiques en Lc 1-2*, in Bib 37 (1956), 435-456; 38 (1957), 1-23.

———, *Jésus au Temple: Mystère de Pâques et Foi de Marie en Lc 2,48-50*, Paris, 1966, spec. 83-100.

———, *Les évangiles de l'enfance*, in LumVie 23 (1974), 87-111.

LEGRAND L., *L'arrière-plan néo-testamentaire de Lc 1,35*, in RB 76 (1963), 161-192 (spec. 164-169).

LEONARDI G., *L'infanzia di Gesù nel vangelo di Matteo e Luca*, Padova, 1975.

LYONNET S., *Il racconto dell'Annunciazione e la maternità divina della Madonna*, in *Scuola Cattolica* 82 (1954), 411-446.

MACHEN J. G., *The Origin of the first two chapters of Luke*, in PTR 10 (1912), 212-277.

MASSYNGBERDE FORD J., *Zealotism and the Lukan Infancy Narratives*, in NT 18 (1976), 280-292.

MATHER P. B., *The Search for the Living Text of the Lucan Infancy Narrative*, in GROH G. E–JEWETT R. (ed.), *The Living Text. In Honour of Saunders E.W.*, Lanham, 1985, 123-140.

Mc NEIL H. L., *The «Sitz im Leben» of Luke 1,5–2,20*, in JBL 65 (1946), 123-130.

Mc WILSON R., *Some Recent Studies in the Lucan Infancy Narratives*, in *Papers presented to the International Congress on «Four Gospels in 1957» held at Christ Church*, Oxford, 1957, in SE I (TU 73) 1959, 235-253.

MEYNET R., *Dieu donne son Nom à Jésus. Analyse rhétorique de Lc 1,26-56 et de 1 Sam 2,1-10*, in Bib 66 (1985), 39-72.

MINEAR P. S., *The Interpreter and the Nativity Stories*, in ThTo 7 (1950), 358-375.

———, *Luke's Use of the Birth Stories*, in KECK L. E.–MARTYN J. L. (ed.), *Studies in Luke-Acts. Essays presented in Honour of Schubert P.*, Nashville-New York, 1966, 111-130.

MUÑOZ IGLESIAS S., *El Evangelio de la infancia in S. Lucas y las infancias de los héroes bíblicos*, in EstB 16 (1957), 329-382, ripubblicato in AA.VV., *Teología bíblica sobre el pecado. La teología bíblica. Otros estudios, (XVIII Semana Bíblica española)*, Madrid, 1959, 325-373.

———, *Midráš y Evangelios de la Infancia*, in EstE 47 (1972), 331-359.

———, *El procedimiento literario del anuncio previo en la Biblia*, in EstB 4 (1982), 21-70.

———, *El anuncio del Angel y la obiecion de Maria*, in EstB 42 (1984), 315-362.

———, *Los Evangelios de la Infancia*, II: *Los anuncios angélicos previos en el Evangelio lucano de la Infancia*, Madrid, 1986.

NESTLE E., *Why was the father of John the Baptist called Zacharias*, in ExpTim 17 (1905), 140.

———, *Elisabeth*, in ExpTim 20 (1908-1909), 233.

O'FEARGHAIL F., *The Literary Forms of Lk 1,5-25 and 1,26-38*, in *Marianum* 43 (1981), 321-344.

OLIVER H. H., *The lucan Birth Stories and the Purpose of Luke-Acts*, in NTS 10 (1963-64), 202-226.

ORTENSIO da SPINETOLI, *Il segno dell'Annunziazione o il motivo della Visitazione (Lc 1,34s)*, in *Maria in S. Scriptura (Acta Congressus mariologici-mariani in Republica Dominicana anno 1965 celebrati)*, Roma, 1967, 315-345.

PERETTO E., *Zaccaria Elisabetta Giovanni visti dal primo lettore di Luca (cap. I)*, in *Marianum* 40 (1978), 350-370.

PERROT C., *Les récits d'enfance dans la haggadah antérieure au II siècle de notre ère*, in RSR 55 (1967), 481-518.

———, *I racconti dell'infanzia di Gesù. Matteo 1-2/Luca 1-2*, Torino, 1977 (trad. di *Les récits de l'enfance de Jésus*, Paris, 1976).

POTIN J., *Zacharie était de race sacerdotale (Lc 1,5-80)*, in BiTerS 61 (1964), 2-3.

RIFE J. M., *Critical Note on Luke 1,15*, in *Bibliotheca Sacra* 88 (1931), 220 (Non consultato).

ROSSMILLER C. J., *Prophets and Disciples in Luke's Infancy Narrative*, in BiTod 22 (1984), 361-365.

RUDDICK C. T., *Birth Narrative in Genesis and Luke*, in *NT* 12 (1970), 343-348.

SABOURIN L., *Recent views on Luke's Infancy Narratives*, in RelStB 1-3 (1981-1983), 18-25.

SALDARINI G., *L'annuncio a Zaccaria (Lc 1,5-25)*, in *I Vangeli* (*Introduzione alla Bibbia*, 4), Casale Monferrato, 1960, 433-451.

SCHÜRMANN H., *Aufbau, Eigenart und Geschichtswert der Vorgeschichte von Lukas 1-2*, in BK 21 (1966), 106-111.

SCHWEIZER E., *Zum Aufbau von Lukas 1 und 2*, in HADIDIAN D. Y. (ed.), *Intergerini Parietis Septum. In Honour of Markus Barth*, Pittsburg, 1981, 309-335.

SPADAFORA F., *L'evangelo dell'infanzia*, in PalCl 59 (1980), 1076-1088. 1137-1150.

STOCK K., *Le prime pericopi della storia dell'infanzia in Lc 1-2*, (ad uso degli studenti del P.I.B.), Roma, 1986.

STRAMARE T., *Compiuti i giorni della loro purificazione (Lc. 2,22): Gli avvenimenti del N.T. conclusivi di un disegno*, in BeO 24 (1982), 199-205.

TATUM B. W., *The Epoch of Israel: Luke I-II and the theological Plan of Luke-Acts*, in NTS 13 (1966), 184-195.

TURNER N., *The Relation of Luke 1 and 2 to Hebraic Sources and to the Rest of Luke-Acts*, in NTS 2 (1955-56), 100-109.

VOSS G., *Die Christusverkündigung der Kindheitsgeschichte im Rahmen des Lukasevangeliums*, in BK 21 (1966), 112-115.

WINTER P., *Two Notes on Luke I, II with regards to the Theory of «imitation hebraisms»*, in ST 7 (1953), 158-165.

————, *The cultural Background of the Narrative in Luke I and II*, in JQR 45 (1954), 159-167.230-242.

————, *Some Observations on the Language in the Birth and Infancy Stories of the Third Gospel*, in NTS 1 (1954-55), 111-121.

————, *ὅτι recitativum in Luke I 25,61, II 23*, in HTR 48 (1955), 213-216.

————, *On Luke and lukan Sources*, in ZNW 47 (1956), 217-242.

————, *The Proto-Source of Luke I*, in *NT* 1 (1956), 184-199.

————, *Lukanische Miszellen: Lk 1,17 und Sir 48,10c*, in ZNW 49 (1958), 65-77.

————, *On the Margin of Luke I, II*, in ST 12 (1958), 103-107.

————, *The Main Literary Problem of the Lukan Infancy Story*, in ATR 40 (1958), 257-264.

ZEDDA S., *Un aspetto della cristologia di Luca: il titolo «Kurios» in Lc 1-2 e nel resto del III Vangelo*, in *Rassegna di teologia* 13 (1972), 305-315.

ZIMMERMANN H., *Evangelium des Lukas, Kap. 1 und 2, Eine Versuch der Vermittlung zwischen Hilgenfeld und Harnack*, in TSK 76 (1903), 247-290.

B. Studi su Giovanni Battista

Bachmann M., *Johannes der Täufer bei Lukas: Nachzügler oder Vorläufer*, in Haubeck W.–Bachmann M. (Hrsg.), *Wort in der Zeit; Neutestamentliche Studien, Festgabe für Rengstorf K. H. zum 75. Geb.*, Leiden, 1980, 123-155.

Bagatti B., *Antiche leggende sull'infanzia di S. Giovanni Battista*, in EuntDoc 30 (1977), 260-269.

Bammel E., *The Baptist in Early Christian Tradition*, in NTS 18 (1971-72), 95-128.

Benoit P., *L'enfance de Jean-Baptiste selon Lc 1*, in NTS 3 (1956-57), 169-194.

Besq J., *Élie et Jean-Baptiste*, in BiTerS 180 (1976), 3-5.

Bode E. L., *The Baptist, the Messiah and the Monks of Qumran*, in BiTod 17 (1965), 1111-1116.

Boecher O., *Johannes der Täufer in der neutestamentlichen Überlieferung*, in Mueller G. (Hrsg.), *Rechtfertigung, Realismus, Universalismus in biblischer Sicht, Festschrift für Köberle A.*, Darmstadt, 1978, 45-68.

——, *Lukas und Johannes der Täufer*, in SNTU 4 (1979), 27-44.

Bowen C. R., *John the Baptist in the New Testament*, in *id., Studies in the New Testament*, Chicago, 1936, 49-76.

Brownlee W. H., *John the Baptist in the New Light of Ancient Scrolls*, in Stendahl K. (ed.), *The Scrolls and the New Testament*, New York, 1957, 33-53 (riedito con considerevoli aggiunte da *Interpretation* 9 (1955), 71-90).

Buzy D., *Saint Jean-Baptiste, a-t-il été sanctifié dans le sein de sa mère?*, in RScPhTh 7 (1913), 680-699.

Caballero J. M., *¿Fué el Bautista un esenio?*, in *Burgense* 3 (1962), 15-30.

Daoust J., *Jean-Baptiste d'après l'historien Flavius Josèphe*, in BiTerS 180 (1976), 4-5.

Davies S., *John the Baptist and Essene Kashruth*, in NTS 29 (1983), 569-571.

Dibelius M., *Die urchristliche Überlieferung von Johannes dem Täufer*, Göttingen, 1911.

Dulière W.-L., *Les adaptations de Jean le Baptiste à la structuration du Nouveau Testament*, in ZRGG 19 (1967), 19 (1967), 308-320.

Enslin M. S., *John and Jesus*, in ZNW 66 (1975), 1-18.

Farmer W. R., *John the Baptist*, in IDB, II, 955-962.

George A., *Le parallèle entre Jean-Baptiste et Jésus en Luc 1-2*, in Descamps A.–Alleux A. de (éd.), *Mélanges bibliques en hommage au R. P. Béda Rigaux*, Grembloux, 1970, 147-171.

Geyser A. S., *The Youth of John the Baptist. A Deduction from the Break in the Parallel Account of the Lucan Infancy Story*, in NT 1 (1956), 70-75.

Goguel M., *Jean-Baptiste*, Paris, 1928.

Grail A., *Jean le Baptiste et Élie*, in *La Vie Spirituelle* 80 (1949), 598-606.

Heim N., *Johannes. Der Vorläufer des Herrn nach Bibel, Geschicht und Tradition*, Regensburg, 1908.

HUGHES J. H., *John the Baptist: the Forerunner of God Himself*, in *NT* 14 (1972), 191-218.

KAZMIERSKY C. R., *The Stones of Abraham: John the Baptist and the End of Torah (Matt. 3,7-10 par. Luke 3,7-9)*, in Bib 68 (1987), 22-40.

KRAELING C. H., *John the Baptist*, New York, 1951.

LA VERDIERE E. A., *John the Prophet. Jesus' Forerunner·in Luke's Theology of History*, in BiTod 77 (1975), 323-330.

LINDESKOG G., *Johannes der Täufer. Einige Randbemerkungen zum heutigen Stand der Forschung*, in ASTI 12 (1983), 55-83.

LUPIERI E., *John the Baptist: The First Monk*, in *Word and Spirit* 6 (1984), 11-23.

————, *Giovanni Battista nelle tradizioni sinottiche*, Brescia, 1988.

————, *Giovanni Battista fra storia e leggenda*, Brescia, 1988.

MAIGRET J., *Jean-Baptiste dans les évangiles héraut et temoins*, in BiTerS 180 (1976), 2-4.

MANNUCCI V., *Giovanni Battista*, in *Enciclopedia delle Religioni*, 3, Firenze, 1971, 274-282.

MARCONINI B., Il Battista e lo Spirito Santo, in ParVi 28 (1983), 96-105.

MC KENZIE J., *Giovanni*, in *Dizionario biblico*, Assisi, 1973, 423-425.

NAU F., *Histoire de Saint Jean-Baptiste*, in PO, IV, 521-541, spec. 521-528.

NODET E., *Jésus et Jean-Baptiste selon Josèphe*, in RB 92 (1985), 321-348. 497-524.

PRYKE J., *John the Baptist and Qumran Community*, RQum 4 (1964), 483-496.

RADAELLI A., *Il Vangelo di Luca in chiave battista*, in RicBRel 17 (1982), 346-384.

RESENHOEFFT W., *Die Apostelgeschichte im Wortlaut ihrer beiden Urquellen. Rekonstruktion des Buchleins von der Geburt Johannes des Täufers Lk 1-2*, Bern-Frankfurt, 1974.

ROBINSON J. A. T., *Elijah, John and Jesus: an Essay in Detection*, in NTS 4 (1958), 263-281.

RYCKMANS J., *Un parallèle sud-arabe à l'imposition du nome de Jean-Baptiste et Jesus (Lc 1,14.32)*, in STIEGNER R. G. (Hrsg.), *Al-Hudhud, Festschrift für M. Höfner zum 80 Gb.*, Graz, 1981, 283-294.

SCHOENBERG M. W., *John the Baptist-forerunner for Christianity*, in BibTod 31 (1967), 2167-2174.

SCOBIE C., *John the Baptist*, Alva, 1964.

SMYTH K., *St. John the Baptist and the Dead Sea Scrolls*, in *The Month* 20 (1958), 352-361.

STARCKY J., *S. Jean-Baptiste et les Esséniens*, in BiTerS 180 (1976), 6-8.

SUSSARELLU B., *Fuitne Sanctus Joannes Baptista in sinu Matris ab Originali Peccato liberatus?*, Gerusalemme, 1953.

WALL H., *A Coptic Fragment concerning the Childhood of John the Baptist*, in REg 8 (1955), 71-90.

WINK W., *John the Baptist in the Gospel Tradition*, Cambridge, 1968.

C. Studi vari

AGUA PEREZ A de, *El método midrasico y la exégesis del Nuevo Testamento*, Valencia, 1985.

BACHMANN M. von, *Jerusalem und der Tempel. Die geographischen-theologischen Elemente in der lukanischen Sicht des Judischen Kultzentrums*, Stuttgart, 1980.

BAER H. von, *Der Heilige Geist in der Lukasschriften*, Stuttgart, 1926.

BALTZER K., *The Meaning of the Temple in Lukan Writings*, in HTR 58 (1965), 263-277.

BARRETT C. K., *The Holy Spirit and the Gospel Tradition*, London, 1947.

BILLERBERCK p., *Ein Tempelgottesdienst in Jesu Tagen*, in ZNW 55 (1964), 1-17.

BLOCH R., *Écriture et tradition dans le Judaïsme. Aperçus sur l'origine du midrash*, in *Cahier Sioniens* 8 (1954), 9-34.

————, *Midrash*, in DBS, V, 1263-1281.

BOSTOCK D. G., *Jesus as the New Elisha*, in ExpTim 92 (1980), 39-41.

BOVON F., *Luc le théologien. Vingt-cinq ans de recherches (1950-1975)*, Neuchatel-Paris, 1978.

BRENNER A., *Female Social Behaviour: Two Descriptive Patterns within the «Birth of Hero» Paradigm*, in VT 36 (1986), 257-273.

BRODIE L. T., *A New Temple and a New Law. The Unity and Chronicherbased Nature of Luke 1:1–4:22a*, in JStNT 5 (1979), 21-45.

BROWNLEE W. H., *A Comparison of the Covenanters of Dead Sea Scrolls with pre-Christian Jewish Sects*, in *The Biblical Archeologist* 13 (1950), 49-72, spec. 69-72.

CASALEGNO A., *Gesù e il Tempio. Studio redazionale su Luca-Atti*, Brescia, 1984.

CHEVALLIER M.-A., *Luc et l'Esprit Saint*, in RevSR 56 (1982), 1-16.

CONZELMANN H., *Die Mitte der Zeit. Studien zur Theologie des Lukas*, Tübingen, 1954.

DAHL N. A., *The Story of Abraham in Luke-Acts*, in KECK L. E.–MARTIN J. L. (ed.), *Studies in Luke-Acts. Essays in Honour of Kilpatric G.D. on the Occasion of his sixty-fifth Birthday*, London, 1976, 106-121.

DÍEZ-MACHO A., *Deraš y exégesis del Nuevo Testamento*, in *Sefarad* 35 (1975), 37-89.

DUBOIS J.-D., *La figure d'Élie dans la perspective lucanienne*, in RHPR 53 (973), 155-176.

EISSFELDT O., *Zur Kompositionstechnik des Pseudo-Philonischen Liber Antiquitatum Biblicarum*, in AA.VV., *Interpretationes ad Vetus Testamentum pertinentes Sigmundo Mowinckel septuagenario missae*, Oslo, 1955, 53-71.

ERBETTA M., *Il Protoevangelo di Giacomo*, in id. (ed.), *Gli apocrifi del Nuovo Testamento*, I/2, Casale, 1981, 7-49.

FAIERSTEIN M., *Why Do the Scribes Say That Elijah Come First?*, in JBL 100 (1981), 75-86.

FITZMYER J. A., *More about Elijah Coming First*, in JBL 104 (1985), 295-296.

Franklin E. F., *Christ the Lord. A Study of the Purpose and Theology of Luke-Acts*, Philadelphia, 1975.

Fry E., *The Temple in the Gospels and Acts*, in BiTrans 38 (1987), 213-221.

George A., *Études sur l'oeuvre de Luc*, Paris, 1978.

————, *L'Esprit Saint dans l'oeuvre de Luc*, in RB 85 (1978), 500-542.

Horton F. L., *Reflections on the Semitisms of Luke-Acts*, in Talbert C. H. (ed.), *Perspectives on Luke-Acts*, Danville, 1978, 1-23.

Hubbard B. J., *Commissioning Stories in Luke-Acts: A Study of their Antecedents. Forms and Content*, in *Sememia* 8 (1977), 103-126.

Humbert P., *Der biblische Verkündigungstill und seine vermutliche Herkunft*, in *Archiv für Orientforschung* 10 (1935), 77-80.

James M. R., *The Biblical Antiquities of Philo*; Prolegomenon by Feldmann H. L., New York, 1971.

Jeremias J., Ἡλ(ε)ίας, in GLNT, IV, 67-100.

————, *Die Sprache des Lukasevangeliums. Redaktion und Tradition im Nicht-Markusstoff des dritten Evangeliums*, Göttingen, 1980.

Klauck H. L., Θυσιαστήριον-eine Berichtigung, in ZNW 71 (1980), 274-277.

Kuemmel K. G., *Luc en accusation dans la théologie contemporaine*, in ETL 46 (1970), 265-281.

Kuhn K. G., *The Two Mesiahs of Aaron and Israel*, in Stendahl K. (ed.), *The Scrolls and the New Testament*, New York, 1957, 54-64 (riedito con alcune aggiunte da NTS 1 (1954-55), 168-180).

Kurz W. S., *Narrative Approaches to Luke-Acts*, in Bib 68 (1987), 195-220.

Lampe G. W. H., *The Holy Spirit in the Writings of St. Luke*, in Nineham D. E. (ed.), *Studies in the Gospels. Memorial R. H. Lightfoot*, Oxford, 1955, 159-200.

Le Déaut R., *A propos d'une definition du midrash*, in Bib 50 (1969), 395-413.

Levesque E., *Le mot «Judée dans le N.T. a-t-il le sens élargé de «Palestine»?*, in *Vivre et Penser* 3 (1945), 104-111.

Longenecker R. N., *Biblical Exegesis in the Apostolic Period*, Grand Rapids, 1975.

Marshall I. H., *Luke: Historian and Theologian*, Exeter, 1970.

Minear P. S., *To Heal and to Reveal. The Prophetic Vocation According to Luke*, New York, 1976.

Monloubou L., *La prière selon saint Luc. Recherches d'une structure*, Paris, 1979.

Most W. G., *Did St. Luke imitate the Septuagint?*, in JStNT 15 (1982), 30-41.

Mullins T. Y., *New Testament Commission Forms, Especially in Luke-Acts*, in JBL 95 (1976), 603-614.

Neusner J., *What is Midrash?*, Philadelphia, 1987.

O' Toole R. F., *The Unity of Luke's Theology*, Wilmington, 1984.

Perrot C., *La lecture de la Bible dans la synagogue. Les anciens lectures palestiniennes du Shabbat et des fêtes*, Hildesheim, 1973.

————, *La lecture de la Bible dans les synagogues au premier siècle de notre ère*, in *Maison-Dieu* 126 (1976), 23-41.

————, *Jésus et l'histoire*, Paris, 1979.

PRETE B., *Luca teologo della «storia della salvezza»*, in ParVi 27 (1982), 404-425.

————, *Le epoche o i tempi della «storia della salvezza»*, in ParVi 27 (1982), 426-434.

RASCO E., H. *Conzelmann y la «Historia Salutis». A propósito de 'Die Mitte der Zeit' y 'Die Apostelgeschichte'*, in Greg 46 (1965), 286-319.

————, *La teología de Lucas: origen, desarrollo, orientaciónes*, Roma, 1976.

————, *Estudios lucanos*, in Bib 63 (1982), 266-280.

REITZEL F. X., *St. Luke's Use of the Temple Image*, in *Review for Religious* 38 (1979), 520-539.

ROBERT A., *Littéraires (Genres)*, in DBS, V, 405-421, spec. 411-417.

ROBINSON W. C., *The Way of the Lord. A Study of History and Eschatology in the Gospel of Luke*, Bâle, 1962.

SCHNACKENBURG R., *Tempelfrömmigkeit*, in LTK, IX, Freiburg, 1358-1359.

SPARKS H. F. D., *The Semitisms of St Luke's Gospel*, in JTS 44 (1943), 129-138 (ripubblicato in JELLICOE S. (ed.), *Studies in the LXX: Origins, Recensions and Interpretations*, New York, 1974, 497-506).

TALBERT C. H., *Literary Patterns, Theological Themes, and the Genre of Luke-Acts*, Missoula, 1975.

————, *Prophecies of Future Greatness: the Contribution of Greco-Roman biographies to an understanding of Luke 1,5–4,15*, in CRENSHAW J. L.–SANDMEL S. (ed.), *The Divine Helmsman, Studies on God's Control of Human Events, presented to Silberman L. H.*, New York, 1980, 129-141.

TANNEHILL R. C., *The Narrative Unity of Luke-Acts. A Literary Interpretation*, Philadelphia, 1986.

TURNER M. M. B., *The Significance of Receiving the Spirit in Luke-Acts: A survey of modern Scholarship*, in TrinJ NS 2 (1981), 131-158.

VERMES G., *Bible and Midrash: Early Old Testament Exegesis*, in *Cambridge History of the Bible* 1 (1970), 199-231.

WAAL C. van der, *The Temple in the Gospel According to Luke*, in Neot 7 (1973), 49-59.

WEINERT F. D., *The Meaning of the Temple in Luke-Acts*, in BTB 11 (1981), 85-89.

WILKENS W., *Die theologische Struktur der kompositions des Lukasevangeliums*, in TZ 34 (1978), 1-13.

WILSON S. G., *Lukan Eschatology*, in NTS 15 (1969), 330-347.

WREN M., *Sonship in Luke: The Advantage of a Literary Approach*, in SJT 37 (1984), 301-311.

WRIGHT A. G., *The Literary Genre of Midrash*, in CBQ 28 (1966), 105-138. 417-457 (pubblicato anche in volume: *The Literary Genre Midrash*, Staten Island-New York, 1967).

INDICE DEI PASSI CITATI

(Esclusa la pericope Lc 1,5-25)

24,16: 109
24,17: 110
24,27: 34
25,8: 110
26,3: 110
26,18-20: 107
26,19: 27, 33, 39, 104
27,23-24: 104
28,8: 60
28,26-27: 136
28,28: 107
28,30: 107

Romani
5,12-21: 70

1 Corinzi
1,22: 23
2,13: 70
15,45-49: 70

2 Corinzi
3,5-8: 70
7,22: 7
12,1: 27, 39

Galati
1,15: 17
4,21-31: 70

Efesini
1,8: 39
1,18: 19
5,18: 17, 39

Filippesi
3,6: 7, 39

Colossesi
2,12: 7
4,14: 41

2 Tessalonicesi
2,10: 39

2 Timoteo
4,11: 41

Tito
2,2: 39
3,4ss: 107

Filemone
9: 39
24: 41

Testi Giudaici

Docum. di Damasco
4,19-20: 83
8,12-13: 83
12,14s: 84
12,23: 80
13,1: 80
14,19: 80
19,10: 80
20,1: 80

1 QH
4,30: 6
5,27s: 83

1 QM
14,7: 6

1 QS
3,1-9: 85
3,6-9: 83
4,5: 84
4,12s: 85
4,14: 85
4,19ss: 85
4,21: 83
5,13-14: 83
5,17-19: 83
5,27s: 83
8,1-2: 6
8,13-15: 85
9,11: 80
10,20: 83

Framm. Sadoqita
20,6-7: 6

Genesi Apocrifa
–: 51

Libro dei Giubilei
–: 51

Testam. 12 Patriarchi
–: 51

Testam. Levi
17,2: 15

Giuseppe Flavio
Ant. 13,10,3: 11
18,1,5: 82
18,5,1-2: 89

Bell. II, 143: 83
2,8,2: 82

Liber Ant. Biblicarum
–: 51
42: 63ss
42,1: 63, 64
42,3: 63, 64
42,4: 64
42,7-8: 64
42,10: 64

Yoma
5,1: 27

Bezah
1,6: 70

Testi Cristiani

Canone Muratoriano
–: 41

Clemente Alessandrino
Stromata 1,21,45: 41

Eusebio
Hist. Eccl. 3,4,6: 42

Ireneo
Ad Haer. 3,1,1: 41

Prologo Antimarcionita
–: 41, 42

Protovangelo di Giacomo
I-III: 160
I-IX: 65
I,1: 67
I,3: 67
I,4: 67
II-III: 160
II,1: 67
II,4: 67, 68
III,1-3: 67
IV: 65, 160
IV,1: 67, 68
IV,1ss: 160
IV,2: 68, 160
VI,3: 67, 68
VII-VIII: 160

INDICE DEI NOMI

Finito di stampare il 31 maggio 1991
Tipografia Poliglotta della Pontificia Università Gregoriana
Piazza della Pilotta, 4 – 00187 Roma